本书作为山东省高等学校科研发展计划重点项目：精准治理视阈下山东省特色小镇创建问题研究（立项号：J17RZ004）的中期研究成果
本书接受了山东省社会科学规划研究项目：新型城镇化下地方政府融资困境分析与对策研究（项目编号：16CJJJ25）的支持

新型城镇化进程中的
城乡一体化建设

Urban-rural Integration in the Process of New-type Urbanization

辛 宇／著

图书在版编目（CIP）数据

新型城镇化进程中的城乡一体化建设/辛宇著.—北京：经济管理出版社，2019.8
ISBN 978-7-5096-6769-9

Ⅰ.①新… Ⅱ.①辛… Ⅲ.①城乡一体化—研究—中国 Ⅳ.①F299.21

中国版本图书馆 CIP 数据核字（2019）第 154065 号

组稿编辑：杨国强
责任编辑：杨国强　张瑞军
责任印制：黄章平
责任校对：张晓燕

出版发行：经济管理出版社
　　　　　（北京市海淀区北蜂窝 8 号中雅大厦 A 座 11 层　100038）
网　　址：www.E-mp.com.cn
电　　话：（010）51915602
印　　刷：三河市延风印装有限公司
经　　销：新华书店
开　　本：720mm×1000mm/16
印　　张：13.25
字　　数：209 千字
版　　次：2019 年 10 月第 1 版　2019 年 10 月第 1 次印刷
书　　号：ISBN 978-7-5096-6769-9
定　　价：68.00 元

·版权所有　翻印必究·
凡购本社图书，如有印装错误，由本社读者服务部负责调换。
联系地址：北京阜外月坛北小街 2 号
电话：（010）68022974　邮编：100836

前　言

当前，我国经济已步入新常态，需要全面深化改革，民生建设要全面进行质量的提升。要全面建成小康社会，我们还处在实现中华民族伟大复兴的中国梦的最关键时期。党的十九大明确指出，要建立健全城乡融合发展体制机制和政策体系。缩小城乡差距，对于实现中华民族的伟大复兴具有重要意义。从当前来看，随着新型城镇化战略及乡村振兴计划的颁布与实施，城市与农村协调发展受到重视。城市辐射并带动农村发展，农村为城市发展注入活力，二者相辅相成，相互促进融合，从而推动中国经济转型升级。推进城乡发展一体化建设，是从根本上解决"三农"问题的良策，并推动生产要素合理流动，改善乡村居住环境，促进城乡融合及公共服务均等化，减少城乡之间差距，使城乡共享发展成果，有利于社会主义现代化与和谐社会建设。

本书对新型城镇化进程中的城乡一体化建设进行了研究，全书共七章。第一章为中国特色新型城镇化发展战略综述，主要包括中国特色新型城镇化发展战略的重要意义，中国城镇化发展历程、现状及突出问题，中国特色新型城镇化发展战略内涵和对策建议等方面。第二章为城乡一体化发展的现实基础。第三章为城乡一体化发展的理论依据，对马克思主义经典作家对城乡关系的论述和西方各流派对城乡关系的论述进行研究。第四章为城乡关系的演进规律及国外城乡一体化发展经验借鉴。第五章为城乡一体化模式探索与研究，以上海、浙江、成渝、苏州、山东五个地方的模式为代表进行研究。第六章为城乡一体化发展的推进路径，从走中国特色农业现代化道路、推进新型城镇化建设、实施乡村振兴战略三个方面进行研究。第七章为城乡一体化发展的保障和实施重点，从推进公共服务均等化、加强生态保护、促进产业协调三个方面进行研究。

本书在写作过程中理论与实践相结合，不仅积极汲取了大量城乡一体化各个专家学者的优点，而且结合当前城乡一体化的实践经验，在结构和取材上都做了较为科学的整合。本书有以下几方面特点：

第一，实用性。以新型城镇化进程中的城乡一体化建设的实际需要为出发点，为新型城镇化进程中的城乡一体化建设的各个方面提供具体的理论指导，并结合案例进行阐述分析。

第二，探索性。本书在理论与实践相结合的基础上，对城乡一体化发展的推进路径和实施重点进行探索，以更好地推进城乡一体化实践。

本书在撰写的过程中参考了很多专家学者的研究成果，在这里一并向他们表示感谢。由于本人的水平和时间的限制，本书在内容上还有一些不能避免的缺陷，希望能与各位读者进行交流沟通，欢迎各位专家学者进行指正。

目 录

第一章 中国特色新型城镇化发展战略综述 1
    第一节 中国特色新型城镇化发展战略的重要意义 1
    第二节 中国城镇化发展历程、现状及突出问题 13
    第三节 中国特色新型城镇化发展战略内涵和对策建议 21

第二章 城乡一体化发展的现实基础 31
    第一节 城乡一体化发展的重要性 31
    第二节 城乡一体化发展的现实基础 53

第三章 城乡一体化发展的理论依据 57
    第一节 马克思主义经典作家对城乡关系的论述 57
    第二节 西方各流派对城乡关系的论述 67

第四章 城乡关系的演进规律及国外城乡一体化发展经验借鉴 77
    第一节 城乡关系的演进规律 77
    第二节 国外城乡一体化发展的经验借鉴 96

第五章 城乡一体化模式探索与研究 107
    第一节 上海：大都市城乡一体化模式 107
    第二节 浙江：小康新农村模式 115
    第三节 成渝："以城带乡"+"异地转移"模式 121

第四节　苏州：城乡协调发展模式……………………………… 126
　　第五节　山东：特色小镇模式……………………………………… 130

第六章　城乡一体化发展的推进路径……………………………… 143
　　第一节　走中国特色农业现代化道路…………………………… 143
　　第二节　推进新型城镇化建设…………………………………… 151
　　第三节　实施乡村振兴战略……………………………………… 164

第七章　城乡一体化发展的保障和实施重点……………………… 171
　　第一节　推进公共服务均等化…………………………………… 171
　　第二节　加强生态保护…………………………………………… 187
　　第三节　促进产业协调…………………………………………… 195

参考文献…………………………………………………………………… 203

第一章　中国特色新型城镇化发展战略综述

城镇化是现代文明进程的重要标志,是人类城镇化是现代文明进程的重要标志,也是人类社会最为复杂的系统工程。中国特色城镇化在世界上史无前例,成绩斐然,但面临的形势更加复杂,积累的问题也更为突出,国际与国内变革交织,人口与环境冲突尖锐,社会与经济矛盾并存,中国城镇化发展进入新阶段。未来,在推进城镇化的同时,提升质量和效益的任务十分艰巨。必须坚持深化改革,发挥出市场在资源配置中的决定性作用和政府宏观调控的优势,在保证城镇化发展稳步推进的基础上,科学、系统地制定城镇化发展的总体战略,在提升城乡居民生活质量的前提下,注重对城镇化发展效益的不断提升,在适当范围内降低这一过程所耗费的各种社会成本与资源,最终使得城镇化建设向着更加健康的方向平稳地发展。

第一节　中国特色新型城镇化发展战略的重要意义

国家经济要保持住长期健康的发展态势,需要有明确的发展战略与思路。当前,我国改革开放正在持续深入,市场环境较为宽松自由,地方政府拥有一定的发展自主权,这使得我国在资源配置调整的过程中基本能够反映出资源的稀缺性。就我国具体情况而言,相比于农村来说,劳动力在城市更加属于稀缺资源。因此,在市场需求的作用下,农村廉价劳动力逐渐向城市流动。这是中国资源配置效率逐渐得到提升的最重要、最根本的推动因素,同时也是持续地促进中国经济迅猛健康发展的最根本动力。

一、新型城镇化战略概述

1978年中国开始实行改革开放,从此之后城镇化不管是速度还是规模都取得了较大的提升,城市化率大大提高。前所未有的大规模城镇化在带来了巨大的社会经济变革的同时,也积累了不少突出矛盾和问题,一方面城市病严重,另一方面小城镇普遍存在人口承载力低、基础设施薄弱、缺乏特色、城镇布局不合理的现象。为积极稳妥引导城镇化健康发展,2013年12月12~13日中央城镇化工作会议召开,习近平总书记在会议上,对当前全国的城镇化形势进行了全面分析,指出了全面推进城镇化发展的指导意见。国务院总理李克强指出了这一阶段开展城镇化工作要重点注意的方面,具体部署了加快城镇化建设的相关工作。这是中国城镇化历程的里程碑事件,揭开了城镇化发展新篇章,更加科学系统的城镇化战略得到明确确立。新型城镇化,集增消费、扩投资、聚产业、促创新于一体。在城市化建设向新型城镇化建设转变的大背景下,未来城市格局将由摊大饼式的巨无霸城市过渡为矩阵式、网状性的城市群。

2014年3月,中共中央、国务院发布《国家新型城镇化规划(2014~2020年)》,标志着中国进入了以可持续发展为核心内容的城镇化新阶段。

2016年2月2日,国务院发布的《关于深入推进新型城镇化建设的若干意见》(以下简称《若干意见》)。该《若干意见》要求坚持统筹规划、总体布局,促进大中小城市和小城镇协调发展,着力解决好"三个1亿人"的城镇化问题。

(一)核心是以人为本

城镇化的根本点在于人的城镇化,这是全球范围内的共识,也是我国新型城镇化最显著的特点。我国将以人为本确定为推动新型城镇化发展最根本的发展理念,更加明确了城镇化的发展方向。在城镇化过程中,一方面要关心城市居民的需求,另一方面要关心农村人口的需求与关注点。新型城镇化发展战略框架中,与人相关的战略主要有四项:一是促进农业人口向市民人口的转化,以使农民工在城市务工过程中能够更加方便地生活和工作。二是在优化城镇布

第一章 中国特色新型城镇化发展战略综述

局的过程中,始终将解决人口居住问题放在首位。三是不断提升城市的可持续发展能力,让市民的生活和工作更加便利。四是加快推进城乡发展一体化的步伐,尽快使农村留守人口享受到现代科技转化成果。《若干意见》提出了要推进农业转移人口市民化的措施。

第一,尽快完善户籍制度改革。促进农村人口向城镇人口的转变,从根本上对当前实行的户籍制度作出改革,帮助已经在城市生活的农村外来人口在城市落户,并享受与当地居民同等的国家待遇。督促全国各个地区加快落实放宽落户条件的进程,除了个别超级城市以外,各城市均要允许农业人口在当地落户,特别是农村学生升学和参军人口进城、农民工务工进城等人群的落户问题,要给予妥善解决。

第二,全面实行居住证制度。支持各级地方政府在城镇可容纳人口的范围内尽量吸引更多的人办理居住证,扩大城镇公共服务的覆盖范围,提升公共服务水平,使持居住证的人口与本地人口享有同等的居民待遇。其中包括住房等各种社会保障性权利。

第三,对于城市对居民提供的基本公共服务,应该将其覆盖人群扩展到全体常住人口,尤其是外来务工人员等,对在城市中务工的农村人口提供必要的职业培训。

第四,城市相关机构应该采取一定的措施,鼓励外来务工人员加入城市户口。对外来务工人员实行全面的权利维护,保障他们的各项权利能够得到有效保障。在户籍制度改革方面,要不断提升农村人口的城镇化率,进一步推进户籍改革的深入实行。对于能够在城市中站稳脚跟的农村务工人员,城市户籍机构要及时将其纳入城镇居民户口,使其能够享受到与城镇居民相等的生活权利。

以人为本,要将新型城镇化的根本落脚点放在为人民谋福利、求发展之中。我国小城镇建设发展总体还相当滞后,小城镇基础设施和公共服务落后,78%的污水、50%的垃圾没有得到有效处理,医疗、教育、商业等服务设施不足。培育特色小镇,可以带动相关基础设施的建设,有效补齐上述短板,让以人为本的城镇化在特色小镇落地。

(二) 重点是发展城市群

城市群，即城镇化进程推进到一定程度之后，在较为特殊的地理范围之内聚集起的空间再组织现象，其集结的基础是产业重组，代表了产业结构调整及升级的水平。聚集在特定区域范围的城市群，其产业结构和地域分工是促进城市群不断发展、不断提升自身竞争力的极为重要的因素。城市群蕴含着极大的发展能量，如果发展得当能够在很大程度上促进城镇经济的快速发展，能够推动城镇化不断朝着更高的水平迈进。

当城市群处在不同的发展时期时，其自身所体现出来的发展特征也是不尽相同的，城市群在从产生到发展的过程中，其空间规模会出现不同程度的扩张。具体到城市群的扩展模式，一种是整体外推，一种是内部扩展。最终城市群会选择哪种扩张模式，其决定因素有许多，例如，城市群伸展轴的长短，城市群的节点与周围地域。城市群最终选择哪种形式扩张，会在很大程度上影响城市产业的转移、空间分工、集聚功能，等等。

城市群是我国新型城镇化的"主体形态"，我国城市群为数众多，有京津冀城市群、长三角城市群、珠三角城市群、川渝城市群、山东半岛城市群、长江中游城市群、中原城市群、辽中南城市群、海峡西岸城市群、关中城市群等，但发展极不平衡，各城市群之间及城市群内不同层级城市之间的发展差异很大，城市群发展重经济现象严重，城市群层级体系建设和区域一体化与协调发展滞后，甚至呈现出"城市群未立"而"城市病多发"的态势。这些问题不仅严重制约我国城市群自身发展，也直接影响到国家新型城镇化建设的质量和内涵。

从属性讲，城镇化是城市群的自然延伸。大城市病的根本原因是城市群结构不健全，中小城市发展迟缓，尤其是最靠近农村的小城镇发展弱化，以致人口过度集中在大城市。

以生长空间的视角展开分析，阻碍大城市进一步发展的因素有很多，例如，越来越离谱的房价、越来越差的空气质量，越来越严重的堵车现象，等等。受到以上因素的制约，大城市中的人口及产业开始选择逃离大城市，而迁到人口更加稀疏、空间更加宽松的二线城市或者乡镇之中生活与发展。如全球排名靠前的科技企业华为由于不堪深圳的高房价、高地价，将生产基地搬到东莞的松山湖，打造融生产、生活、生态于一体的研发、制造业小镇。中兴通讯也将其生产研发基地从深圳迁至河源。

（三）关键是城乡协调发展

新型城镇化应以农业现代化为根基，如果不能保证农业的现代化，城镇化即使得到了快速发展，也会失去最强劲的发展后劲，因为在那种情况下城镇化会缺少人口、食品、原材料支撑，从而无法取得长远健康的发展。因此，为了更加快速健康地推动城镇化的发展，我国应该大力推动农业的现代化步伐，加大力度维护好粮食安全，切实保护好农民的切身利益。新型城镇化的发展还应以工业化为根本推动力、以信息化为动力。第二、第三产业发展了，才能吸纳更多农民进城，才能实现融合发展。因此，城乡协调发展是新型城镇化的关键。

我国城镇化具有显著的特点。总体来讲，整体结构向特大城市或大城市集中。从发展来看，20 世纪 80 年代，费孝通提出了"小城镇大问题"，1998 年底中共中央确立了"小城镇大战略"的指导方针，后来，中央又提出了大中小城市和小城镇协调发展。但实际情况是，在全国范围内，我国大中小城市均取得了一定程度的发展，然而城镇与农村的发展步伐仍然比较落后，跟发达国家相比差距非常明显。

大而强，是一种发展方式，侧重点是在大城市特大城市；小而特，是另一种发展方式，着力点在大城市特大城市之外。大城市特大城市之外的城镇化建设，可以在很大程度上促进农村基础公共设施的建设，以及基础公共服务的健全，能够为农村剩余劳动力创造更多的工作机会，能够大力推动第一、第二、第三产业的快速融合，最终使得城市文明逐步地覆盖广袤的农村地区，真正实现城市与乡村的协调发展。

二、新型城镇化发展战略的意义

（一）延续"劳动力红利"

分析我国经济过去 40 多年的持续快速发展，国内外的学者都把"劳动力红利"归结为一个重要原因。

"劳动力红利"是产业发展有足够充足的劳动力供应，而且劳动力成本比较低，素质也在不断提高。

如何构成"劳动力红利"，其中中国人口众多是基础条件，城镇化是实现条件。如果众多的人口仍然像过去那样，被拴在农村，从事效率较低的农业，那就无"劳动力红利"可言。正是因为城镇化的发展，大批的农村劳动力被解放出来，转到城镇从事以工业为主的各种非农产业，"劳动力红利"才得以实现。

1978年，我国城镇人口只有1.7亿，2017年达到8.13亿。城市人口增长主要是农村人口向城镇的转移，而且主要是劳动力。这些"农民工"，已经成为城镇劳动力和工业劳动力的主体。通常说的"劳动力红利"，主要是指从农村转移出来的这些劳动力红利。

更要看到，中国农村的劳动力有吃苦耐劳的传统，能够胜任各种艰苦的工作岗位；来自农村的大量建筑工人，风餐露宿、日晒雨淋，城镇里一座座楼房在他们的手中拔地而起；他们对薪酬要求的参照系是原来农村的低收入，因此要求不高，较低的收入也能高兴工作；中国的农民是聪明的，许多"农民工"素质提高很快，有的成为工作岗位上的骨干。

我们常说中国经济有三大优势：本土市场优势、劳动力优势、基础产业优势。劳动力优势主要是农民工优势。"劳动力红利"主要是农民工红利，农民工红利主要是城镇化红利。人们常说"劳动力红利"，但忽略了这个红利的源头原来是城镇化。

现在，国内外都有一些讨论，认为中国将丧失"劳动力红利"。他们的主要理由是工人和农民工的工资在提高，中国的劳动力成本已经高于东南亚的一些国家，中国产品的低成本优势将难以延续，外国投资的选择地将会转移。

应该说，这些情况是存在的。但是，它们是否必然导致中国"劳动力红利"的丧失，其答案则是否定的。中国"劳动力红利"并没有丧失，而且将会延续。做这种判断的根据，至少有以下几点：

一是中国劳动力的数量巨大，世界上没有哪一个国家可以取代。

二是中国劳动力供应后备充足。中国目前的城镇化正处在中期阶段，拥有雄厚的后备人力资源。

三是"劳动力红利"的实现，不光是劳动力数量问题，还有素质问题和条件问题。中国的劳动力经过改革开放40多年来的锻炼，素质已经有了很大的提高。同时，随着中国企业的技术进步，劳动力的工作条件也有了很大的改变，人技结合会创造更高的效益。

总之，对于一个正处在城镇化中期的大国来说，以此断定它将要失去"劳动力红利"，恐怕为时过早。或者说，这种说法给我们的启示应该是更加重视城镇化，并搞好新型城镇化。

(二) 跨越"中等收入陷阱"

也有人在谈论中国可能陷入"中等收入陷阱"。这个问题也与城镇化密切相关。

所谓"中等收入陷阱"，是指一些后发展国家，在突破人均GDP 1000美元的"贫困陷阱"之后，很快进入人均3000美元的"起飞阶段"。但达到人均3000~6000美元之后，社会各阶层中积累的矛盾会出现井喷式爆发，自身机制和体制无法进行有效的更新，经济发展缺乏内部原动力，加之国家经济发展政策失误，或者外部经济环境冲击，其经济长势逐渐减缓，有时会处于长期停滞的状态。人们把这种情况称为"中等收入陷阱"。

世界银行《东亚经济发展报告（2006）》提出"中等收入陷阱"概念，被认为陷入中等收入陷阱的发展中国家有巴西、阿根廷、墨西哥、智利、马来西亚等国。这些国家2007年已经进入中等收入国家行列，但后来一直停留在这个水平上，不仅经济增长缓慢，而且有的国家一度出现了负增长。

这些国家陷入"中等收入陷阱"的原因是多方面的，但其中一个重要原因是城镇化过程中的失误。以拉美为例，它们以农村和农业的衰败为代价搞城镇化，大量的农民被迫流入城市，这种"过度城市化"，造成城市就业困难，社会公共服务短缺，出现了大量生活无保障的无业游民，导致社会纷争和社会动荡，经济发展停滞。"中等收入陷阱"不是"中等收入"造成的，而是决策失误造成的；不是城镇化造成的，而是城镇化中的失误造成的。

按照人均GDP计算，我国已经进入了中等收入国家行列。提醒防止陷入"中等收入陷阱"是有必要的，但对此要进行分析。我国的情况与陷入"中等收入陷阱"的国家存在几点不同：

一是我国的制造业在世界上有较强的竞争力，通过城镇化输入到制造业的劳动力从低成本方面增强了这个竞争力，因此城镇里不缺乏就业岗位。

二是我国的城镇化不是以农村和农业的衰败为代价的，在城镇化的进程中，采取了"以城促乡，以工补农"的方针，农业同样得到了长足发展。农村的土地承包制度保持基本稳定，转移成为城镇人口的农民工在农村还有承包地。在社会公共服务体系还不健全的情况下，这些承包地成了农民工们最大的社会保障，假如在城里生活得不好，他们还可以回到村里，不至于成为无业游民。

三是从工业化和城镇化的关系看，我国虽然存在着城镇化相对滞后的问题，但并不存在过度城镇化的问题，农民工进城主要是靠工业化的拉动，而不是农业破败硬把他们逼到城里的。目前，城镇化的滞后更多表现为身份转换的滞后，这是城镇化的深化问题。

四是在城镇化的进程中，党和政府及时地提出了实现社会和谐的问题，其中特别提出关注农民和农民工的利益问题，并采取许多相应的措施。

展望未来，如果说中国确实面临"中等收入陷阱"的话，那么，跨越这个陷阱的最重要举措，是积极稳妥地推进新型城镇化，而不是放弃和惧怕城镇化。

（三）扩大消费拉动

存在消费拉动力不足的问题，不是因为城镇化，更不是因为城镇化过度，恰是因为城镇化水平还不够高。从长远看，城镇化必将扩大消费需求。

城镇化会提高城乡居民的收入，居民收入提高，社会消费力必然随之提高；城镇化将不断扩大农村消费领域，打破城乡消费界限，产品消费结构必将改变，产品消费领域将不断拓展；城镇化促成了城乡一体化的实现，城市的消费水平和消费习惯必然会对农村消费产生巨大的影响，现代化的城市消费方式将引领传统农村消费方式不断升级，农村传统的消费方式和生活方式，也将成为城市人群的新的消费领域，农家乐的普遍发展就是一个例证。

除了产品消费的发展和升级之外，服务性消费更会有长足的发展。城市人口在医疗保健、交通信息、教育文化、餐饮娱乐、旅游休闲、婴幼看护、养老服务等生活性服务性消费将迅速扩展，农村人口在这些方面也一定向城镇看齐，整个国家的消费拉动力必然迅速增强。

城镇化扩大内需,除了可以扩大消费拉动之外,还应该包括扩大投资拉动。在过去的40多年中,城镇化对扩大投资拉动所起的作用非常明显。无论是GDP的迅速增长,还是外贸的迅猛增长,都是以制造业的迅速发展为前提和基础的,而制造业的发展必须要有足够的劳动力支撑。正是以大量的农民工为代表的中国的廉价劳动力,吸引和支撑了大量的投资,包括国内投资和国外投资。因此,无论是外贸拉动还是投资拉动,都离不开城镇化进程中所提供的大量的劳动力。

城镇化是规模巨大、内涵深刻的社会变动,它必然启动和推动许多产业的发展,开拓巨大的投资空间。根据《促进城镇化健康发展规划(2011~2020)》预测,10年间城镇化将拉动40万亿元的投资需求。这可能还是一个比较保守的数字。

近年来,房地产业迅猛发展就是一个集中表现。

人均住房面积,由1978年的8.1平方米提高到2012年的37.1平方米。城镇居民成套住宅面积占城镇住房总面积的比重,由1985年的24%提高到80%以上。

2011年,城镇新建住房9.5亿平方米,是1978年的25倍。

2012年,房地产开发投资7.2万亿元,是1998年的20倍。

房地产开发投资占城镇固定资产投资的比重基本保持在20%左右。

这些数字清楚地说明,城镇化带动了房地产业的发展。房地产业的发展,不仅直接带动了住房的投资,也带动了相关产业的发展,特别是家电、家具、家装等产业的发展。

城镇化通过消费拉动和投资拉动,拉动着国民经济的发展。考虑到我国正处在城镇化中期,其扩大内需的潜力是非常巨大的。

总之,城镇化是扩大内需的根本之策,是改变"两外模式"的根本之策。这一点必须明确,不能模糊。

(四)助推发展方式转型

城镇化同时也是实现经济发展方式转型的根本之策。

中国经济的"粗放"首先表现在经济大结构上。中国已经成了世界第二大经济体,经济总量很大,但人均GDP在世界上只处于中等偏下水平。一个根本的原因是从第一次产业、第二次产业、第三次产业在国民经济中的比重看，仍然是一个落后的经济结构。

目前，我国第一、二、三产的比重关系，大约是1∶5∶4的关系。第一次产业的比重只占10%。47%的人口只创造了10%的GDP，人均GDP不高的最主要的原因找到了。

只有通过城镇化才能转移出第一产业过多的劳动力，只有通过城镇化才能发展第二次产业和第三次产业。结论很清楚：只有城镇化，才能改变国民经济的大结构，才能继续增加GDP总量，才能不断提高人均GDP水平，才能跨越"中等收入陷阱"。

我们在谈论经济转型、结构调整的时候，往往更多的是关注工业内部结构和水平问题，这无疑是必要的、正确的，但我们应该更多地重视大结构的调整。对中国来说，城镇化的红利是更大的红利所在。

目前普遍存在的"产能过剩"只是表面现象，必须认识到实质是结构问题。无论是重化工和轻工业的比例关系，还是高新技术产业和传统产业的比例关系，抑或是集约型产业和粗放型产业的比例关系，改变这些比例关系都是通过一加一减实现的，即增加短缺的高水平的集约型的产业和产能，减少过剩的低水平的粗放型的产业和产能。考虑到经济增长需要保持一定的速度，也考虑到减少执行中的难度，必须实行"以加为主，以减为辅"的方针，先进的高水平的产业和产能发展起来，并通过市场机制的作用，才能把落后的低水平的产业和产能淘汰，而不仅仅是靠行政手段简单地把它们砍掉。

城镇化要建立许多新区，无论是开发区、工业区，还是高新技术产业区，都应该让新兴战略性产业成为新型城镇化"新"字最重要的体现之一，发展新兴产业应该是新型城镇化支撑的重点。

现在城镇建设中，有居住地产、工业地产、商业地产、市政地产，还应该有"科技地产"的概念。科技地产需要更强调提高城市建设水平，为新兴战略产业发展提供现代化的配套设施，包括现代化的营业设施、交通设施和信息化设施，也为新兴战略产业提供体制和服务的良好软环境，还要善于以新兴战略产业为主导，整合各种要素，提升企业素质。科技地产可以分为"专业化科技园区"和"科技新城区"两种样式。前者为专业性的企业集聚，后者则更多考虑科技和城市功能的结合。总之，新兴战略产业因新型城镇而发展，新型城镇因新兴战略产业而崛起。

我国经济持续发展的最大制约因素是"能源瓶颈"，中国能耗总量大，能耗强度（单位 GDP 能耗）大，是日本的 7 倍多，美国的 3.5 倍，印度尼西亚的 1.7 倍。随着城镇化推进，能耗还会增加。我国城市人均能源消费是农村人均的 3.5 倍。

能源瓶颈的实质是能源结构问题。我国目前的一次能源是以化石能源为主体的，主要是煤炭、石油、天然气。这就带来"量"和"质"两个方面的问题。从量上看，能源短缺的问题会越来越严重。我国煤炭储量丰富，但石油储量较少，目前我国年消费石油已达 5 亿吨左右，60%以上靠进口，随着汽车保有量的增加和其他消费的增长，对进口的依赖肯定还会增大。这不仅会因大量石油进口、油价提高，造成我国经济效益和竞争力的降低，而且能源安全的问题也会越来越尖锐。从质上看，化石能源消费过程中不可避免地要产生有害物质对环境造成污染。目前实行的"节能减排"没有跳出化石能源的范围，并不能从根本上解决问题。即使"节能减排"有效，也只是单位能耗的降低，我国经济正处在快速发展时期，随着 GDP 总量的增长，能耗总量肯定还会继续增加，化石能源对环境的污染程度肯定也会增加。"节能减排"已经搞了好几年，但自 2013 年以来，不仅北京地区雾霾天气越来越多，越来越严重，而且在全国其他地方也出现了越来越多、越来越严重的雾霾天气。

我国 60%的城市没有达到空气质量标准。有关部门对 118 个城市多年连续监测，64%的城市地下水遭受严重污染，33%遭受轻度污染。雾霾、水荒、拥堵、垃圾等威胁着诸多城镇。城镇化率每提高一个百分点，平均需增加 4436 万吨标准煤、1093 万吨钢、3016 万吨水泥。同时，新增城镇生活污水 21 万吨，生活垃圾 527 万吨，生活化学需氧量 102 万吨，排放二氧化碳 3814 万吨。

雾霾，已经成为尖锐的社会问题，而它的根源在能源结构。根本的解决办法就是实施新能源革命，用可再生、无污染的新能源替代化石能源，从而改变能源结构。

我国对新能源革命的重要性认识比较迟缓。我国光伏产品占据世界总产量的 60%，但 90%用于出口，自己利用不过 10%。2012 年欧美发达国家对我国光伏产品实施双反,一闷棍敲醒了我们。这一年,对我国光伏产业,可以说是"转折之年",国家制定了一系列政策以及采取了一系列措施鼓励和支持以光伏为代表的新能源的利用,新能源革命出现了新局面。但从实际状况来看,效果还不够明显。

新型城镇化是推进新能源革命的大好机遇。国家已经提出了"建筑节能"的要求,又正在推展"光电建筑一体化工程",出台了发展分布式发电的电网政策,再加上光伏产业技术水平的提高,平价上网的条件基本具备,更多地利用以光伏为代表的新能源的时机已经成熟。城镇化过程中,一定会有大量的新市区、新建筑出现。如果新建的城镇和城镇新区,从一开始就重视能源结构问题,把能源消费更多地建立在新能源的基础上,再加上旧城区的能源改造,有更多的建筑成为光伏发电站,不仅增加了大量的能源供应,而且能够有效地减少能源消费造成的环境污染。能源供应充足而又没有能源污染的城镇,才堪称新型城镇。城镇化和新能源革命结合,是改变能源结构,保证经济持续发展的一个捷径。

新能源利用是新型城镇化的机遇,新型城镇化是新能源利用的机遇,让更多的人在城镇化和新能源革命结合中受益。

我国经济持续发展遇到的重要问题之一,就是各地区各城镇的产业趋同,同质化现象比较严重。目前存在的产能过剩问题,产业同质化是一个重要原因。在新型城镇化过程中,注意打造城镇特色经济,是实现我国经济转型发展的重要一环。

所谓特色经济,就是建立在比较优势基础上的差异化经济。市场竞争有同一竞争和特色竞争两种方式。同一竞争依靠的是"替代他人",竞争激烈度高、成本高,故称为"红海战略"。特色竞争依靠的是"他人不可替代",竞争激烈度低、成本低,故称为"蓝海战略"。这个原理不仅适用于企业,也适用于城镇。

一个城镇经济的持续发展,取决于它的市场竞争力,市场竞争力并不取决于它的规模,而取决于它有无特色。每个城镇都要努力建设有比较优势的、可持续发展的特色经济,包括有特色的制造业和有特色的服务业。在许多国家，都有"一城一品""一镇一品""一乡一品"的说法，这反映它们深知本地应当把有特色的制造业产品作为本地的一个特产，吸引外地顾客前来，以增进本地的繁荣。这里的"一品"，可大可小，但一定要有独特之处，才能驰名，才能立足。至于每一个城镇究竟选择什么样的产品作为本地的"一品"，那就要看当地条件，包括资源禀赋、城镇区位、历史人文、经济现状和城镇格局。

对任何一个城镇来说，都要不断根据本身的发展状况和市场竞争态势的变化来调整结构，其中包括对现有支撑产业的结构调整，以及对前景作出判断。用"居安思危"这四个字来告诫城镇领导者和企业经营者，并不是没有意义的。一些经济繁荣的城镇出现大起大落的教训，值得记取。

第二节　中国城镇化发展历程、现状及突出问题

中国改革开放已经40多年，国家在推进城镇化战略的道路上不断取得更加显著的成绩。纵观中国城镇化的发展历程，对其中的成功经验做出总结，对当前面临的问题进行分析，对未来的中国城镇化发展进行展望，一方面对中国城镇化发展具备重大的现实意义和历史价值，另一方面也能够使城镇化理论和发展经济学更加完善与系统，同时对推动世界范围内的城镇化和反贫困具有重要的参考价值。

一、中国城镇化发展的基本历程

城镇化是深刻影响社会经济发展的一项重大社会工程。自中华人民共和国成立以来，城镇化发展经历了复杂曲折的历程，主要有以下四个发展阶段：

第一阶段：三年国民经济恢复时期及"一五"计划执行时期，这一阶段国家开展快速的工业化进程，在工业进程的推动下，城镇化发展也取得了相对较快的发展。

第二阶段：20世纪60~70年代，国家在推动城镇化发展的历程中经过了起起伏伏的时期，最终进入了较长时期的停滞阶段，城镇化发展受到了极为不利的影响。

第三阶段：国家实行改革开放之后，沿海、沿江地区首先取得了较为快速的发展，各地经济逐渐转活，国家范围内的城镇化发展再次提上日程。

第四阶段：20世纪90年代中期至今，随着市场经济体制的逐步深入，市场化思维模式逐渐成为城镇化发展的主导模式，灵活开放的市场带动城镇化不断取得更大的发展（见图1-1）。

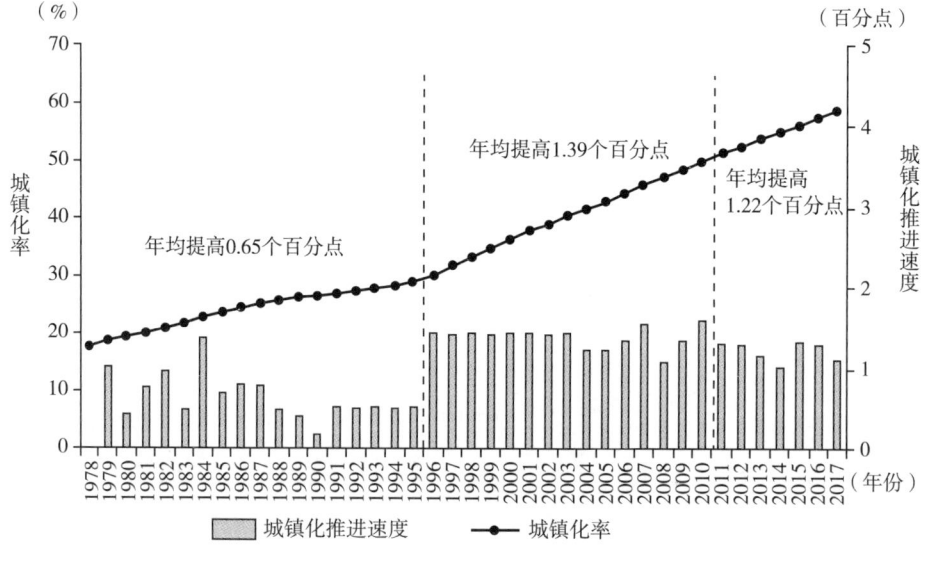

图1-1 改革开放以来中国城镇化率及其推进速度

伴随着中国经济的快速增长，中国城镇化的速度也在逐渐加快，城镇化率从1978年的17%发展到2017年的58.5%，城镇常住人口从1.72亿人增长到8.13亿人，大约占同期世界新增城镇人口的26%，对推动世界范围内的城镇化发展起到了重大作用（见图1-2）。

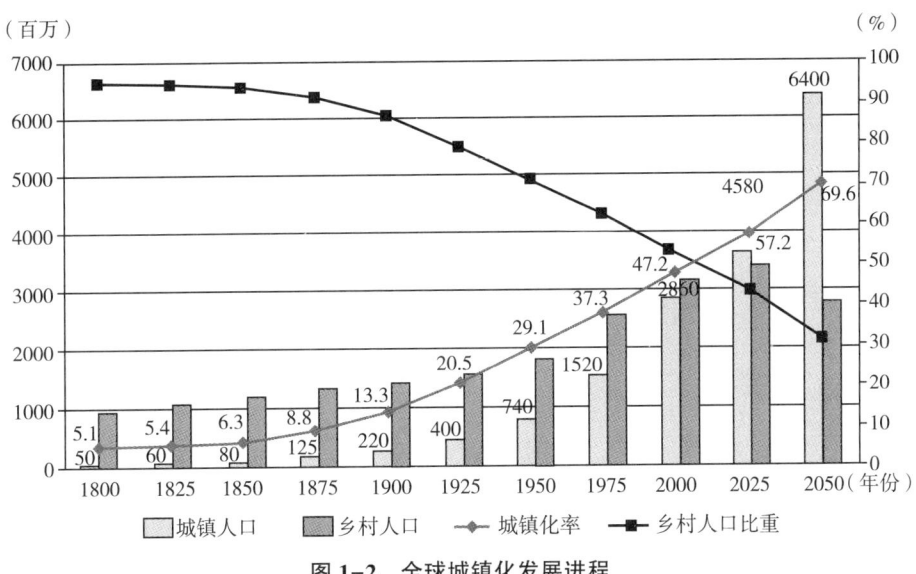

图1-2 全球城镇化发展进程

二、中国城镇化发展现状

从全球范围内来看，中国的城镇化也是人口规模最大的城镇化，是一步步从贫穷落后的农村到逐渐富裕的城镇的发展历程。40多年来，中国的城镇化步伐紧跟国际政治经济和全球化发展的趋势，扎根中国实际国情，顺应了改革开放和加快国家富强发展的建设要求，形成了具有鲜明中国特色的城镇化发展道路，避免了社会动荡与发展停滞等可能会遇到的重大社会问题，取得了较为显著的成绩，在世界范围内获得了极大关注。

（一）中国城镇化发展现状概述

2016年，我国城乡居民收入差距为2.72∶1，非农产业的劳动生产率是农业的4.1倍，在此差距推动下，农民仍然在不断地涌入城市，以获取较高的收入。当前我国经济发展形势由追求速度向追求质量转变，有些地区的经济发展速度出现了一定程度的缓和，近年来我国经济增长速度基本在7%以下，预计到2022年年均经济增长速度可维持在6%以上。随着经济发展形势的转变，产业结构调整也随之到来，第三产业逐渐成为经济发展的强大推动力，经济增长极大地促进了非农就业，相对来说，在一定程度上弥补了国家经济发展因为减速而对城市化发展带来的不利影响。基于此,预计到2022年,我国城镇化率在62%左右,由此乡村人口将从2016年的5.9亿人减少至5.4亿人左右,乡村人口总量将减少5000万人左右。

(二) 中国城镇化发展的重要成就

1. 使我国工业化程度更高,现代化步伐加快

我国为了更快更好地实现城镇化的发展,相关措施为非农产业集聚发展提供了宝贵的机会与条件,经济发展效益因此持续增长,使得中国制造业成为在全球都引人注目的重要领域,在很大程度上对推动中国经济迅猛发展提供了坚实的基础。

城镇化吸引大量农村剩余劳动力进入城市,在为城市提供充足劳动力的同时,外来务工人口也与本地城市人口争夺着有限的生活资源。城市不断扩充建设的公共基础设施,不断扩建的商住两用住宅,带动了几十个相关产业的迅速发展,在固定资产投资领域占据了重要位置,为经济持续稳定快速增长发挥了不可替代的积极作用。

2. 推动了小康社会进程

在农村人口流向城市的过程中,城市吸纳了大量的农村剩余劳动力,在一定程度上缓和了农村土地紧张的大矛盾,同时这部分人口挣取了比在农村更高的工资,提升了收入及生活水平。自我国实行改革开放之后,已经有超过5亿的农村人口离开乡村,选择投身到城市寻找工作机会,为自己争取在城市的生活空间。他们在城市务工取得的收入占据自身整体家庭收入的40%以上。在城镇化快速推进过程中,国家减少贫困人口6.24亿人(世界银行数据,以1美元国际贫困线计),占世界同期脱贫人口的90%以上,在世界范围内减少了最大数量的贫困人口。

三、中国城镇化发展过程中的突出问题

从我国的国情出发,未来城镇化发展需要对以下突出问题给予特别关注,探索一条健康、协调、可持续的新型城镇化道路。

(一)"半城镇化"人口大量存在

农民工"不融入"或"半融入"城市,成为社会潜在的不稳定因素,影

响社会稳定和社会和谐。大量新生代农民工不可能返回乡村，城镇内部存在反差巨大的二元结构。农民工首次外出打工的平均年龄为 21.08 岁，80 后、90 后新生代农民工成为人口迁徙主体，他们既无农业劳动经历，也无返乡务农意向，融入城镇生活的愿望强烈。城镇居民与流动人口生活反差巨大，大量中低收入群体成为提高消费、拉动内需的制约瓶颈。

农民工整体上技术能力缺乏，难以适应产业转型升级的要求。现代社会是以职业为中心建构社会地位体系，个人的知识和技能水平决定了在职业分层体系中的位置。目前农民工就业的主要问题：一是对于非正规教育获得的知识和技能的认定体系不完善；二是政府和企业在知识和技能培训方面投入不足；三是自主创业的空间和机会比较小。当前，大量农民工即使在城市获得稳定的就业，也难以适应产业转型升级的要求，难以实现地位的提升，很难改变"农民""农民工""外地人"的身份。

当前农村地区存在的主要问题是空心化现象严重，社区存在大面积衰败。造成这种现象的原因是，大部分青壮年劳动力转移到城市追求更高的工作收入，使得农村的社区解体和产权缺乏，这在很大程度上阻碍了农村的发展步伐，使得农村经济发展缺乏应有的活力，与城市经济发展之间拉开的距离越来越大。如果农村人口流向城市的速度得不到遏制，农村的经济发展将继续陷入停滞状态。

(二) 资源环境约束瓶颈突出

当前制约城乡经济发展的最主要的因素是，资源能源短缺，无法为经济发展提供强有力的支持。目前土地城镇化速度较快，人口城镇化速度相对则较慢，如此一来造成的结果便是，全国人均城乡建设用地出现了一定幅度的快速增长。人们在利用生产用地推进工业化发展的过程中，毫无规划、毫无节制地掠夺资源能源，造成了矿产资源等自然能源的大量消耗，有的甚至已经接近枯竭。当前国内多个城市已经出现了资源枯竭，经济发展被捆住了手脚。

城市和区域性环境污染严重，侵害城镇居民身心健康。一是区域性复合型大气污染事件频发，并达到历史最严重水平，严重侵害人民群众的身心健康。二是城镇水系污染形势严峻。城镇周边江、河、湖、海大多受到有机物、氮磷营养物、重金属、持久性有机污染物、内分泌干扰物、生态激素等各类污染物共存的复合污染，直接危及了城镇居民食品安全和人体健康。三是城镇垃圾围城现象突出。

城镇生态服务较能力越来越弱，区域生态安全受到了严重威胁及损害。虽然近几年以来政策在制定城镇规划时更加注重对生态环境的保护，不过综观当前的生态环境发展形势仍然是处于被快速损害的状态。城镇生态系统服务持续退化，区域生态格局破坏严重。许多新建城镇区域和城市群连绵区忽视自然规律，肆意对周围的生态环境进行破坏。城市和乡村的土地被人为切割，自然形成的河流因为人们的需求而遭到改道，湿地湖泊因为人们对土地的需求而遭到填埋，生物栖息地遭到严重破坏，城市及农村中的绿地建设没有对周围的生态系统进行科学规划，没有对生态保护给予足够的重视。粗放式的城镇化发展形势引起了城镇周围生态系统的损害与破坏，城镇生态系统提供的服务逐渐丧失。

(三) 区域发展不平衡

中西部地区城镇化发展滞后。广大的中西部地区，除了省会城市发展形势较好之外，其他城市的发展形势均不容乐观，没有形成强劲的发展动力。除此之外，这些地区的城市的基础设施与公共服务设施一般较为简陋，且不具备明显的发展潜力。西部地区城镇化速度日益加快，但作为我国重要的生态屏障，生态环境是极易遭到破坏与损害的，如何在经济发展与保护环境之间实现双平衡，仍然是摆在我国城镇化发展面前一个重大的问题。

城乡差距不断扩大。大量乡村地区不具备完善的教育及医疗条件，其中也缺乏较为完备的科技文化体育等服务设施。城镇化发展严重忽视县域、乡村发展和对农业现代化的服务带动。农业基础设施和科技支撑能力薄弱，农业支持保护体系不健全。农民兼业化、脱农化趋势加剧，全国每年撂荒的耕地近3000万亩（国土资源部数据）。

(四) 资源过度向大城市集中

特大城市"巨型化"发展，无序蔓延。我国省、市、县、镇的塔式行政体制，不仅形成了地区间政府的级别，也使优秀人才、优秀企业以及资本等资源向上一级行政单元集聚。巨型城市的人口高度密集以致连绵化发展，土地、水资源过度消耗，人居环境水平和可持续发展能力面临挑战；同时，交通拥堵、大气污染严重、宜居水平低下等问题的解决难度也在不断加大。

中小城市和小城镇发展受到种种限制。处于国家行政体制底层的中小城市和小城镇在项目、投资乃至用地指标等方面受到诸多限制，发展明显受阻。

(五) 交通拥堵等"城市病"凸显

为了实现城市经济的规模发展效应，部分城市在未进行科学整体规划的前提下，毫无秩序地对城市地区进行开发与扩建，最终造成了城市人口的过度膨胀。许多城市一味注重经济发展，将经济效益放在最重要的位置，而忽视在发展经济的过程中对自然资源的保护与发展，过分注重城市的现代化建设，而忽视了与之相配套的各种公共管理服务，最终造成了城市严重的交通问题，并且频频出现公共安全事件，城中村和城乡接合部等外来人口集聚区人居环境较差。城镇运行安全隐患日益突出。

(六) 历史文化和自然遗产破坏极为严重

牺牲自然和文化资源追逐经济利益。不少城市比大、比高、比新，将城市发展与文化保护相对立。部分城市在追求经济发展的过程中，只着眼于自然文化遗产的经济价值，而忽视蕴藏在其中的珍贵丰富的艺术价值，历史文化资源和自然环境遭到破坏的现象时有发生。有些城市在开发风景名胜区域的时候，一味追求其人工化和商业化，而不懂得保留自然资源本身所具备的审美价值，最终因为用力过猛使得风景名胜区的自然生态平衡遭到破坏，引起了灾难性后果。

因为缺乏对文化的尊重和重视，造成了部分城市领导的文化审美及价值观扭曲。为了改变当前的发展现状，应该逐渐发展现代城市文化。有的领导认为现代化城市的标志就是越来越高的城市建筑，越来越标新立异的奇怪建筑。一些城市不注重文化挖掘和传承，贪大求新、盲目克隆、照搬照抄，造成"千城一面"，"东西南北一个样，大城小城一个样，城里城外一个样"，城市的文化、个性和韵味被抹杀。一些设计师为了迎合"长官意志"，抛弃"适用、经济、美观"的原则，刻意追求新奇以致怪诞，结果反而使城市景观变得生硬、浅薄和单调。

文化破坏从城市向乡村地区蔓延，仅存的乡土文化遗存急需专业人员的妥善保护。一些农村地区在发展经济的过程中，单纯地照搬城市小区的建设模式，在富有传统特色的农村地区穿插现代化建筑风格，最终成为不伦不类的建筑。"建设性破坏"不断蔓延，导致乡土特色的丧失。

(七) 城市公共治理水平低下

我国尚未建立起适应社会主义市场经济体制的城镇公共治理体系。尽管中国在几十年时间内实现了向工业社会的转变，但其行政管理文化和公共治理模式扎根于四千年来的农耕文明，无法应对大规模、高速度的城镇化和产业化进程的挑战，缺乏有效的城镇公共治理体系和充分的治理能力，城镇发展必然出现不平衡、不协调和不可持续的局面。

一些地方只顾追求企业和房地产发展等经济利益，忽视群众利益。被资本逻辑所束缚，侧重于城市物质的建构，忽略城市精神文明的职能；侧重于城市外观效果，忽略基础设施建设；侧重于进度与数量，忽略放松对质量和品质的追求。以城市地下管线为例，长期超负荷运行，老化、腐蚀现象严重，再加上投资不足、缺乏统筹管理和维护，大面积爆裂、爆炸等事故频发，全国每年仅施工挖断管线事故造成的直接损失就超过100亿元。

城镇管理水平低下，数字化、精细化、智能化水平尚待提升。单纯地追求外表看见的硬件设施的发展与完善，忽视了硬件设施背后的软件管理设施的同步发展。城市管理整体上还不能适应现代城市社会管理服务的需要。由于管理及决策上的科学性不够，一些城市的道路建设存在着建了挖、挖了建，甚至随建随挖、大建大挖的现象。北京地区小汽车乱停车问题极为严重，管理缺位，大量机动车占用主路、自行车道和步行空间、消防通道和广场绿地等，使本已拥堵的道路"雪上加霜"。

科学决策缺失，没有足够的能力应对与处理群体性突发事件。在城乡一体化建设步伐不断加快的过程中，因为利益矛盾加剧而引发的众多群体性突发事件不断地挑战着政府的处理能力。然而，当前各级政府面对群体性突发事件时，仍然不能有针对性地、妥善地处理相关人员与事件，而是死板地根据程序化、制度化的处理机制行动。在未来，城乡发展一体化将取得更大的发展，各级利益矛盾将会更加突出，到时引发的群众性事件也会更多。因此，各级政府要加强处理突发事件的能力，保证在不损害群众利益的同时防止引发更严重的伤害事件。

(八) 城镇化发展观念存在严重偏差

不少地方仍然过于追求城镇化速度，人为地"推进"城镇化。不顾自身发展条件,将过高的城镇化率指标作为"奋斗目标",甚至将城镇化率作为政绩考核指标层层分解"落实"。

有的地区急功近利,热衷于"造城运动"。一些地方领导将城镇化发展简单理解为城镇建设,以为多盖一些高楼、多修一些宽马路就是搞城镇化。部分城市一味地追求扩张城市的规模与边界,注重城市扩张过程中土地财政带来的收益。许多开发区动辄上百平方千米,侵占了大量土地,导致了资源的大量浪费。盲目"造城"既忽视城市产业对城镇化的支撑作用,忽视就业对城镇化的拉动作用,也忽视城市结构的改善和质量的提升,浪费资源和资金,导致城镇化发展步入误区。不少"新城""新区"单纯地追求一种或几种功能,毫无节制地拓展土地,对城市功能的匮乏、城市服务的落后视而不见,修建大量的商品房而不合理配置,近期群众和媒体广泛批评的鄂尔多斯、昆明、鹤壁等"鬼城"就是其中突出的代表。

有些地区推动城镇化发展的路径单一,盲目攀比,脱离实际。我国地域广阔、区域差异大,不少地区缺乏对地方发展条件的深入研究,简单照搬东南沿海地区的城镇化模式,过度依赖外来投资和出口导向下的加工制造业,忽视了内需市场的带动和自下而上的内生发展动力。部分地区盲目地开发大量耗水、耗电、损害生态环境的发展项目,而不将城市本身的负荷能力和自然资源的承载能力考虑在内,盲目规划建设所谓"国际化大都市""中央商务区"和各类开发区。这些做法违背经济建设规律,脱离本地实际,加剧了地方政府负债,不仅劳民伤财,而且影响城市的长远发展。

下大力气解决这些突出矛盾和问题,我国城镇化才能在未来几十年不断提升质量,实现持续健康发展。

第三节 中国特色新型城镇化发展战略内涵和对策建议

城镇化是我国现代化建设的动态性结果,未来一段时期是我国经济快速发展与城镇化建设稳步推进的关键时期,在此期间需要对城镇化发展给予正确的引导,刺激城镇化释放内需潜力,以此来不断地推动和引领社会经济的整体进步与发展。

一、中国特色新型城镇化发展战略内涵

城镇化代表了现代社会人类追求的新文明的美好生活方式,提供了新时代人类精神追求和物质享受的社会家园,造就了推动社会生产力发展和创新的新空间聚集形式和生产组织模式。城镇化是伴随工业化进程的社会历史现象,是一个社会不断进化的过程。这是城镇化发展的内在动力和基本规律,是制定发展战略和进行顶层设计的原则和基础。

中国特色新型城镇化道路,其独特之处在于以中华民族五千年文化积累为出发点,结合当前的国家经济社会发展形势与市场环境,以及现在所处的社会发展阶段,最大限度地发挥中国特色社会主义的独特优势。中国特色新型城镇化道路的创新之处在于,充分吸收上个阶段城镇一体化发展的经验与教训,以历史进程中人类共同文化的发展理念和最高指挥为指导,推动中国社会经济发展实现可持续协调发展。

具体来说,中国特色新型城镇化道路的战略内容主要包括以下几项:实现城乡一体化建设过程中的以人为本,努力实现与"四化"同步,保证最终实现城乡统筹一体化发展,并在发展过程中兼顾生态环境的状态,最终实现中国经济与文化的繁荣。

新型城镇化发展,其最终的目标是为城镇和乡村建设以人为本的舒适生活环境,转变当前的生产及生活方式。人类社会的发展过程是对现代化生活不懈追求的过程,是对更加舒适方便生活方式追求的过程。在城镇一体化的建设过程中,要始终坚持科学发展观,坚持以人为本,将发展重点从物质转移到人本身上来,要将促进人的全面发展作为最终目标,让全体国民都能享受到现代化发展的成果,最大可能地满足人们对现代文明生活的追求与渴望。要转变观念,在城镇化的发展过程中,充分考虑人的需求,考虑农村人民的发展意愿,真正遵从农民是否愿意迁入城市的真正意愿。同时,不断完善农村的基础设施与公共服务体系,使农村人口能够享受与城市居民同等的发展机会与社会福利。

新型城镇化发展，是产业的聚集与融合。城镇是推动社会生产力发展最有效的空间聚集形式，是产业集聚合创新生成的高地，是经济社会发展的主战场。要通过城镇化推动经济发展，实现产城融合，形成产业聚集，打造创新高地。工业化和信息化的深度融合是未来城镇化进程的主要推动力，而城镇化发展本身是我国新型工业化的巨大内需潜力和拉动力。现代农业、现代服务业的发展，对支撑新型工业化、提升城镇化质量具有重大意义，是城镇化进程中必须协调的重要方面。推动城镇化的健康、高效发展，必须"四化"同步、协同发展。在这一过程中，要坚持信息化的全面渗透和倍增作用。

新型城镇化发展，是城乡统筹、公共服务均等、逐步消除城乡二元结构的发展。必须统筹区域和城乡发展，逐步实现公共服务均等化；必须更加注重县域发展，促进人口就近转移，促进城乡发展一体化，降低大规模人口跨区域流动的社会风险。

新型城镇化发展，是以生态文明理念为指导，建设生态城市为目标的发展。从"五位一体"的高度把握生态文明在城镇化进程中的地位和作用，把生态文明理念渗透到城镇化发展的规划设计及基础设施建设、天然生态系统保护和绿化、生产和消费方式、法治和文化教育等各领域和全过程。以环境承载力为前提，规划城镇发展建设的合理规模及相关的约束性指标，创新城镇发展模式。强化对自然资源、历史人文资源及城乡生态环境的保护力度，因地制宜地推行新型农村社区建设，从整体上形成集约紧凑的城镇布局形态和产业功能配套、符合生态文明理念的城乡空间结构。

新型城镇化发展，是体现中国城市地域特色、弘扬优秀文化传统的发展。城镇是展现中华文化和对外交往的窗口，是历史文化传承的重要载体。中华文化博大精深、源远流长，是我国经济发展和社会进步的持久动力，对提升我国城镇化质量具有关键作用。城镇化发展必须特别注重提升城镇品位，弘扬文化传统，保持民族特色，加强风貌保护，提高城市的影响力和竞争力。

二、中国特色新型城镇化发展对策建议

（一）加大力度开展职业教育

加大力度开展职业教育，进一步建立与完善技术资格认证，有计划地、合

理地、逐步地为外来务工人员解决落户问题，使其适应当前社会与经济形势的发展特征与要求，在建设城镇化的过程中始终将以人为本放在首位。大体来说，要注意以下几个问题：

一是使更多的外来务工人员能够接受职业教育，提升其自身的文化水平与专业技能，使得外来务工人员的整体素质水平得到较大的提升。

二是制定更加合理、科学的技术资格认证体系，建立技术资格准入制度，将劳动的技能等级序列与企业用工、城镇落户，以及与之相关联的住房、医疗、教育和社会保障等公共服务挂钩。

三是通过开展社会工作服务、鼓励农民工社区参与等方式，提高农民工群体的城市移民适应性，大力促进进城农民与城市社会的融合。

四是维护农民生产要素权益，推进城乡要素平等交换。保障农民工同工同酬，慎重稳妥地推进农民住房财产权抵押、担保、转让。

五是推动产业化、市场化的农业生产与城镇的大市场对接，使其成为城市经济的重要组成部分，并参与到城镇化的进程中来。就近城镇化应与农业现代化和农业产业化结合，实行现代化的生产模式。

（二）在城镇化建设中贯穿生态文明理念

将生态文明理念贯穿城镇化建设的全过程，以生态城镇建设为目标，全面做好资源节约、污染预防和生态保护工作，推行绿色生产和绿色消费，创建城镇化的生态文明制度体系。主要包括以下几点：

一是以生态文明理念贯穿中国特色的新型城镇化道路的全过程。城镇化建设是一项复杂的系统工程，涵盖了规划布局、产业、交通、生态环境、人口迁移、人居建设、城镇文化、城市治理等各个领域，人与自然、环境与经济、人与社会的和谐共生优先，将生态文明理念落实在新型城镇化建设的各领域和全过程。

二是构建与国土生态安全相适应的城镇化发展布局。构建跨尺度、多层次的国家生态安全格局，在省级层面提出需要保护的空间和分级管理的要求，加强对重要资源和生态环境保护区域的保护，加强对区域发展具有重要影响地区的空间管理；在市、县层面划定"三区"和"四线"，即"禁止建设区""限制建设区""适宜建设区"，"蓝线（水体控制线）、绿线（绿地系统控制线）、紫线（文物和历史文化街区控制线）、黄线（市政基础设施建设控制线）"，加强对城市水系、公共绿地、基本农田、历史文化保护街区等建设的控制和管理。

三是以生态承载力约束城市群与特大城市的无序增长。要在充分研究、合理预测城市人口和用地规模的基础上，科学划定城市增长边界，避免城市过度扩张，促进城市集约紧凑发展；积极发展中小城镇，发挥其对中心城市的支撑作用和对广大农村地区的拉动作用。

四是严格控制建筑总量，逐步减缓营造速度。以人均建筑面积为约束控制，限定未来我国城镇非生产类建筑的总面积，逐年减少新建建筑量，推行房产税制度，遏制过度投资性购房对建筑行业的刺激效应，稳定建筑业及相关产业市场，减少城镇建筑的资源能源的过度消耗和浪费。

五是推进城镇产业体系的结构调整与转型升级。应以循环、绿色、低碳、生态作为产业结构调整与转型升级的主导方向，明确推行生态工业园区建设和园区的循环化、低碳化改造，构建生活垃圾源头分类和再生资源回收体系建设，推进城镇矿山清洁化、规模化开发利用，缓解城镇发展的资源环境瓶颈。

六是依托城市内（间）绿色交通体系促进绿色出行模式。以综合、低耗、安全、便捷为导向设计城市内（间）交通体系与慢行系统。合理进行城镇规划与功能布局，减少居民日常出行距离；加大公共交通建设，鼓励居民使用公共交通代替小汽车出行；为自行车、行人提供良好的交通环境与人性化的服务设施；以城市为核心建设辐射城乡的轨道交通系统。

七是提倡绿色生活方式，发展与之适宜的技术措施。提倡和维持相对节能和环保的生活方式，推行"消费但不浪费、舒适但不奢侈"的绿色健康生活模式，发展适宜国情的建筑形式和基础设施。坚持建筑能耗总量控制的思路，建立以实际能耗为导向的建筑节能体系。

八是弘扬生态文化，普及生态文明理念。要使生态文明理念贯穿城镇化建设的全过程，离不开社会的理解与认知。应加强在各个领域生态文明的宣传教育工作，树立全民的生态文明观、道德观、价值观，形成城镇生态文明建设的社会基础。

九是创新城镇生态文明建设的制度体系。依靠制度治理环境、保护生态、节约资源，依靠制度确保生态文明贯彻到城镇化建设的全过程。探索建立城镇生态文明的体制、机制和法制。建立城镇生态文明评价指标体系，加快改革地方政府政绩考核体系，探索建立生态环境损害责任终身追究制。

（三）优化城镇化空间布局，着重抓好重要城镇化地区和县域发展

优化城镇化空间布局，着重抓好重要城镇化地区和县域发展，主要包括以下几点工作内容：

一是适应外源和内需双重驱动要求，增强国家竞争力，提高欠发达地区的发展水平，推动中心城市与周边地区、县城与广大农村地区一体化发展。

二是优化提升珠三角、长三角、京津冀、成渝、长江中游五大核心城镇（集）群，积极发展海峡西岸、海南（南海）、天山北坡、哈长、滇中、藏中南6个战略支点地区，培育11个城镇化重点地区。

三是支持具有区位优势、产业优势、规模优势的重点镇加快发展，夯实城镇化的基础空间载体。

四是促进大城市和特大城市职能升级，控制新增建设用地规模，防止其无序蔓延，鼓励走区域协调的发展道路。

（四）以工业化为推动力，实现城镇化高质量发展

未来较长一个时期，工业化仍然是我国城镇化进程的主要推动力，城镇化的高质量与工业化的新水平相适应。"四化"的良性互动、协同发展是我国城镇化健康发展的关键。大力促进产业结构调整，形成合理的产业布局，促进产业和城镇融合发展，主要包括以下几点：

一是坚持创新驱动。要培育发展一批新兴产业，同时改造、提升现有产业，并根据市场需求和技术发展趋势，扶持一批产业做强做优，切实提高产业质量和效益。同时，优化调整工业结构，逐步淘汰和退出一批落后产能，遏制钢铁、水泥等行业产能盲目扩张，有效化解过剩产能。完善资源有偿使用制度，集约节约利用资源，提高资源综合利用效率，缓解产业发展的资源约束。加大生态环境保护，根据产业特点进行分类施策，实施工业绿色转型战略。

二是差别化支持企业发展。要培养不同行业内要扶植壮大一批行业骨干或龙头企业，着力增强企业竞争力。同时，要正确对待广大中小微企业，形成一批专、精、特企业；对大量的生产加工型、劳动密集型小企业要促使其在原有基础上升级，依托完整产业链和市场需求，发挥优势，维持和提高竞争力。

三是大力发展服务业，逐步破除服务业发展的体制性障碍，要全面发展生产性服务业、生活性服务业和公共服务业。生产性服务业要与服务对象紧密结合，协同发展。生活性服务业要进一步放开准入，便利人民生活并吸引大量就业。

四是要加快构建新型农业经营体系，进一步提高农资生产和流通，共同促进农业现代化发展。推进家庭经营、集体经营、合作经营、企业经营等共同发展的农业经营方式创新，鼓励农村发展合作经济，扶持发展规模化、专业化、现代化经营。

五是发挥现代信息技术服务于经济社会发展的独特优势，促进工业化与信息化的深度融合，提高数字化、智能化技术等方面对产业发展的支撑作用。

六是各城市应根据本地的资源禀赋、区位特点、人口结构、与周边的关系等分析产业发展条件，扶植形成优势产业，走特色发展之路。

（五）落实公交主导的城市交通政策，综合治理交通拥堵顽症

在推进新型城镇化建设的过程中，注重构建安全高效、环保节能、以人为本的交通体系，推崇绿色交通的基础发展理念，让交通基础设施起到促进与加快新型城镇化建设步伐的重要作用。在这方面，需要注意下面几个问题：

一是大力倡导绿色环保出行方式，完善公共交通系统，鼓励人们更多地选择步行、自行车等交通方式，人口集中的大型城市要构建以轨道交通为主的综合公共交通系统。

二是在设计与构建城市结构与功能布局时，尽量将住宅与工作区交叉布局，从根本上减少人们的出行距离及需要。

三是从战略高度实施需求引导型供给策略，推进停车产业化发展，通过税收和产业政策等经济杠杆，切实改变大城市日常通勤出行过度依赖小汽车的局面。特大城市应根据实际情况适时控制私人小汽车保有量的增长速度。

四是建立区域交通规划与城市交通规划协调整合机制，解决"部门分割""互不协调"的问题。加快综合交通枢纽的规划建设，方便不同交通方式、内外交通之间的无缝衔接和零距离换乘，强化枢纽与周边地区商业、办公等功能的综合开发一体化，引领城市空间结构调整。

五是实施更加严格的交通环保节能政策，推广应用低能耗、低污染的清洁能源交通工具和方式，合理提高机动车排放标准和燃油标准，推动和完善智能城市交通系统建设，提高交通管理、决策的科学化水平。

（六）保护特色城镇与古村落，弘扬中华优秀的传统文化

文化内核与精神是中华民族的灵魂所在，是实行中国特色城镇化战略的最终追求，是逐步实现中华民族伟大复兴的重要战略途径，是历史赋予当前时代的发展责任。在深入推进新型城镇化发展的过程中，需要对人居环境建设给予高度重视，主要注意做好以下几点工作：

一是促进城市文化的多样性发展，要认识到城市设计对展现与传播城市文化的重要性，因此在设计城市之初就要明确设计理念，要突出各个城市的鲜明特色，尽量杜绝千城一面。

二是培育人们注重传统文化传承的价值观念，发扬老子的"天人合一"的生活宗旨，将历史与城市建筑自然地结合在一起，避免生硬模仿的奇怪建筑。

三是在推进新型城镇化建设的过程中，注重对历史文化遗产的保护，进一步改善基础设施、公共服务设施和管理水平，启动"美丽城镇和村落保护工程"，遏制传统村落快速消亡的趋势，保护我国农耕文明的根基，弘扬民族文化精神。

四是转变旧城改造方式，坚持有机更新，避免大拆大建，为广大中低收入群体创造可负担的、相对宜居的生存环境，接续城市的历史文脉。

（七）提高政府的公共治理水平和治理能力

加快智能城镇建设步伐，提高政府的公共治理水平和治理能力。运用现代公共治理理念与现代化手段创新城镇公共治理方式，促进城镇公共治理的决策科学化、民主化。

一是建立和完善以人为本的城镇公共治理体系。构建由城镇政府、经济组织、社会组织共同参与的城镇公共治理体系，明确各类城镇主体的公平共享权利和义务，谋求城镇全面协调可持续发展，适应市场经济体制下城镇发展动力多元化、城镇社会群体分化、社会信息化与科技的迅速发展，满足人的城镇化和现代化的公平需求，增强城镇公共治理的系统性、整体性、协调性，加快城镇化过程中的社会主义市场经济、民主政治、先进文化、和谐社会、生态文明的发展。

二是完善城镇发展的激励机制，赋予城镇同人口和经济规模相适应的公共治理权利。节制城镇政府对大规模高速度城镇发展的过度追求，改革干部考核激励、财政激励和社会激励等激励机制，调整和完善地方党政领导绩效考核指标体系的综合化，转向节约资源、保护环境、促进社会和谐的综合发展，弱化城镇财政对土地经营的依赖，建立制度化的可持续城镇建设的财政激励机制。

三是构建统一的信息资源中心，建立和完善电子政务平台。重点解决"信息壁垒"问题，实现跨地区、跨行业的全方位信息共享，城镇实时信息流的动态获取和分析集成，推动城市信息资源共享和部门联动，提升城镇综合管理能力；加快城市决策支持系统建设，推动城镇运行监测、预警、诊断、决策的智能化发展，全面提升政府科学决策水平和应对群体性突发事件的能力。

四是逐步建立科学的财税体制，建立事权和支出责任相适应的财政制度。改善政府财政支出结构，强化对基本公共服务的支持；完善对财力不足地区的财政转移支付，建立信息化社会公共服务体系，以常住人口数量而不是户籍人口数量进行转移支付，促进基本公共服务的均等化；从省内统筹开始，逐步建立基本公共服务支出与管理的全国性流转机制，使基本公共服务和社会保障与我国城镇化进程和人口迁移趋势相适应。探索地方政府通过多种方式拓宽城市建设融资渠道。

第二章 城乡一体化发展的现实基础

随着经济社会发展的快速转型,我国社会进入思想多元化、利益多元化、发展路径多元化的时期,而城乡二元社会结构的客观存在,使经济社会转型与资源配置的城乡二元格局之间的矛盾日益突出。以打破城乡二元结构为重点,形成城乡一体化发展新格局,成为实现经济社会顺利转型的关键,也是推动我国现代化进程的关键。

第一节 城乡一体化发展的重要性

一、城乡一体化概述

(一) 城乡一体化的内涵

关于城乡一体化的内涵,不同的人有不同的看法。有的学者认为,城乡一体化有广义和狭义之分。从狭义上看,城乡一体化的实现主要是经济方面的一体化,即城乡经济通过相互补充,从而成为一体式发展。广义上的城乡一体化不止包括经济上一体化,在社会、文化、生态等各个方面都实现城乡一体化。有的学者从空间布局的层面来进行考虑,他们认为,城乡一体化是"自然—空间—人类"的良性循环系统或者最优空间网络系统。有的学者从社会生产力发展的水平看待城乡一体化,在他们看来,城乡一体化的出现是因为社会生产力水平的发展,当社会生产力水平提高到一定程度时,必然会出现城乡一体化。有的学者从城镇化发展阶段出发，他们认为城乡一体化是城市化发展的高级阶段。

城乡一体化的形成和发展原因主要是发展中国家为了减少城乡差距，消除城乡二元对立结构。从学术界关于城乡一体化的定义可以很明显看出，它具有时代特点和地域性的特点。随着我国改革开放的不断深入，以及我国市场经济体制的不断完善和发展，城乡一体化的内涵和外延也随之不断增大，其范围也变得更加广阔。城乡一体化的定义不能简单地从城市和农村的一个方面来考虑，也不应该就地理或时代范围进行单方面的限制。总的来说，科学的城乡一体化需要以一个高水平的社会生产力为基础，对城乡的经济社会发展进行综合考虑。然后通过城乡互动，使城市和乡村双方的经济进行互补，从而形成一个和谐发展的城乡一体化社会结构。其含义可以包括以下六个方面：

其一，城乡一体化是人类在进行发展时的一个理想追求目标。在社会实现城乡一体化后，国家的居民可以不分身份，在平等的基础上，分享人类的文明成果。

其二，要想实现城乡一体化，其前提是生产力水平在很大程度上得到了提高。城市和农村的生产力都达到一个很高的水平，它们都有助于缩小城乡差距并消除二元结构。

其三，城乡一体化不是一朝一夕可以实现的，它是一个漫长的渐进的过程。区域不同、国家不同，其资源禀赋是不一样的，因此，各个国家和地区的城乡一体化过程长短也是不一样的。有的地区和国家会比较长，有的城乡一体化进程则比较短。

其四，城乡一体化不是城市或乡村单方面的努力就可以实现的，它需要城乡双向、共同努力。城市和村庄是不可分割的，相互交织，相互作用，相互支持，共同努力创造和谐，和谐的城乡社会将发挥自己的优势。

其五，在实现城乡一体化后，并不是没有城乡合一，不做任何区分，而是城乡作为社会的两个部分，其之间仍然会有差异性。但这种差异性不再是城乡在各方面的差距，而是双方各自具有不同的特点。

其六，城乡一体化并不是人类关于社会发展的最终追求目标。它只是一个阶段性的发展目标，当人类社会实现城乡一体化后，社会生产力水平的不断发展和提高，人类社会的发展会有更高的追求。

（二）城乡一体化发展的特点

1. 城乡一体化发展的目的性

城乡一体化并不是凭空得来的目标，它的发展有着相当明确的目标——逐步消除发展中国家长期存在的城乡二元结构，最终形成和谐的城乡一体化社会结构。城乡一体化发展的不同阶段也有不同的目的。在其初期，城乡一体化的目的是为了使城乡差距减小，就一些影响城乡居民生产的项目和快速发展达成一致。例如，城乡居民的收入达到一致，城乡居民在社会保障待遇方面能够有同样的机会；城乡在教育、医疗等方面是一致的。在后期，城市和乡村主要的差距已经没有了，关于空间布局、生态环境规划等方面也做好了整合，但城市和乡村仍有各自的独特特点。

2. 城乡一体化发展的阶段性

城乡一体化是阶段性实现的，它在缩小城乡差距时不是一蹴而就的，是一个渐进的变化过程。地区不同，城乡一体化的过程长短和进展时间是不同的。在经济技术发达的地区，由于有着完善的基础设施，因此城乡一体化的起点会比较高，所用的时间就会比较短。而经济欠发达地区则与此相反，需要的时间就要长。总而言之，城乡一体化进程可分为两个阶段：第一阶段是城乡一体化的初始阶段，在这个阶段主要目的是解决城乡差距的突出问题。在第一阶段，会随着社会经济的发展，逐渐消除城乡差距，在生活水平上，城乡居民会逐渐趋于一致。在该阶段，主要采取的措施有农业产业化、农业现代化、城市化、工业反哺农业、城市支持农村等。第二阶段是城乡一体化的后期阶段，在后期主要是就城乡空间布局以及生态环境保护问题进行解决。居民不再是因为生活的原因而选择在哪里定居，在城市或是在乡村定居只是居民的爱好选择。在这一时期，形成了现代城乡交通信息网，使城乡居民可以自由流动。如果居民喜欢城市，就可以搬到城市生活；如果居民喜欢农村的话，就可以到农村生活。总的来说，这两个阶段没有严格的界限进行划分，一定程度上看，这两个阶段的工作会有部分重复。

3. 城乡一体化发展的广泛性

城乡一体化是考虑整个城乡的发展。因此，城乡一体化涉及的议题具有广泛性，如政治、经济、社会、文化、生态环境、规划布局等方面。从政治方面来看，城乡居民两者不再具有政治制度上的差异，也不存政治方面的歧视，城乡居民同为国家居民，他们有着同样的权利。从经济方面来看，城乡一体化能够反映出三大产业的合理布局，且有利于城乡的技术和资源优势得到充分发挥，进而提高国家的生产力，使国家的经济效益达到最大化。从社会方面来看，城乡一体化体现了城市和乡村两大部门的和谐统一发展，使资源和要素能够在城市和乡村之间合理进行流动，居民的生存和发展不再受到城乡差距的影响。从文化方面来看，居民无论是在哪个地方，其思想观念和文化水平不再有差距，人才在城市和乡村之间能够得到均匀分布。从生态环境方面来看，在对环境进行保护好的前提下，对各种环境资源做好合理配置，从而使环境可以得到自我循环，实现生态环境可持续发展。从规划布局方面来看，城乡一体化要使城乡元素得到合理的分布，要既能满足城乡居民生存生活的需要，也要促进生态环境的发展。

4. 城乡一体化发展的长期性

从现实来看，世界上的国家的城乡关系基本都经历了乡村孕育城市、城乡分区、城乡对立、城乡融合的几个阶段。由此可以说，在城乡融合阶段的过程中城乡一体化是一个重要的步骤。城乡一体化的实现是一个漫长的过程，它具有连续性和渐进性，其所需要的时间长度要以各个国家的社会经济发展情况为基础。第二次世界大战后，日本渴望实现民族复兴，因此过于追求产业发展，使得城乡差距变得越来越大，为了缩小城乡差距，日本政府采取了多方面措施，如加强农村基础设施的建设、大力促进农村工商业的发展、对土地管理规模加大等。截至20世纪70年代，日本基本实现了城乡收入平等，农业和农村实现现代化。在20世纪60年代时，北欧国家也有着城乡发展不平衡的问题，居民的收入差距比曾一度大过3∶1，使得大量农民向城市涌入，有着严重的社会结构性失业问题。为了克服这种问题，缩小城乡差距，实现城乡一体化，挪威政府采取各种手段和措施，经过多年的努力和发展，使得城乡一体化得以完成。居民不分农民和市民，都有着相同的生活条件、收入水平，可以享受相同的社会福利，有着平等的发展机会。而发展中国家则由于其经济基础弱，在实现城乡一体化的过程中，面临的问题会比较多，因此，其实现城乡一体化也需要花更长的时间。

5. 城乡一体化发展的双向性

由于城乡间的差距和差异，才提出和实施的城乡一体化，对于发展中国家来说更是如此。城乡分割和对立主要原因是人为造成的，长期以来，农村是城市发展的资本积累和商品销售地，为了促进城市的发展，农村付出了极大的代价。然而，缩小甚至消除城乡差距、最终实现城乡一体化需要的是城市和乡村两个部门共同作用才可能实现的目标。农村地区要致力于发展农业技术，提高农业产出能力，生产更多优质农产品和其他产品，并提高整个农村部门的生存能力。同时，农村剩余劳动力转移到城市，满足城市的劳动力需求，促进城市工业和服务业的发展。城市应当利于其主导地位优势，与农村间的沟通要多多加强，向农村提供大量的资金以及先进的技术和管理经验，从而提高农村的发展速度。总的来说，农村的发展需要城市的反哺，而且当农村变得更加好时，它也会为城市商品提供一个更大的销售区域。更重要的是，城乡环境保护、规划和布局需要城乡之间的协调。

6. 城乡一体化发展的差别性

城乡一体化就是要用全面和系统的观点，综合考虑城市和乡村的发展，对城乡进行统筹规划。城乡一体化不是将乡村变成城市，也不是将城市变为乡村，而是在城乡一体化后，城市和乡村各保留着自己的特点。城市有其大气、繁华和炫目，农村保持其清新、典雅、自然、秀丽。除了农产业，农村的工业、商业、交通、建筑等各个产业也要得到发展和具有生机。农业的生产方式和管理技术得到改进，但其会继续保留着一些本色。总之，城市和乡村各自为对方的发展提供补充，两者相辅相成，城市和乡村的差异不会消灭，但两者之间没有差距，只存在不同性。

二、城乡一体化发展是伟大时代所赋予的伟大命题

（一）伟大的时代需要我们深入推进城乡一体化发展

近年来，随着美国次贷危机所演变的金融危机和经济危机在全球扩散，世界经济处于深度下行中的震荡调整期，西方世界的整体实力明显下降。回望中国，经济发展迎来全面转型期，已步入新常态；改革走到了攻坚克难的十字路

口，需要全面深化改革；民生建设要提升质量、实现全覆盖，要全面建成小康社会；我们还处在实现中华民族伟大复兴的中国梦的最关键机遇期。在伟大而又复杂多变的时代，中国经济要寻找新的增长点以破解危局，要全面深化改革以打好改革的攻坚战，要缩小各种差距、实现全面小康、圆梦中华民族伟大复兴，破解"三农"问题，转化城乡二元结构，进而最终实现城乡一体化发展，应是题中应有之义。具体来说，加快推进城乡一体化发展具有以下战略意义：

1. 城乡一体化发展是新常态下促进我国经济发展的重大战略

任何时代，任何国家和地区都将追求经济增长和发展作为首要目标。对中国来说，在以经济增速从高速转变为中高速、旧有增长红利释放殆尽为主要特征的经济新常态下，若要完成GDP年均增长7%左右的任务，要全面缩小城乡差距进而化解社会矛盾，要在2020年全面建成小康社会，则必须释放中国广大农村，特别是中西部落后地区农村的增长空间、后发优势和城镇化潜力。而要实现中国广大农村的发展，就必须依靠城乡统筹发展，构建城乡一体化发展的新格局。

2. 城乡一体化发展是转变经济发展方式的有力抓手

近年来的国际金融危机和经济进入新常态引发了国内理论与实务界对我国经济发展方式的深刻反思，依靠粗放型工业化带动城市化和经济增长的发展战略已经难以为继，转变经济发展方式成为社会各界的普遍共识，特别成为中央顶层设计在经济领域的核心环节。目前，我国传统农业仍未得到根本改造，工业化的外延式扩张已接近临界值，而第三产业发展也滞后于发达国家水平。这些成为制约中国经济社会发展的重大障碍，亟须通过转变经济发展方式来加以解决。我们认为，一个国家或地区的经济发展方式与其内在的城乡关系、产业结构、收入分配结构等密切相关，要转变经济发展方式，必须从变革城乡关系、产业结构和收入分配结构等入手，尤其是要实现城乡二元结构到城乡一体化发展的转变。

3. 城乡一体化发展是弥补全面建成小康社会短板的有效途径

改革开放以来，中国经济实现了持续快速发展，小康建设取得了巨大成效。但一直存在两大制约全面小康社会建设的短板因素：一是城市化水平严重滞后于工业化进程，并且落后于部分处于相同发展阶段的发展中国家，数以亿计的农民工难以享受到附着在城市户籍之上的公共服务与社会福利；二是中国仍存在大量贫困人口，脱贫致富的任务十分艰巨。要同时破解城镇化滞后、贫困人口大量存在这两大制约全面建成小康社会的因素，必须也只能依靠加快推进城乡一体化发展。"四化"同步可以从根本上解决城镇化滞后于工业化的问题；统筹城乡、精准扶贫可以从根本上使贫困人口脱贫致富。

4. 城乡一体化发展是解决"三农"问题的根本出路

长期以来，"三农"问题是困扰我国经济社会长期、平稳、健康发展的瓶颈之一。我们认为，"三农"问题的关键在农民，农民问题的关键在提高收入，提高收入的关键在就业，就业的关键在产业。因为只有产业发展壮大了，农民才能就业，才会有稳定的岗位和收入。在现阶段，加快推进城乡一体化发展，可以构建统筹城乡发展的产业载体，从而为提高农民收入、加快农民工市民化奠定根本基础，最终彻底解决"三农"问题。

(二) 中国城乡关系的特殊性呼唤我们探寻自己的道路

从经济史角度考察，世界各国在经济发展过程中都会经历二元经济结构的形成与转化。几乎和所有研究中国城乡关系的学者一样，在早期研究阶段，我们也试图借鉴甚至直接套用发展经济学中经典的二元结构理论来解释中国的城乡关系。但随着研究的深入，我们越来越发现传统二元经济结构理论虽从一般意义对我们研究中国问题具有启示，但因其严苛的假设和经济问题单方面分析的局限，而难以解释中国城乡关系的形成与转化。我国城乡二元结构的形成与演化有其特殊的历史过程和制度背景，其内容也远远超出了经济二元结构的范畴。因此，认识中国城乡关系发展过程的特殊性，对中国城乡二元结构的演进逻辑与内涵特征进行分析，是建设城乡一体化发展的基础。现实中，我国城乡关系至少在形成过程和二元结构内容两方面存在明显的特殊性。

1. 中国城乡关系特殊的发展过程决定了其特殊性

中国的城乡二元结构初步形成于近代西方世界的市场经济体系和工业文明的冲击。在中国漫长的奴隶社会和封建社会历史中，由于生产力水平和专业化分工程度较低，农业文明是当时的主流文明，城市化呈现出一种缓慢发展的相对稳定状态，城乡间低水平互相依存。鸦片战争之后，在西方资本主义经济的冲击下，新兴工业文明在沿海地区兴起，中国传统农业社会开始解体，初步形成了由广大落后传统农业部门和少数沿海城市现代工业部门所组成的城乡二元经济结构。

在新中国逐渐构筑的计划经济体制下，我国城乡二元结构最终形成。新中国成立后，在传统农业未得到根本改造、小农经济在国民经济中占主体地位的情况下，鉴于当时的国内外政治经济环境，中国选择了重工业优先发展战略。这一战略通过汲取农业剩余为工业提供资本积累和对城市进行补贴，意图迅速实现工业化，但与当时中国劳动力丰裕、资本稀缺的资源禀赋特点相矛盾。由于资本密集型的重工业对劳动力的吸纳能力有限，为减轻工业化过程中由于农村剩余劳动力转移而形成的城市化压力，为优先保障城市居民的就业和福利，我国逐渐形成了一整套包括工农业差价、统购统销、人民公社、户籍制度等在内的城乡分割的二元结构体制，客观上限制了农村剩余劳动力的"乡—城"流动和农业生产力水平的提高，导致了严重的城乡二元结构问题。

改革开放之后，党和国家的工作重心转移到经济建设上来。为加快经济发展、提高经济效率，我国开始执行城市和沿海地区偏向的非均衡发展战略，从而客观加剧了城乡二元结构问题。由于农业难以实现完全分工（亚当·斯密，1776）和其本身的弱质性，随着经济发展阶段的演进，农业对经济增长的贡献率不断下降（世界银行，2007）。与此相对应，城市非农产业则成为经济增长的主要动力。

进入21世纪以来，地方政府将很大精力用于"经营城市"和做大企业，进一步扩大了中国的城乡差距。在现行户籍制度之下，在政府提供公共服务能力和激励有限的情况下，城市居民必然会阻挠农村移民摊薄城市社会福利。因此，城市居民作为压力集团，实际上成为21世纪之后政府延续城市偏向政策的重要推手。与此同时，计划经济遗留了许多不利于城乡融合的制度障碍，尤其是劳动力、土地和资本三大市场都存在着极大扭曲，造成了生产效率损失。这样，在城市与沿海地区优先的非均衡发展战略下，经济分权制度下的官员晋升考核机制与城市利益集团的压力共同作用，导致中国的城乡二元结构得以延续并且日益固化。

2. 中国城乡关系特殊的结构特征也决定了其特殊性

（1）城乡二元经济结构。中国的城乡二元经济结构表现为现代产业部门与传统农业部门之间的二元对立。新中国成立以来,政府实施了一系列偏向于发展非农部门的经济政策,通过价格剪刀差等形式从农业部门提取了大量的经济剩余,资本、劳动力等生产要素在农业与非农部门之间错误配置,导致传统农业长期难以得到根本改造,工农业生产率和城乡居民收入差距不断扩大。

中华人民共和国成立初期,小农经济在当时的产业结构中占据主体地位。为实施重工业优先发展战略,政府只能通过汲取农业剩余来为重工业提供资金支持,农产品统购统销和人民公社制度正是基于这一目标而建立的。改革开放之后,农村实行家庭联产承包责任制,单家独户经营再次成为农村经济的主要组织形式。为做大经济总量,政府将大量财政资金投向非农产业部门,农村金融系统也在很大程度上演变为"农村资金抽水机",这使得广大农户出现了普遍的融资困境,农业缺乏必要的资金投入。与此同时,城乡分割的户籍管理制度阻碍了农业剩余劳动力向城市流动,进城农民工也在各个层面备受歧视,这使得相对较多的劳动力滞留在农业部门,即使2004年以来出现的民工荒也被一些研究证明是结构性而非整体性的。这些因素都阻碍了农业生产率水平的提高。总体而言,在政府所实施的非农部门倾向性发展政策的作用下,工农业生产率和城乡居民收入差距不断扩大。

(2)城乡二元社会结构。中国城乡二元社会结构表现为城乡居民所能享受到的公共服务存在巨大差异,形成于城乡分割的户籍管理制度。它是政府实施城市偏向政策的必然结果,其实质是城乡居民社会权利的不平等。户籍制度及其他相关制度安排将城乡居民分割开来,在城市与农村之间实行两套不同的公共服务供给体制,这在使城市公共服务得到有效供给的同时,却导致农村公共服务供给严重不足。城乡居民在享受基础设施、社会保障、社会福利等公共服务方面的巨大差异,严重影响了农村居民生活质量和人口素质的提升。更为严重的是,城乡公共服务差距使得城市居民成为一个相对独立的既得利益群体,进而成为维护城市偏向政策的重要力量(Solinger,1999),阻碍了农民工市民化进程。

(3)城乡二元政治结构。中国城乡二元政治结构表现为城乡居民在政策制定与社会管理方面权利的不平等。在城乡分割的户籍管理和政治体制下,农村居民缺乏表达利益诉求的机制与渠道,城市则单方面拥有制定城乡政策的权力,这使得农村居民的政治地位相对低下,而且城乡间政治地位的差别有极强的继承性。在城乡分割的户籍管理制度下,由于农民缺乏利益代言人和利益表达机制,导致他们在制定国家政策方针过程中难以发挥实质作用。这样,农民的利益往往被选择性忽视,一定程度上加剧了城乡二元结构的固化。

(4)城乡二元文化结构。中国城乡二元文化结构表现为"市民文化"与"小农文化"的二元分割。城市工业文明催生了市民文化,而农耕文明的长期存在则为小农文化提供了深厚的土壤,这使得城乡居民在经济行为与社会交往形式上存在巨大差异。

农村是一种乡土熟人社会,农民长期生活在一定的地域范围内,其生产与生活方式具有极强的稳定性。在农业文明所孕育的小农文化中,农户的行为特征主要表现在以下两个方面:从经济行为特征看,由于农业生产受到自然风险和市场风险的双重影响,因而传统型农户往往坚守"安全第一"的经济原则(斯科特,1976),他们倾向于规避经济风险,很少冒险追求平均收入最大化;从社会交往特征看,在乡土熟人社会中,农户交往遵循圈层"差序格局"(费孝通,1947),其社会关系和交易活动是以自己为中心而进行社会扩展,人与人之间的信任不是依靠契约关系,而是依赖于彼此间的熟悉程度。

与农村相比,城市是一种由流动人口所形成的集合体,市民的生产与生活方式具有极强的不稳定性。在工业文明所催生的市民文化中,市民的行为特征也主要表现在两个方面:从经济行为特征看,城市经济主体遵循"效率第一"的原则,企业家具有强烈的冒险精神,倾向于追求利润最大化。从社会交往特征看,在以陌生人为主体的市民社会中,交易主体倾向于依靠契约来形成信任。一方面,尽管2014年中国的城镇化率已达到54.77%,市民社会也日渐成熟;另一方面,我国仍有6亿多农村人口,由于传统农业难以得到根本改造,小农文化对于中国社会尤其是农村社会仍然有着深刻影响,这就导致市民文化与小农文化长期并存与分割,并进一步固化了中国的城乡二元结构。

(5)城乡二元生态环境。中国城乡二元生态环境要比城乡二元经济、社会、政治、文化结构等都要复杂得多。1996年,帕纳约托(Panayotou)借用1955年库兹涅茨界定的人均收入与收入不均等之间的倒U形曲线,首次将环境质量与人均收入间的关系称为环境库兹涅茨曲线(EKC)。环境库兹涅茨曲线揭示了环境质量开始随着收入增加而退化，收入水平上升到一定程度后随收入增加而改善，即环境质量与收入呈现倒 U 形的关系。

如果以环境库兹涅茨曲线来考察中国的情况，我们会发现似乎在环境库兹涅茨曲线的每个阶段，我国都有对应，这源自中国区域和城乡间的差异性。对于城市，有的城市已经进入了工业化后期甚至是后工业化的时代，而有的则仍处在工业化中期，这就造成了我国不同城市的生态环境状况差别较大，环境治理程度和水平的差异也较大。对于农村，同样存在类似的问题，有的农村环境基本没有破坏，保持了原生态的风貌；有的农村并未受到工业化的污染，但是人居过多也过于密集，导致生活垃圾遍地、污水横流；有的农村则工矿业发达，乡镇企业林立，但往往忽视污染物处理，已经造成了严重的生态问题；少数农村在工业化过程中注意了环境保护，或已实现了发展方式的转变，生态环境并未破坏或已扭转趋好。我们城乡一体化发展研究团队在全国调研时所观察到的情况也支持了上述判断。鉴于中国城乡生态环境的复杂性，我们把我国城乡生态环境现状描述为"三元并存"的城乡二元生态环境，即有的地区城市生态环境明显优于农村，有的地区农村生态环境又好于城市，有的地区城乡生态环境水平大体相当。多元的情况决定了我们在构建中国城乡生态环境一体化过程中，只能实事求是、因地制宜，采取对症、合适的措施。

所以，针对中国所处时代的紧迫性和城乡关系结构的特殊性，需要我们对中国城乡和城乡一体化发展相关问题进行深入研究。

三、城乡一体化发展是进一步深化改革的关键

由于城乡之间存在的原有差距和改革开放以来城乡差异化政策的作用，虽然我国国民经济得到了一定的发展，但城乡关系的矛盾也不断凸显，集中表现在空间上的城乡分割和内容上的经济社会发展失衡两大方面，这严重阻碍了生产要素在城乡之间的自由流动，影响了农民市民化、农业工业化、农村城市化的进程，不利于城乡经济社会的全面协调发展。而中国在进一步深化改革中强调和谐、强调一体化发展，所以，消除城乡分割、解决城乡经济社会失衡，实现城乡一体化发展，是当前乃至今后相当长的一段时间内我们工作的一项重要内容，对继续深化改革具有重要意义。可以说，城乡一体化发展是进一步深化

改革的关键,对构建社会主义和谐社会具有不可替代的作用。

(一) 城乡一体化发展是构建城乡间、区域间和谐关系的关键

城乡和谐是构建和谐社会的一个重要内容。中国作为一个发展中国家,不仅有典型的二元经济结构的特征,而且受前改革时代政策的影响,一定程度上加深了城乡分离,扩大了城乡差距,使得农村被边缘化,"三农"问题更加严重。早在新中国成立初期,政府通过建立以二元户籍制度为核心,包括就业制度、福利保障制度、教育制度、公共事业投入制度等在内的社会制度体系,铸成了一个城乡长期隔绝的二元社会结构格局,严格地限制农村人口向城市流动,使城乡关系逐渐偏离利益统一和协调发展的轨道。并且,在这种格局下,城乡间工农阶级利益矛盾逐渐演化,对新中国的全面健康发展形成了结构性制约。

改革开放后,城乡关系虽曾一度有所缓和,但随后受一系列因素影响,新的矛盾和问题凸显,如农民增收困难、农民的人均负担加重、农民工就业歧视问题严重等,集中体现为城乡居民收入差距的急剧扩大。城乡关系不和谐严重制约着农村社会经济的发展,进而影响到城市经济的持续发展、城乡关系的协调以及社会的稳定,已经成为目前我国社会不和谐因素中最突出和最集中的表现,统筹城乡发展已到了非实行不可的地步。重点推进城乡一体化发展进程,是实现城市反哺农村、工业反哺农业、城市人群反哺农村人群,保证城乡生产和生活条件平等,实现城乡要素自由流动的关键所在,最终通过工农互促、城乡互促实现城乡和谐发展。

改革开放以来,国民经济发展在取得了重大成就的同时,由于区域间政策、地理位置等的空间差异,区域间差距不断扩大。

(二) 城乡一体化发展是解决城乡居民收入差距的关键

我国居民收入分配差距在不同层面呈现出逐步扩大的趋势,而城乡收入差距是造成这一趋势的主要根源。20世纪90年代以后城乡收入差距日益扩大,如果把城镇居民的医疗补贴、教育补贴、失业保险等因素考虑在内,城乡收入差距将会更大。而国际发展经验表明,当人均GDP达到1000美元左右时,收入差距的继续扩大将会显著影响经济的长期增长,而且是社会不稳定的潜在因素。前改革时代我国经济一直保持着高速增长,GDP增长率一直保持在8%以上，但城乡居民收入水平的实际增速明显慢于 GDP 和人均 GDP 的实际增速，并且城乡居民的收入增长率也有所差异，城市整体上快于农村。

在进一步深化改革的过程中，城乡一体化发展是增加农民收入、缩小城乡差距的关键所在。

1. *城乡一体化发展有利于增加农民的工资性收入*

县域是城乡的接合部，是统筹城乡经济社会发展的最佳结合点，城乡一体化发展有助于推动县域经济发展，从而有效促进城镇的产业集聚、人口集聚和农民职业分化，引导农村剩余劳动力向非农产业转移，促进农民转移就业，最终建立城乡一体的人力资源市场，实现对农民工的职业培训，从而提高农民工的就业能力和创业能力。所以，城乡一体化发展能有效地利用农村的劳动力资源、全面提高农民的素质，促进农业和非农产业的发展，最终有利于增加农民的工资性收入。

2. *城乡一体化发展有利于增加农户家庭经营收入*

农村分散的经营方式已经无法与当前社会化大生产相适应。城乡一体化发展能打破城乡分离的工业化模式，通过坚持以市场为导向、以科技为动力、以农业的科学经营管理为理念、以农产品生产基地为基础的原则，形成农业的主导产业，促进农业技术的提高，实现农业产业化经营，壮大农产品生产的龙头企业，最终走农业产业化道路，增强市场竞争力，有效提高农户的家庭经营收入。

3. *城乡一体化发展有利于增加农民的财产性收入*

进一步深化改革将完善土地资源配置的市场机制，依法保障农民对土地的占有、使用、收益等权利。通过完善土地承包经营权流转机制，使得农民按照自愿有偿原则处置自己的土地，既有利于发展多种形式的规模经营，又从根本上保障了农民的土地权利，促进农民财产性收入的增加。

（三）城乡一体化发展是解决工农业差距的关键

前改革时代，农业及农村改革始终是中国社会主义初级阶段改革发展的开路先锋。中国奇迹的缔造离不开农村改革发展的一系列创造性探索，如统分结合的双层经营体制、乡镇企业的异军突起、农村劳动力转移就业。但是，我国改革发展的巨大成果并未在工农业之间实现共享，相反 40 余年来城乡差距呈现拉大趋势。党的十一届三中全会以后，党领导人民总结了我国农村改革发展的光辉历程和宝贵经验，同时就如何加快推进社会主义新农村建设，大力推动城乡统筹发展做出进一步努力。统筹城乡经济社会发展，作为一种全新的发展理念，要求以政府行为为主导，通过统筹方式处理好新时期的城乡关系，实现城乡、工农协调发展。

由于城乡二元结构长期存在，且不可能在短期内予以消除，一些问题的解决可能需要长时期的过程，一些矛盾的化解也需要采取过渡性的中间制度安排，还有一些矛盾和问题是在推进城乡统筹过程中才逐渐暴露的。在前改革时代，存在着农业基础薄弱、工业素质不高、第三产业发展滞后的产业关系不协调问题。20世纪八九十年代，伴随着改革开放，在城乡分离的基础上又出现了经济高速发展、社会问题日趋突出的现象，不但形成了城乡分离的格局，也形成了经济与社会分离的格局。针对这种格局，进入21世纪，我国提出要"加快完善城乡一体化发展体制机制，着力在城乡规划、基础设施、公共服务等方面推进一体化，促进城乡要素平等交换和公共资源均衡配置，形成以工促农、以城带乡、工农互惠、城乡一体的新型工农、城乡关系"。因此，要解决好工农关系和城乡关系，关键在于城乡一体化发展。

在进一步深化改革中要解决好三大产业的关系就必须做好三个方面的工作：第一，必须大力加强第一产业，因为农业是国民经济的基础；第二，调整和提高第二产业，因为工业是整个经济发展的主要带动力；第三，积极发展第三产业，因为第三产业兴旺发达，是现代化的重要特征。这三个方面的重中之重是第一产业，它是所有产业的基础，但农业问题不是一个单一问题，它又集中反映为"三农"问题。解决"三农"问题的实质，是要解决农民增收、农业增长、农村稳定。因此，从产业地位角度看，城乡一体化发展是解决"三农"问题的关键核心所在。

四、城乡一体化发展在推动中国经济高速增长过程中发挥了重大作用

改革开放以来，中国经济增长的奇迹主要表现在数量上，形成了"高数量、高速度、低质量、低效益"的特征。中国经济在高速增长的同时，由于二元经济结构的影响，一些矛盾和问题逐渐暴露出来，包括经济增长的结构性矛盾比较突出、经济增长的不稳定因素仍然存在、经济增长的成果分配不和谐、经济增长的模式尚未根本改变、经济增长的代价依然较高、国民经济素质和经济竞争力有待提高等。

进一步深化改革过程中，我们要全面建设小康社会，其重点和难点都在农村。要全面建设小康社会，就必须实现城乡的全面繁荣。城乡一体化发展作为进一步深化改革的关键，对经济社会发展将发挥巨大的作用。

（一）有利于扩大内需

我国改革开放40余年来一直以出口和资本形成（投资）为主导拉动经济增长，外生增长一直是主体，内生增长长期不足。1978~2008年，我国出口平均增速23.8%，加入世界贸易组织后，2001~2008年平均增速24.2%；受2008年国际金融危机影响，2009年较2008年出口增速明显下降，全年负增长16%。2010年，我国外贸进出口总值29727.6亿美元，比2009年增长了34.7%。其中，出口15779.3亿美元，增长31.3%；进口13948.3亿美元，增长38.7%；贸易顺差为1831亿美元，同比减少6.4%。到2013年，我国外贸进出口总额已达到41589.9亿美元，比2012年增长了7.5%。其中，出口22090亿美元，增长7.8%；进口19499.9亿美元，增长7.2%；贸易顺差为2590.1亿美元，同比增加12.4%。2014年全年进出口总额264335亿元人民币，比2013年增长2.3%。其中，出口143912亿元人民币，增长4.9%；进口120423亿元人民币，下降0.6%；进出口相抵，顺差23489亿元人民币。可见，近年来我国进出口总额增速回落，外生增长动力下降。同时，中国社会科学院人口与劳动经济研究所发布的题为《中国就业增长与结构变化》的报告，认为目前我国的劳动力供给结构已经从劳动力过剩向劳动力供给平衡乃至短缺转变，也就是说农村劳动力供给以达到"刘易斯拐点"。2004年，珠江三角洲开始出现以"民工荒"为表现形式的劳动力短缺。近年来，劳动力短缺表现更加明显，数量型人口红利逐步弱化，劳资矛盾不断上升，直接造成了劳动力推动型引起的通货膨胀。因此，可以大胆预测，这是一个低成本出口时代的结束。

在这些外部环境影响下，我国内需增长面临着更加巨大的压力。近年来，消费增长初步显现。2010~2013年中国支出法GDP年均名义增长13.4%，资本形成额年均增长13.1%,最终消费年均增长14.6%,最终消费增速快于经济增长1.2个百分点,快于投资增速1.5个百分点。我国的最终消费率虽然在1978~2010年之间螺旋式下降,但在2011年以后,呈现逐渐增长趋势。2010年我国最终消费率为48.2%,2011年增长至49.1%,2012年为49.5%,2013年为49.8%。截至2017年,中国最终消费支出达43.5万亿元,对国内生产总值增长的贡献率为58.8%,但是,消费率增长速度缓慢,广大农村居民的消费潜力还未充分挖掘出来。城乡一体化发展将对挖掘农村消费潜力,塑造消费主导的增长模式起到极大的促进作用。

(二) 有利于社会稳定

随着经济的快速发展,由此而引发的多元利益主体之间的利益矛盾、利益冲突开始增加,并以复杂化、尖锐化的方式不断地出现在社会的各个方面,不仅冲击着一个时期以来全社会已经形成的改革与发展的共识,而且还使政府的执政理念发生重大转变。主要体现在:第一,全社会开始高度重视各地出现的以利益纠纷为主要内容的社会矛盾,并把它们视为影响中国未来经济与社会发展的关键问题;第二,各级政府工作的重心,开始由经济工作第一,向注重协调社会关系、维护社会稳定方面转移;第三,以什么方式解决影响社会稳定的各种利益矛盾与冲突,正在成为全社会共同关注的一个焦点。

深化改革时期,我们要构建和谐社会,正确反映和兼顾不同方面群众的利益。城乡一体化发展必然对社会的平稳发展和构建和谐社会起到重大作用,其主要体现在以下几方面:

1. 有助于建立统一的社保体系

在城乡基本公共服务均等化下,通过制度并轨和整合,全面将城乡居民纳入社会保障覆盖范围,逐步把城乡分设的社会保障发展成为"制度合一、服务衔接、功能配套"的保障体系。同时,防止对弱势群体的参保排斥,加大医疗救助力度,提高保障水平。社会救助方面,城市居民最低生活保障制度与农村居民最低生活保障制度实现并轨,形成我国城乡居民最低生活保障制度。在养老方面,统筹城乡养老保障体系,改革机关事业单位退休金制度,最终形成统一的国民基本养老保险制度。

2. 有助于统一公共服务体系

进一步深化改革中，要通过城乡一体化发展不断缩小城乡公共服务的差距，最终实现公共服务均等化。第一，有助于建立统一的教育体系。资本和技术都是促进经济发展的重要因素，其中最活跃、最具能动性和长期起作用的是人力资本。农民知识化是农业现代化的关键。随着进一步深化改革中城乡一体化发展的推进，有利于巩固并发展农村基础教育，有利于大力发展农村职业教育。第二，有助于统一规划，统一基础设施标准。城乡一体化发展有利于增加农村基础设施投入，改善农业基础设施投入结构，规范农业基础设施管理。

（三）有利于促进农民工市民化

农民工市民化是指农民改变了传统的生产、生活方式，进入城市就业并长期生活，成为城市新市民和逐步融入城市的过程。当前我国农民工在向城市流动过程中呈现出的一些特征为农民工市民化进程奠定了现实的基础。第一，农民转移就业的稳定性得到显著提升，流动的"家庭化"趋势明显。现在，常年在外务工的农民工在农村人口中所占的比重较大，有的甚至全家外出，完全脱离了农业生产和农村生活的农民工已经占到一定比例。根据国家统计局资料，2018年，全年城镇新增就业1361万人，连续6年保持在1300万人以上。全年农民工总量28836万人，比2017年增加184万人，增长0.6%。其中，本地农民工11570万人，增长0.9%；外出农民工17266万人，增长0.5%。农民工月均收入水平3721元，比2017年增长6.8%。第二，新生代农民工成为主体，这部分人融入城市的意愿比较强烈。截至2018年，20世纪80年代以后出生的、年满18周岁以上的青年农民工已经超过1亿人，成为农民工的主体力量。随着市场经济的发展，新生代农民工也呈现出一些新的发展特点，他们对土地的情结弱化，思想观念、生活习惯、行为方式等已经逐渐出现城市化的倾向。这也造成了另外一种状况，那就是大量的农民工不能在城镇里扎根发展，工业化进程与农民工市民化进程相脱节，严重制约着城乡协调发展的步伐。进一步深化改革中城乡一体化发展将有利于农民转变生活方式。

1. 劳动领域生活方式发生转变

首先表现在土地利用方式的变化，即人们对土地索取方式及土地产品结构的变化。生产的主要目标从粮食自给转向追求经济收益，从自给自足的封闭状态变成开放状态。其次是农民劳动范围扩大,由耕作几亩土地到进入城市,为城市建设做出了巨大贡献。最后是农民职业范围扩大,农民除了种田以外,现在可以一边在城市打工,一边在乡镇企业从事非农职业;即使是留在农村的,也越来越多地在农闲时从事如纺织、烧砖瓦、修理以及运输业、商业、服务业、加工业等非农职业。

2. 消费领域生活方式发生改变

一是农民消费水平从温饱型向小康型发展。在计划经济时代,农民无法充分满足自己的消费需求,消费水平低,柴米自家产,油盐鸡蛋换;而现在随着土地承包经营,或者到城镇寻找从事非农产业的机会增加,农民的收入也增加了,消费也随之向小康型发展。二是消费结构由"生存型"向"发展享受型"转变。当前,农民在吃方面已由"求饱"转向"求营养"。同时,城乡一体化发展加大了农民对知识的需求,使得富裕的农民在文化、教育方面的支出和消费也呈现不断上升的趋势。

3. 社会交往方式发生变化

随着社会的快速发展,农民工的社会交往方式也发生了巨大变化,其主要体现在:一是交往对象逐渐改变了传统的感情因素较浓的亲缘交往、血缘交往方式,向业缘型交往转变。市场经济以来,建立在行业共同利益上的交往已成为农民生活的重要组成部分。二是交往范围逐渐扩大,已不仅仅局限于过去村与村、镇与镇之间的交往,而是逐渐发展为农村与大城市之间的交往。造成这一现象的主要原因是大量农村剩余劳动力流向城市,非农业的工作机会大大增加,密切了农村与城市之间的联系。

(四) 有利于推动政府转型

加大力度推动政府转型是不断创新社会管理、进一步深化改革中城乡一体化发展的重要推动力量,这也就要求政府要打破长久以来以城市为中心的行政管理模式,逐步形成城市支持农村的政府间合力,整合中央政府支农资源,加大省级政府统筹城乡一体化发展的力度,探索市、县政府在城乡一体化发展中的作用和角色。一直以来,我国在农村社会发展中扮演着重要的"管控人"的角色,"强国家、弱社会"的社会管理形态塑造了一个凌驾于社会之上的政府本位、官本位的官僚系统,它与经济转型、社会转型不相适应,已经影响了政府的社会控制能力。因此，为适应农村公共服务供给与管理的需要，政府的管理形态也要做出相应的调整，要强化公众服务导向，突出社会本位、民本位，积极回应公众需求，建立一个开放式、互动式的政府。

(五) 有利于保护环境

改革开放以来，我国的经济得到全面飞速发展，尤其是农村经济实现快速增长，为其他各产业提供了坚实的物质基础。但伴随着经济的增长也带来了一系列的污染问题。近些年来，人们开始注重环境保护，但一直以来都忽视了农村地区的环境保护，导致农村的环境污染和破坏日渐严重。如果任其发展下去，农村的环境污染将成为我国经济进一步发展的制约因素。城乡一体化发展将更好地实现城乡环境统一规划、财政统一支持、基础设施一体化、社会管理一体化、公共服务一体化等，这样可以实现最大限度地保护土地资源、生态环境。

1. 有利于保护土地资源

农村土地资源在我国国民经济中的基础地位是由其所承担的基本功能决定的，而且这种基本功能又是其他任何资源都不能取代的。《2016 中国国土资源公报》数据显示，截至 2016 年末，全国耕地面积为 13495.66 万公顷（20.24 亿亩），2015 年全国因建设占用、灾毁、生态退耕、农业结构调整等原因减少耕地面积 33.65 万公顷，通过土地整治、农业结构调整等增加耕地面积 29.30 公顷，年内净减少耕地面积 4.35 万公顷。①

城乡一体化发展使劳动力大量流动，使农业劳动力耕种面积增加，从一定程度上缓和人多地少的尖锐矛盾，减轻了人口对土地和自然资源的压力，对由于生态环境较差导致的贫困起到一定的缓解作用。另外，一些地区原来一直存在着村民挖虫草、挖野生药材、捡拾发菜等现象，随着外出流动人数的增加，这一现象大大减少。同时，城乡一体化发展还有利于建立健全环境保护机制，具体来说：一方面，城乡一体化发展有利于健全农业生态建设保护长效机制；另一方面，城乡一体化发展有利于推动农村合理规划合理布局，形成农

---

① 2016 中国国土资源公报. 中国耕地面积 20.24 亿亩 [EB/OL]. http://cn.chinagate.cn/reports/2017-07/29/content_41310892.htm.

民的适度集中居住,是宅基地集约化利用的重要体现。通过"拆院并院"、宅基地整理,将使农户适度集中起来居住,将多余的宅基地复耕,可以扩大耕地面积。

2. 有利于保护生态环境

随着农村工业化步伐的加快,城市工业向农村转移,农村的环境污染逐年增加。在城市环境日益改善的同时,农村环境问题一直都是我国经济社会建设中的难点和重点问题。尤其是在工业化、城镇化程度较低的农村,农村生态环境污染已经严重阻碍农村的社会发展和农民生活环境的改善。

五、城乡一体化发展为我国经济整体发展起到促进作用

(一) 吸取世界各国在城镇化过程中的经验教训

从世界近代城镇化进程看,早期实现城镇化的西方国家,也是从解决城乡二元结构入手的。当时城市和乡村存在两个方面的差别:一方面,城市快速发展的工业有很高的劳动生产率,而农村的劳动生产率很低;另一方面,城市主要是资本主义生产关系,而农村主要是封建主义的生产关系。这些国家通过推进城镇化,逐步消灭了这两个方面的差别,资本主义生产关系覆盖了整个社会,城市和农村之间劳动生产率也基本拉平了。由此可以说,他们已经实现了"城乡一体化",因此,城市化在很大程度上取得了成功。并非所有国家都在城市化进程中实现"城乡一体化"。拉美一些国家在城镇化进程中,不仅没有克服城乡二元结构,反而扩大了城乡之间的差别,城市畸形发展,农村陷入破败,使二元结构的问题更加严重。除了原有的城乡二元结构之外,这些国家又出现了新的"城市二元结构",也就是在城市内部,由于贫富悬殊,形成了穷人区和富人区的对照和对立。在穷人区集聚着大量的失业和无业的居民,生活水平低下,犯罪率很高,成为影响城市安定的重要因素。"城市二元结构"来源于城乡二元结构,是城市化进程中的不当行为。所有这些都对经济和社会发展产生了巨大的负面影响。

(二) 城乡二元结构是当前中国国情最大特点之一,实现"城乡一体化"是当前我们面临的重要课题

新中国成立以后,城乡之间政治对立关系改变了;同时,为彻底改变旧中

第二章 城乡一体化发展的现实基础

国遗留下来的城乡二元结构做出了长期的努力这种努力主要包括生产力和社会制度两个方面。从社会制度方面看，新中国成立后，在城市里没收了官僚资本，直接建立了社会主义公有制，但农村还是小农经济。20世纪50年代中期实现了农业合作化，1958年又实现了"公社化"。这样，城乡都实行的是统一的社会主义制度。从生产力方面看，1958年开始的大搞农田水利建设运动，1964年开始的"农业学大寨"运动，推行农业"八字宪法"，都提高了农村生产力水平。改革开放以后，农村实行家庭联产承包制，这使得农民积极性被调动起来，粮食获得连年丰收。加上乡镇企业的崛起，乡村发生了很大变化。有两个时间段农民实际收入增长速度甚至超过城市居民。一个时间段是20世纪80年代上半期，农村包产到户的推行和农产品收购价格的提高，推动了农民收入的提高。另一个时间段是1994~1997年，城市经济紧缩，而农村收入由于农产品价格上涨和产量提升，得到较快的增长。进入21世纪，国家一直强调要"以工补农，以城促乡"，2003年取消了农村的教育附加费。2003~2006年，取消了农业税以及其他大部分费用，消除了农民的税费负担。随之，国家提出"建设社会主义新农村"的口号，政府对农村的投入每年增加15%。再加上这期间大量农民工进城，农民收入增加。

虽然新中国成立以来，城乡关系有了巨大改变，但应该承认，城乡二元结构问题并没有从根本上解决。这表现在：城乡之间在劳动生产率和经济发展水平方面的差别仍然很大。城乡居民之间在收入方面的差距并没有缩小，而是有所拉大。历史形成的城乡分割的户籍制度，在产品分配方面的不均等问题虽然基本解决，但在公共服务方面仍然有着巨大差别。面对新建立的社会主义市场经济新体制，面对世界经济全球化的大趋势，城乡之间在经济体制方面仍然存在着重大差别。城镇的经济主体已经能够比较好地和市场经济接轨，而农村以家庭为单元的超小规模的经营主体，不适应市场经济，不适应农业的要求现代化。无论在生产要素自由流动，人口自由流动，还是城乡之间互联互促方面，都还存在许多障碍，偏远地区贫困农村的发展问题需要解决。这些都说明，不仅广义的城乡二元结构问题，而且狭义的二元体制问题都依然存在。所以，实现"城乡一体化"，进一步解决城乡二元结构问题，应该作为我国新型城镇化的基本目标。

(三)"城乡一体化"是对农业现代化更加重视,保障城镇化的健康发展

在我们这样的传统农业大国,城镇化中最容易出现的问题是,顾了一头,丢了另一头;顾了城镇,丢了农村。在谈论农业人口大量向城镇转移的时候,经常会出现这样一种观点,即认为城镇化过程将会导致农业的衰退,青壮年农业劳动力不再从事农业劳动了,今后谁来种田?农村只剩下老人、妇女和儿童,他们能担负得起艰辛的种植粮食的任务吗?如果外出务工的男性劳动者在城里找到了比较稳定的工作后,把妻子和孩子都接到城镇去安家了,那么农村岂不变成"老人村"了?不得不承认,农民进城将给农业发展带来更大的影响。但解决方案不是不搞城镇化,而是加快农业现代化。城市化是农业现代化发展的黄金机遇。

一是城镇化对农业现代化发展提出了强烈的需求。农村人口向城镇转移,使得再用"人海战术"解决农业问题成为不可能,再停留在一家一户"小打小闹"的农业水平上成为不可能,传统农业再也不能继续下去了。正是这种"逼上梁山"式的强烈的需求,促进了农业现代化发展,国家需要农业现代化,农民也需要农业现代化,农业现代化成为必然。

二是随着城市化进程的推进,生产要素的重新组合得到了深入发展。在农村人口向城镇转移的同时,资本、技术、人才也会流向农村,并在农村生产要素重组中发挥更大作用。新型的农村需要新型农业企业家能够吸纳和整合各种要素的各种经济组织将在农村获得空前的发展。这就为农业现代化创造了基础条件。

三是城镇化促进了城乡一体化,必然带动农业现代化。城镇化吸收了农业的多余劳动力,使农业的劳动生产率得到了提高;城镇工业的发展和第三产业的发展,为农业现代化提供了技术、设备和多种服务;城乡人口的增多,扩大了农产品消费的需求;城乡经济渠道畅通,必然扩大和扩展农产品的市场;城乡文化交流必然导致农民素质的提高;等等。总之,城乡结合,工农互促,不仅是靠政策,而主要是靠新的机制,新型城镇化和农业现代化并驾齐驱的局面就会出现。

第二节 城乡一体化发展的现实基础

一、提高农业劳动生产率

要提高农业的劳动生产率，其中一条重要的途径是减少农民，使我国超小规模的农业生产变成"适度规模经营"。城镇化能够把富余的劳动力转移出去，通过减少农民而富裕农民。但是，减少农业劳动力只是一个先决条件，真正实现农业劳动生产率的提高，还必须实现农业现代化。搞好农业生产，毛主席当年概括出"八字宪法"：水、肥、土、种、密、保、工、管。农业现代化，首先必须是这八个方面的现代化。

农业劳动生产率逐渐提高，实际上需要从三个方面努力：一是国家和政府。农田基本建设，特别是农田水利基本建设，没有国家和政府的投入和组织是不行的。二是农业服务体系。现代化农业不是"万事不求人"的农业，而是社会化农业，必须靠完善的机械、科技、植保等方面的服务机构提供优质服务，才能顺利运行。三是农民和农户自身。它要求农民自身的努力、资本的积累和素质的提高。

二、建立健全联结城乡的产业链

城乡产业一体化是城乡一体化的基础。建立连接城乡产业的产业链，形成城乡产业融合的市场机制。通过农业产业化，使农业运营机制和市场经济接轨。农业的问题不仅是生产问题，还是经营问题。传统农业是自给自足的自然经济，无经营可言，不是近现代意义上的"产业"。"农业产业化"的核心"把千家万户的农民和千变万化的市场相衔接。"让农民富起来的基本途径是把农民引入市场，而要使一家一户的小船不致被市场的海洋所吞没，就要靠"农业产业化"这艘大船。

建设跨越城乡的商业网络是城乡产业一体化的重要途径。通过这样的商业网络，农村的产品可以更畅通地进城，城市的产品可以更畅通地下乡。减少环节，降低成本，城乡居民和企业都获益。其中，以县城为中心建立这样的商业网络尤为可行和重要。

总体来看，依托市场机制建立产业链，农民和龙头企业成为利益共同体、龙身在农村，龙头在城镇。城镇越发达，农村越发达。通过连接城乡的商业网络，城乡一体化将具有经济基础。

三、创建与市场经济接轨的农村经济体制

我国农村的经济体制经过几番变化，改革开放以后，实行了包产到户，仍存在着土地规模过小，难以与市场接轨的问题。规模背后是经济体制问题，集中表现为一点，即缺少能够与市场经济接轨的经济实体或经济法人。各地为了解决这个问题，都有一些创造和创新。但总体来说，我国农村的经济体制仍然缺乏统一的理论和制度指导下的规范，大部分地区、大部分农村仍然处于自发和无序的状态。这是在实现城乡一体化过程中亟须解决的问题。这就需要创建和市场经济接轨的农村经济体制。

四、基础设施得到改善，城乡联系越来越便利

能源、通信、交通等方面的基础设施改善，能使城乡之间在物流、人流、信息流等方面的联系和交往畅通。由于互联网的广泛应用，信息流的问题比较容易解决。但是在能源供应和道路交通方面，还有许多工作要做。物流不仅是物质运输问题，还有畅通的市场机制问题。从日本的经验看，它的城镇化后半程，铁路和港口的投资比重持续下滑，但公路投资所占比仍然增长。我国是一个幅员辽阔的国家，联结城乡的公路建设将是一个巨大的工程。公路在实现城乡一体化中有着重要作用。

五、城乡居民收入差距缩小，实际生活水平逐渐接近

目前，我国城市居民可支配收入与农民纯收入之比在3∶1以上，应该逐步缩小两者之间的差距。当然，考虑到农村生活开支比城镇要低，也不一定完全拉平，但实际生活水平应该接近。

第二章　城乡一体化发展的现实基础

农村家庭收入的提高,并非全靠农业的收入。随着城乡一体化水平的提高,越来越多的农民离土不离乡地从事非农产业,农村越来越多地在当地经营非农产业,农民的非农收入还会增加,农民的收入增长存在一个很大的空间。从全国来看,区域之间的差别,可能会超过城乡之间的差别,发达地区的农村居民的收入水平可能高于欠发达地区的城市居民的收入水平。在珠江三角洲地区,有许多农村盖了大量厂房,租借给企业使用,农民可以获得稳定的、数额颇大的租金收入,同时还从事农业和非农产业的经营,他们的收入比在工厂做工的工人还多。所以,那里的农村户口比城市户口还值钱。从全国来看,这当然还是一个特例,但城乡一体化将会为农民增加收入开辟新的途径则是很显然的。

六、逐步建立覆盖城乡居民基本同等水平的公共服务体系

以城乡不同户籍划分的不均等的公共服务体系,是目前城乡二元结构的重要标志。实现城乡公共服务均等化是实现城乡一体化的重要内容。建立能够覆盖全国城乡和不同区域的均等化的公共服务体系,应该是我们最终的目标。没有人为限制的劳动力流动和居民流动,将为国家、社会和居民带来巨大的红利。有一部分人口在城乡之间双向流动,对人口城镇化有重要的调节作用。如果农民工在城里干不好,农村又回不去,成为城市游民甚至城市贫民,并不是好事。经济发展都是有波澜起伏的,当城镇里的劳动力需求下降的时候,劳动力能够从城镇回流到农村,对经济全局是有利的。

人口自由流动是城镇化成熟的表现。从城镇化角度看,似乎从农业到非农的人口流动是"正向",从城镇到农村是"逆向",但"正向"的主流,并不否定"逆向"的调节。城镇化最终应该建立全国统一城乡公共服务体系,为人口的自由流动创造条件。

七、建设各具特色和优势的城乡环境和城乡生活

"城乡一体化"是在承认和发展城乡各自环境和生活的特色和优势的前提下,求得城乡各具特色,才是理想的"一体化"。由此可见,"城乡一体化"不是"城乡一样化"。

城乡一体化过程中必须看到农村在环境上的优势，切不可按照城镇的模式改造农村，把农村变成不伦不类的样子，这就是有人批评的"农村不像农村，城镇不像城镇"，或者"农村像城市，城市像农村"。一定要注意发挥农村在环境上的优势。现在城里的有钱人到农村去买别墅，要的就是环境。如果农村的环境优势在城镇化中消失了，那将是不可挽回的损失。

农村和小城镇保留着许多传统文化及地域特色，切不可在发展的时候让这种传统和特色在我们手中被摧毁或消失。这些都是不可复制的民族和国家的遗产，不仅历史价值、文化价值不可估量，经济价值也很高。如果没有保存得很好的乌镇，如果没有保存得很好的丽江古城，这些地方的旅游事业无从谈起。更重要的是，中华民族的历史和文化不能因城镇化而中断。所以，在进行城镇化的时候，第一个要做的工作，不是确认哪些地方可以拆，而是确认哪些地方不可以拆。这方面的教训，已经足够多和足够沉痛。

从未来发展趋势来看，在太阳能等新能源普遍使用的情况下，当许多交通已经把各个地方紧密地连在一起的时候，当信息网络已经覆盖城乡的时候，大城市享有的优势小城镇都几乎可以同样享受的时候，而农村和小城镇接近大自然，拥有宽敞、宁静、方便的环境优势，还有那些可以洞观历史的传统风貌，就成其独占优势了。

改变农村的不是简单地向城市靠近，而是要注意保留农村更依靠自然的生活方式。我国人均资源比较短缺，城市生活耗费更多的资源，而农村人的生活却要节省得多。农村的生活更接近自然生态的生活。富裕起来的农民不要照搬市民的生活方式，而是让更多的市民羡慕农民的生活方式，至少愿意体验农民的生活方式。

第三章　城乡一体化发展的理论依据

马克思、恩格斯对不同历史时期的城乡关系做了系统分析,并从历史唯物主义视角出发,深刻揭示了城乡关系的实质及其运动规律。西方经济学家从发展经济学、区域经济学等不同理论出发,创立了"以城带乡""以乡促城""城乡联动"等城乡发展模型,在资本主义制度框架内探讨了城乡间的良性互动模式。其他领域如哲学、社会学、地理学、城市学方面的专家也都从各自研究视角分别提出了理论与实践层面的"田园城市""城乡一体化区域"等设想。总结以上城乡发展一体化理论模型和实践经验可知,未来社会的趋势是城乡融合。而城乡融合是一个漫长的历史过程,需要通过发展乡村社会生产力及推动城市化进程来实现。一般来说,城乡关系的发展要经过无城乡差别——城乡分离、对立——更高水平的城乡融合的一个长期过程。

第一节　马克思主义经典作家对城乡关系的论述

马克思主义经济学家关注城乡关系,借鉴了空想社会主义理论中消除城乡之间对立态度的有关思想,经过比较城市发展过程中的本质变化,追溯城乡关系的发展轨迹和历史,马克思主义经济学家认为出现城乡矛盾与冲突的最根本原因是资本主义制度的建立,只有解决了城乡矛盾才能真正实现共产主义。

新型城镇化进程中的城乡一体化建设

一、马克思主义关于城乡关系的理论内容

马克思解析了城乡之间的关系。在资本主义工业化大发展的背景下，城乡之间的区别越来越大，生产和生活方式之间逐渐出现了差异。马克思着重说明农村是人类社会得以生存和发展的基础，农产品为人类解决了最根本的温饱问题。城市在社会系统中处于最中心，其中汇聚了人类最顶尖的政治和文化文明，是推动整个社会向前不断发展的枢纽力量。

1. 农村的基础地位

农村是人类生存和发展的基础。马克思认为："农业劳动的这种自然生产率是一切剩余劳动的基础，因为一切劳动首先而且最初是以占有和生产食物为目的的。"农业是农村的命脉，没有农业人类无法获取最基本的食物和生产资料，所以从这一方面来讲，农村的地位是不可动摇的。也正是因为农业生产的存在，使得一部分人可以解放出来去从事其他的工作，这样就出现了社会分工。社会分工之后，新的生产活动开始为社会创造其他各种形式的价值和财富。因此马克思说："农业劳动是其他一切劳动得以独立存在的自然基础和前提。"所以，农村这一基础地位是不可动摇的。

2. 城市的中心地位

城市是社会系统的中心。伴随着资本主义工业化发展，城市中逐渐汇集了丰富多样的生产要素。人员和资本源源不断地流向城市，城市中的政治、经济、文化等各种要素越来越丰富，逐渐成为人类社会生存和发展的中心。马克思指出："资产阶级使农村屈服于城市的统治。它创立了巨大城市，使城市人口比农村人口大大增加起来，因而使很大一部分居民脱离了农村的愚昧状态。"马克思意识到工业革命的出现，使得伦敦汇集了巨大的人口规模，这一集聚效应能够很大程度地推动城市的进步和发展。巨大的人口规模使工业化发展具备了丰富的劳动力资源，使得工厂能够开展大规模生产，从而大大地推动了工业体系的完善和发展。城市中逐渐出现了铁路、公路，交通设施越来越快速和便捷，进一步为经济发展创造了有利的条件。大规模的人口效应，丰富了工人队伍，促进了工人之间的相互竞争，最终使得工人队伍的整体素质不断提升。同时，因为城市的快速发展，农村也在其带动下逐渐发展起来，最终使得

城市成为整个社会发展的枢纽和中心。

3. 俄国产生城乡对立的必然性

马克思主义认为,城乡矛盾是阶级社会不可避免的现象,只要存在社会分工和私有制,城市与农村之间就必然存在着矛盾和冲突。资本主义社会中,城市和农村之间的关系是城市主导农村,工业领导农业。19世纪末20世纪初,俄国资本主义社会之中出现了较为明显的城市和农村之间的矛盾与冲突。列宁认为,城市与农村之间出现分离与对立、城市主导农村的模式,其根本原因是资本主义剥削的本质,是"商业财富"领先农业财富的必然趋势。可以说,俄国在资本主义制度之下,不可避免地会出现城乡矛盾与冲突问题,其中的具体原因有以下三点:

第一,资本主义经济在俄国的扩张,使得俄国内部工业部门逐渐独立出来,脱离了农业部门的桎梏。列宁经过对俄国资本主义发展历程的剖析得出结论,在工厂手工业时期工农已显示出社会分工的趋势,不过人类对此尚未有明确的意识。因为当时仍存在家庭手工业者既从事农业劳动,又从事工业劳动的现象。随着技术改革社会逐渐进入资本主义机器大生产阶段,工业部门彻底独立出来,"技术把工人束缚在一种专业上","因而一方面使他不适合于从事农业(体力孱弱等等),另一方面要求他不间断地和长期地从事一种手艺"。① 这一现象的出现,诱发了之后工农之间的矛盾和冲突。

第二,俄国资本主义经济的发展,促使农民脱离农村转而到城市里寻求更高的工资,这一趋势导致了城市和农村之间关系的冲突和对立。俄国并没从根本上实现农奴制改革,因此当资本主义蔓延至农村的时候,农民承受了来自农奴制及资本主义的双重压榨,农民的生活水平并未得到改善。19世纪80年代,俄国资本主义发达的省份和资本主义最不发达的省份的商业性农业生产状况的资料显示:后一部分地区的农民承受着更重的剥削和压迫,其生活水平更为恶劣。列宁总结了这种情况并强调,由资本主义所引发的典型的社会状态,已经存在于俄国内部大部分地区,即工人享受着比农民更为优越的生活和生产条件。这种状态诱导着农民脱离原来恶劣的农村生活环境,而加入更为先进的

---

① 列宁全集(第3卷)[M]. 北京:人民出版社,1984.

城市生活环境,最终这一趋势导致工业更为发达。

第三,资本主义大生产降低了俄国农村土地的生产力,进一步加深了城市和农村之间的矛盾。列宁曾经针对这种现象做出过研究与评论,他指出:"资本主义建立了大生产,产生了竞争,随之而来的是土地的生产力受到掠夺。人口集中于城市,使土地无人耕种,并且造成了不正常的新陈代谢。土地的耕作没有得到改善,或者说没有得到应有的改善。"① 这使得城市与农村之间的矛盾越来越大,促使两者逐渐走向对立的局面。

革命离不开理论的指导与实践。筹备十月革命之初,列宁研究了大量理论用以在实践中动员群众。十月革命之后,列宁依旧没有停止对建设社会主义国家相关理论的探索。随着一系列理论研究探索与创新成果的出炉,关于缩小和消灭城乡差别的几点方法也随之成形。具体来说,列宁认为解决城乡冲突和矛盾的有效路径主要有以下几点:

第一,领导群众展开革命,打击和消灭阶级的存在。城乡冲突的根源在于阶级,因此列宁指出应该打击和消灭阶级的存在,建立众生平等的社会主义社会。"为了消灭阶级,首先就要推翻地主和资本家。其次就要消灭工农之间的差别,使所有的人都成为工作者。"②

第二,全力推动生产力向前发展。社会主义革命开展之后,苏俄全力推动社会生产力的发展,将之视为当时最紧迫的重大事项之一。为了实现这一目标,列宁拟在全国加快电气化的步伐,以实现社会生产力的提高。

第三,推进农村人口的城市化进程。相比于农村来说,城市在各方面均占据一定的优势。如果要实现城乡之间的真正平等,最重要的是实现农村向城市的转变。

第四,统筹城乡发展。十月革命之后,苏俄面对的是旧俄时期所形成的城市与乡村严重分离对立的局面,要开展建设社会主义的工作必须首先解决城乡对立的现象。为此,列宁提出要彻底打击和消灭阶级,要从根本上开展统筹城乡发展的规划和工作。他向群众说明了城市工人支援农民这一决策的内涵和目的,并指出这一措施是为了缓解城乡对立的局面,有利于深化苏维埃革命对俄

---

①② 列宁全集(第23卷)[M]. 北京:人民出版社,1984.

国的意义。列宁指出,改善城乡对立的局面,可以采取使城乡工人之间建立友好互助的形式与方法。除此之外,他还提出应该科学布局工业生产,以促进城乡人口之间的融合与发展。"只有农业人口和非农业人口混合和融合起来,才能使农村居民摆脱孤立无援的地位。最新理论在回答浪漫主义者的反动的怨言和牢骚时指出,正是农业人口和非农业人口的生活条件接近才创造了消灭城乡对立的条件。"①

4. 城乡关系的发展趋势

马克思、恩格斯从当时的城乡发展状况出发,在空想社会主义理论的基础上,进行了一定的补充与纠正,指出了资本主义社会发展过程中城市出现与扩张的规律,揭示了资本主义社会里城市的本质意义,具体而深刻地论述了城乡融合、建设及发展等大量关键问题,推动了空想社会主义向着科学社会主义向前发展的步伐。

马克思在《政治经济学批判》中首次提出了"乡村城市化"理论,他指出,要想从资本主义迈入共产主义,必须要消除城市与乡村之间在生活方式、收入、劳动强度等方面的差距。城乡融合理论最早是恩格斯在其著作《共产主义原理》中提出来的,他指出,要逐步推进城市与乡村的融合使工人和农民之间的阶级差别和人口分布不均衡现象消失。随着社会的不断发展,生产技术的不断提高,城市与乡村之间的对立现象在很大程度上阻碍了城市与农村的双重发展。恩格斯还在《论住宅问题》中,着重指出了消除城市与乡村之间的差别是顺应社会发展规律的做法,他强调消灭城市与农村之间的对立状态并非空想,就像要消除资本与工人之间的对立关系一样。实现城市与农村之间的逐渐融合,既是城市工业生产发展的需要,同时也是农业生产不断发展的实际需要。

不过,我们也要清楚地认识到,城市与乡村之间的对立关系并非一朝一夕之间就可以消除,在推进城乡融合这一过程中,需要以充足的物质及社会条件为基础。

这里所说的物质条件,就是生产力发展到一定程度,尤其是大工业取得了

---

① 列宁全集(第23卷)[M]. 北京:人民出版社,1984.

高度发展与高效配置。恩格斯在《反杜林论》中指出，城乡之间的对立关系是可以被消灭的。这是城市中工业生产向前发展的直接需要，也是农村农业生产进行升级发展的直接需要。当大工业在全国范围内尽量平均分布时，城市与农村之间的隔阂才有可能逐渐地消除。为了让大工业在发展过程中不仅仅局限于某个小区域之内，加快推进城市与乡村融合的步伐，需要社会全体成员一起根据计划科学利用生产力。只有这样，大工业才可能最高效、最公平地分布于全国的范围之内。

而这里所说的社会条件，指的则是资本主义制度的灭亡，社会主义制度的建立。恩格斯在《共产主义原理》中讨论过关于终止私有制时，他指出"由社会全体成员组成的共同联合体来共同而有计划地尽量利用生产力；把生产发展到能够满足全体成员需要的规模；消灭牺牲一些人的利益来满足另一些人的需要的情况；彻底消灭阶级和阶级对立；通过消除旧的分工，进行生产教育、变换工种、共同享受大家创造出来的福利，以及城乡的融合，使社会全体成员的才能得到全面的发展；这一切都将是废除私有制的最主要的结果。"①

综上所述，马克思主义的城乡关系理论主要从一般意义上研究了城乡关系的矛盾运动趋势，涉及城乡的分离、对立及融合路径等本质问题。在方法论上，马克思主义政治经济学以唯物史观为基础，以生产方式演进为视角，从生产力和生产关系的矛盾运动中分析了城乡分离、对立直至最终融合的规律，进而提出了城乡统筹的思想。

二、马克思、恩格斯城乡融合思想的历史贡献

（一）构建了城乡融合思想的基本框架

马克思、恩格斯关于城市乡村关系的论述中，引入了唯物史观，在论述资本主义社会及私有制时，借鉴了以前城市乡村相关研究的学科成果，科学理性地指出了城市与乡村融合发展的必然性与必然过程，最终形成了一套较为完整的理论体系。这个理论体系具备充实的内容，清晰的逻辑，其中说明了城市与乡村之间的关系的发展过程、当前现状，同时指出了城市与乡村关系在将来的

---

① 马克思恩格斯全集（第4卷）[M]．北京：人民出版社，1958．

发展方向，用科学的论据证明了当前城市与乡村对立关系的合理性，也论述了城市与乡村关系逐步融合的实现途径。

在一定程度上来说，马克思、恩格斯关于城市与乡村融合发展的论述是马克思主义城乡关系思想形成的标志，让人们用唯物史观的眼光去看待城乡关系的发展问题，最终提升了自身城乡理论的价值。与此同时，马克思、恩格斯关于城市与乡村融合发展的思想是马克思主义城乡关系的关键环节，奠定了其在马克思主义城乡关系理论中的地位。后来的马克思主义者皆是以此为基础，结合不同时代城市与乡村关系发展的具体阶段，来进一步推进城乡关系思想的研究的。

（二）揭示了城乡融合的发展规律

1. 城乡融合体现的基本规律

马克思、恩格斯从唯物史观的视角分析了城市与乡村关系发展的规律，并强调城市与乡村之间的关系随着社会的发展，其未来必定会朝着城乡融合的方向发展。他们指出城市与乡村形态的发展变化过程经历了城乡同一——城乡分离和对立——城乡融合三个阶段。马克思、恩格斯运用唯物史观分析，主张城乡发展是顺应自然规律的结果，有着自身的发展趋势，这种发展趋势是客观存在的，并不因为人的意志而有所改变，同时这也代表着特定阶段的历史发展过程，是当时社会经济多种因素综合作用的结果。

2. 城乡融合发展的具体规律

从马克思、恩格斯对城乡融合趋势的论述和当前世界城乡发展的经验来看，城乡走向一体、走向融合的过程中，还体现出一些具体的规律。

（1）城市化发展的规律。第一，城市化与工业化发展相适应的规律。马克思、恩格斯论述城市产生、城乡对立发展的根源，指出了工业革命大力推动了城市的发展。工业革命改变了人们的生产方式，促使人们不断向着工业区集中区居住形成城市，并推动着城市逐渐向周边扩展。纵观全球城市发展历程，城市化的发展阶段与工业化水平是紧密相关的，只有两者适应发展才能使城市发展得更好。城市的发展离不开强劲的推动力，工业化正具备这种强大的推动力。工业的变革，总是伴随着城市化的快速扩展。

当前，全球发达国家正处于第三次产业革命时期，信息化作为更加先进的技术手段，成为推动城市化发展的强有力推手，因此为了适应信息化的趋势，城市化的关注重点开始逐渐转向人口布局、城市文化等更高层次的方面。城市化的发展速度与工业化发展速度是密切相关的。综观全球大多发展中国家，因为缺乏工业化的基础，其城市化无法获得快速发展，城市化的发展过程带有明显的被动性。具体就我国来说，城市化水平还远远赶不上工业化发展水平，因此我国要着重调整产业结构，提升新的增长点，以实现城市化水平与工业化水平的适应发展，最终推动城市化的发展步伐，推动农民的城市化。

第二，大城市优先发展的规律。马克思、恩格斯在论述城乡关系发展时，对城市所起到的率先引领作用做出了肯定，指出尤其是在大工业革命阶段，城市对整个社会的经济发展起到了强有力的不可忽视的推动作用。在城乡发展的历史进程中，城市始终作为工业发展水平和先进生产力的代表，马克思、恩格斯指出要合理地利用城市的中心效应与辐射效应。城市的主城区中集中了各种生产及生活要素，使其自由流动于城乡之间并最终实现了优化配置。随着城市的不断发展，其除发挥在经济方面的推动与引领作用之外，逐渐承担起了政治与文化中心的作用。同时，随着城市发展的需要，市内交通不断扩展延伸，商业活动越来越繁荣，地域局限性变得越来越可以忽视，世界范围级别的大市场逐渐形成。随着城市发展的越来越壮大，其对农村发展的带动作用也越来越明显，随着城市人口与农村人口之间的自由流动，城市文化逐渐进入农村，逐渐提升了农村的文明程度。综上所述，人类社会就是在城市的发展过程中不断向前进步的。所以，在国家发展中，大城市始终是优先发展的目标。这是文明与富裕的象征。

(2) 城乡互动发展的规律。工业革命的出现使得社会出现了分工，城市逐渐从农村中脱离了出来，作为农村的对立面与农村一起向前发展。马克思、恩格斯指出城市和农村之间的关系始终是依存与促进的关系。最初，城市的发展离不开农村的支持，需要依赖于农村才能取得发展。然而伴随着经济的快速发展，社会生产力水平不断提升，城市超越农村成为社会经济发展的主导角色。而农村则逐渐失去主导地位，承担起为城市输送廉价劳动力及工业原料的地方，以此为城市工业的发展提供资本积累。不过最终马克思与恩格斯认识到了城乡协调发展的必然性，只有城乡协调发展才能最终达到城乡融合共同发展的目标。马克思、恩格斯表述城乡融合目标时,明确表示将工业和农业结合起来共同发展。城乡经济互动发展的自然规律提示我们,要实现农业与农业的结合发展才能最终缩小城市与乡村的差距,并实现城乡融合发展。

(3)科学技术在城乡中应用的规律。在探讨怎样消除城市与农村之间的对立关系时,马克思、恩格斯从根本上分析了科学技术在城乡发展的历史进程中所发挥的重要作用。恩格斯在信件中强调,电工技术革命是一次巨大的革命。科学技术的更新与发展,蒸汽机、电的出现将城市与农村之间的关系从互相依存转变为对立。而同时城市与农村之间之所以存在对立关系,又与科学技术的不够发达有关。马克思、恩格斯着重强调城乡融合发展必须要运用科学技术这一强大推动力,顺应科学技术的发展规律来处理城市与农村之间的关系。

(三)创立了城乡关系思想研究的科学方法

1. 坚持唯物主义的分析方法

唯物主义的分析方法,即始终用唯物主义的角度去分析与观察社会,物质永远先于意识排在第一位。在唯物主义分析方法的指导下,马克思、恩格斯始终将研究立足于实际的生产过程,分析资本主义国家当时的城市与乡村的发展关系,以生产力和生产关系的辩证统一性去探寻城乡关系的本质与意义。他们主张生产力的不断发展最终导致了城市与乡村之间的对立关系,同时指出生产力继续发展将会推进城市与乡村的一体化发展进程。在探求与揭示城市和乡村之间关系的发展规律时,他们也指出人类活动对此所起到的作用,即社会制度会在一定程度上影响城市和乡村的关系。资本主义制度导致城市与乡村之间出现了严重的对立,因此只要资本主义制度存在,城市与乡村之间就不可能摆脱对立关系,只有消灭资本主义制度才能从根本上消灭城乡之间的对立关系。唯物主义的分析方法提醒我们,城市和乡村在发展进程中,既要遵循一定的自然规律,又要将其与各个国家的具体国情和实践相结合,制定适应整个社会发展阶段的政策和措施,以此来寻找更加有效与积极的路径,以进一步推进城乡一体化的进程。

2. 坚持辩证的分析方法

辩证的分析方法,其中包含矛盾分析法、发展分析法、过程分析法。

(1)矛盾分析法是辩证法的根本方法,对存在矛盾的事物之间的互动作出分析，找出其中的主要矛盾和矛盾的主要方面，最终寻求出消除矛盾的有效办法。马克思、恩格斯在展开对城市与乡村各种关系的论述时，一直将矛盾分析法作为引领方法，为将来达到城市与乡村之间的融合发展提供了方法论基础。城市与乡村，两者之间是相互依存的矛盾体，人类居住在社会之中，只有城市或乡村两种选择。城市与乡村两者之间是相互依存的关系，城市是从农村中脱离出来而产生的，但是其后来的发展也需要农村坚实的支持，没有农村城市的发展便无从谈起。然而城市和乡村在经济利益方面却永远无法达成一致，城市发展脚步越来越快，农村发展越来越缓慢。城市的发展过程之中无法否认其对农村的剥削与掠夺，并且导致了人的异化。然而这不是绝对的，他们主张城乡在发展过程之中必然要经历分离与对立的时期，这是不可避免的，这一过程也包含着积极因素，城市的快速发展极大地推动了整个社会的进步，最终社会进步带动了周边农村地区的发展。

（2）发展分析法主张，人们生活中所接触到的一切事物都不是一成不变的，而是永远在运动着、发展着、变化着，当时间、地点和条件其中任何一个因素发生变化的时候，最终的结果都会出现不同。这一规律也适用于城市与农村的发展历程。城市与农村之间的关系一直处于变化之中，城市和乡村最初是统一的，中间经历了分离与对立阶段，然后又朝着融合的趋势不断发展，这一发展过程是从"质变"到"质变"的过程。所以，当前困扰人们的城市与农村之间出现的发展不平衡现象、城市与乡村发展差距较大的现象不是一成不变的，而是会随着时间的推进不断发生新的变化。

（3）过程分析法是指把人类社会的历史过程看成前进性与曲折性、连续性与非连续性相统一的方法。马克思、恩格斯在论述城市与乡村关系的时候，始终将城市与乡村的发展看成是一个不断发展的过程。在这个过程中有曲折和反复，但总体而言，城市与乡村之间的关系是朝着逐步融合的趋势发展的。

3. 坚持系统分析的方法

系统分析法，也就是在对某个事物进行分析时，要善于从整体的角度去观察与分析，仔细地研究整体与部分、部分与部分、整体和外部环境等之间的各种关系，全面地分析和论述事物，最终找出事物发展的规律。

从哲学角度来说，系统最本质的特征便是整体性。马克思、恩格斯以资本主义国家的城市和农村发展实际情况为出发点,将城乡发展这一命题放到社会的整体发展进程中去研究,他们指出,城乡关系在社会进程中占据重要位置,城乡关系的发展能够在很大程度上影响社会整体的进步和发展。

4. 坚持实践分析的方法

实践分析法就是从人的实践活动出发而研究社会、解释社会的方法。马克思主义与唯心主义的根本区别是,他们的理论是基于现实的经验,并非来自于空洞的想象,是根据实践的真实去摸索发展规律,坚持以实际为奠基点,用社会实践来阐述理论。马克思、恩格斯在进行城乡融合思想的理论研究时,就亲身体验基层群众的生活,研究英德等城乡发展阶段时,密切关注普通工人的实际生活水平,投身于工人的各种斗争与革命,着眼于资本主义城乡发展具体情况,深究城乡发展的内核本质,根据实际考察得来的信息推断城乡之间的未来发展趋势。他们的理论是从扎扎实实的实践之中得来的,其理论内容有坚实的基础与依据,具备科学性与可操作性。

综上所述,马克思主义对城乡关系的分析和研究是多视角的,从不同角度分析和研究城乡发展使用不同的方法,只有这样才能准确把握城乡发展的复杂性和多面性。可以说,马克思、恩格斯运用唯物辩证的多种方法给我们提供了认识和解决城乡问题的科学指导。

第二节　西方各流派对城乡关系的论述

西方经济学以发展中国家为研究对象,在资本主义制度框架内,从资源配置角度入手,研究了城乡之间的发展差距,分析具体发展路径,并提出了相应的模型。由于西方经济学理论流派众多、研究范式各异,各学派对城乡关系分析的侧重点和结论也不尽相同。然而,经济学家们还是取得了明确的共识,即随着经济的发展,城乡间的壁垒最终会被打破,成为一个融合的统一体。从城乡发展的结构性视角、区域性视角和公平性视角,可将各流派理论作如下归纳。

一、二元结构视角下的城乡发展理论

20世纪50年代以前,传统经济理论在单一的经济框架内分析经济增长问题,强调经济的稳态与均衡,与发展中国家的实际情况有着很大的差距。自刘易斯提出二元经济理论,强调结构变动对经济发展的推动作用以来,城乡关系的研究进入了新的阶段,许多学者对此进行了深入探索,引发了一场发展经济学革命。

在1954年发表的《劳动力无限供给下的经济发展》一文中,英国经济学家威廉·刘易斯将发展中国家的经济分为两个部门——以现代工业为代表的资本主义部门和以传统农业为代表的非资本主义部门,此即为城乡二元经济结构。随着经济的发展,城市工业部门在不断壮大的同时,也带动乡村农业部门进步,最终将拉平城乡间的劳动生产率差距,达到城乡统一的经济阶段。在二元经济时期,落后而广大的乡村存在着几乎无限的剩余劳动力,城市工业部门可以用维持最低生活水平的工资去获得这些劳动力;当足够多的劳动力由乡村转移到城市以后,乡村农业部门不再拥有无限供给的剩余劳动力,城市工业部门只有靠提升工资水平才能从乡村农业部门中吸收到更多的劳动力,城乡经济便由二元对立转化为融合统一的成熟经济。在此过程中,发展中国家的经济将经历劳动力由无限供给到短缺的转折点,这就是著名的"刘易斯拐点"。刘易斯的二元经济理论充分重视城市工业的作用,把城市工业看作经济发展的火车头,乡村只是被动适应。在刘易斯看来,经济发展的实质就是通过不断扩大现代工业部门,为传统农业部门剩余劳动力提供就业机会的过程。

1961年,美国经济学家古斯塔夫·拉尼斯与费景汉发表了论文,即《经济发展理论》,进一步系统地深化了二元经济理论。两年之后,他们出版了《劳动过剩经济的发展:理论与政策》一书,形成了"刘易斯—拉尼斯—费景汉"模型。这一模型把经济发展分成了三个时期,包括农业经济时期、二元结构时期和成熟经济时期。农业经济时期,传统农业占据经济发展的主导地位,是整个社会经济前进的最重要的推动力;二元结构时期,现代工业部门逐步取代传统农业部门,成为经济发展的主要推动力,传统农业部门出现萎缩之势;成熟经济时期,商业化延伸到社会的方方面面,生产者的最终目标是利益最大化。农业部门的剩余劳动力与剩余资源源源不断地流向工业部门。所以,在二元经济向成熟经济发展的时候,存在"粮食短缺点"和"商业化点"两个转折点。"粮食短缺点"制约着农村劳动力向城市工业部门转移的步伐,在一定程度上阻碍经济达到"商业化点"。当农业生产技术不断进步,社会整体劳动生产率达到某个水平之后,"粮食短缺点"会和"商业化点"重合,此时二元经济就转变为成熟经济。所以,逐渐进步的农业生产力是推动二元经济向前发展的最重要和最关键的因素。除此之外,工业部门也要不断更新生产技术,迅速扩大发展规模,以接纳更多的农村剩余劳动力。拉尼斯和费景汉主张,实现农业与工业之间的平衡发展,即可引起城乡结构的转变,这一认知是对刘易斯模型的超越。

美国著名经济学家戴尔·乔根森在1961年的论文《二元经济发展》中提出了不同于刘易斯的模型,又于1967年发表《剩余农业劳动与二元经济发展》一文,把二元经济的研究重点由剩余农业劳动转向了剩余农业产出。乔根森的主张可以概括为:工农业并非是对称均衡发展的。粮食剩余是劳动力选择工作部门的最终决定因素。当农业部门内部无粮食剩余时,所有劳动者要在农业部门工作,以创造人们生活所需的粮食剩余;当农业部门存在一定量的粮食剩余时,农业部门内部的一部分劳动力就能够转移入到工业部门,参加工业部门的价值创造。在后一种情况下,工业部门的就业增长率和农业剩余在农业总产出中的增长率是相同的。

随着农业剩余的不断增加,工业部门的就业增长率也出现增加,这样社会经济就会出现不断增长。除此之外,工业部门中生产技术的不断更新与进步,也会在很大程度上拉动经济的整体增长。当工业部门的生产技术出现较大进步时,居民储蓄率会出现相应幅度的增加,工业人口增长率加快,最终就会促进社会经济的快速发展。乔根森主张,农业部门内部没有零值劳动力,所有劳动者对农业部门的成果都贡献出了一份力量。乔根森的研究重点从剩余劳动促进经济增长转向农业剩余产品促进经济发展,这一观点极大地推动了二元经济分析的研究发展。

1955年,英国著名经济学家尼古拉斯·卡尔多深入研究了农业剩余对二元经济发展所起到的巨大影响,他在论文《另一种分配理论》中强调,工业部门的发展一方面取决于供给状况，另一方面则取决于需求状况。卡尔多主张，二元经济结构中当农业部门是经济发展的主要推动力时，工业部门对农业部门的产品需求状况依赖度会特别高。唯有农业剩余不断提升，才可以刺激人们对工业产品的需求，最终使得工业部门获得资金，这样工业部门才能获得进一步发展。卡尔多延续了凯恩斯的研究思路，从供给与需求两个角度去研究农业剩余对社会整体经济发展的推动作用，这是卡尔多对二元经济理论研究所起到的重要作用。

1969~1971年，美国经济学家约翰·哈里斯和迈克尔·托达罗以发展中国家普遍存在的失业为前提，在《移民、失业与发展：一个两部门分析》中提出了城乡人口流动模型，即"哈里斯—托达罗模型"。他们主张，刘易斯模型无法解释发展中国家城市失业与农村人口流入城市就业共存的现象，因此要创建一种新的模型，来对这一矛盾现象进行解析。促进这种矛盾现象产生的最根本原因是，农村人口进入城市是在其预期的城乡收入差距的趋势下进行的，而这种预期实际上与实际情况是不相符的。决定预期收入差距的因素有两点，一是城市与乡村之间实际存在的收入差距，二是农村剩余劳动力流入城市找到工作的概率。在农村转移人口看来，在城市停留较长时间时，便有可能进入工业部门工作，所以他们会选择继续留在城市。

哈里斯和托达罗的研究提示我们，城市和农村的收入水平存在差距时，单单依靠城市工业部门扩大生产规模来吸收更多的农村剩余劳动力是无法从根本上解决失业问题的，要从提升农业生产技术、发展农业部门的角度来思考解决失业问题的有效途径。哈里斯和托达罗不同意刘易斯主张的城市是发展中心的观点，他们指出发展中国家需要做的是大力推动农村的经济与社会发展，缩小城乡收入差距，从根本上解决城乡失业问题。

分析上述理论可见，即便在二元经济范式的视角下，由于研究者的出发点、研究对象不同，他们所得出的结论与政策建议也不尽相同，甚至相互矛盾。但无论是提倡以城带乡、以乡促城还是城乡均衡的发展模式，研究者们都有一个共同的目的，使城乡经济得到发展，而发展的结果之一就是城市与乡村达到更高层次的融合。

二、空间极化视角下的城乡发展理论

从20世纪50年代末起，观察到大多数发展中国家的经济增长首先集中于一个或数个中心城市的现象，区域经济学领域出现了一种城乡空间对立的观点，城乡关系研究深入到了区域之间和区域内部的发展不平衡问题。增长极理论及其各种扩展是这一观点的代表。

最早对经济中心的形成及其动因进行的研究，要追溯到法国经济学家弗朗索瓦·佩鲁提出的"增长极"理论。佩鲁在1950年发表的《经济空间：理论与应用》中，提出了一个完全不同于地理空间的经济空间，"增长并非同时出现在所有地方。它以不同的强度首先出现于一些增长点、增长极上，然后通过不同的渠道向外扩散，并对整个经济产生不同的最终影响。"按照佩鲁的理论，经济发展的主要动力是技术进步与创新，集中于那些规模较大、增速较快、与其他部门关联较强的产业中。"增长极"是处于发生支配效应的经济空间中的推进性单元，通过不断的技术进步与创新对其他经济单元产生影响，迫使其产生相应的变化。具体影响表现在四个方面：一是技术的创新和扩散；二是资本的集中与输出；三是规模经济效益；四是聚集经济效应。

1957年，瑞典学派代表人物冈纳·缪尔达尔在《经济理论和不发达地区》一书中提出了"地理上的二元经济"结构，用"循环累积因果理论"阐释了城市中心地区对其周边及乡村的促进作用和不利影响。缪尔达尔指出，在市场力的作用下城乡之间的差距会越来越大，城市因为具备初始优势而比其他地区率先实现经济的增长，同时农村因为缺乏经济发展所需的优势环境而渐渐落后，这就是"循环累计因果原理"。在这个原理的作用下，城市与农村之间的关系出现了以下两种现象：一是回波效应（极化效应），即各种推动经济发展的优势资源在利益的驱使下逐渐脱离农村进入城市，例如劳动力、资金、技术等各项生产要素，最终使得城市与农村之间的差距越来越大；二是扩散效应，即扩张到一定规模的城市因为沉重的人口负担而对环境造成一系列不良影响，例如人口稠密、交通拥挤、污染严重、资源短缺等，使得城市人们的生产成本增加，城市经济发展速度减缓，这时城市会失去其曾经的发展优势，不再继续扩张工业部门的规模，最终各种生产要逐渐分散向附近的农村，促使农村经济向前发展。因为这个原因,缪尔达尔主张为了促进经济高速有序地向前发展,政府应该采取集中发展优势优先发展一部分地区的总体战略,当这一部分地区的经济发展到一定水平之后,再将其优势资源发散到周围落后地区,从而带动落后地区的经济发展,最终达到实现地区经济整体发展的目标。不过,缪尔达尔发现城市和农村之间的巨大差异已经引起两者之间产生了较大矛盾和冲突,他强调政府应该及时采取措施支持和促进农村地区的经济发展。

在1958年出版的《经济发展战略》一书中,美国经济学家阿尔伯特·赫希曼提出"空间极化"理论,强调了"增长极"对其他地区的带动作用。赫希曼指出,当区域经济发展出现不平衡现象时,会引起极化效应和涓滴效应。其中,极化效应指因为城市经济快速发展,其行业内部的高工资、高利润将吸引大批农业部门内部的资源和劳动力,从而使得城乡之间的差距更加明显。涓滴效应指城市在经济增长的过程中加大了对农业部门产品的购买量和投资规模,同时吸引了大批农业部门内部劳动力到城市工作,这一转变使农业部门内部的边际劳动生产率和人均消费水平提高,从而缩小了城市与农村之间的差距。这一理论指出,经济增长是一种不平衡的连锁演变过程,发展中国家可以将优势资本和资源进行集中,然后将其用于支持某项或某几项发展潜力巨大的部门或产业,最终通过这些部门或产业的发展来带动与其相关联部门或产业的发展。城市和乡村作为构成区域的基本地区单元,在经济发展过程中是相互促进、相互影响、相互制约的。城市和农村因为其所具备的自身结构与外部环境存在差异,因此其经济发展的步伐和方式均存在差异。在经济发展初期,城市集中着大量的优势资本和资源,吸引着农业部门内的劳动力和资本,使得农村发展受到限制,城市对农村具有主导权和支配权。

1966年,美国经济学家约翰·弗里德曼在他的学术著作《区域发展政策》一书中正式提出了"核心—边缘"理论。他认为一国之内有的地区是经济发展的核心地区,而有的地区则是经济发展的边缘区域。核心区域即经济较为发达的大型城市及其郊区,这里集聚着大量的人口和资源;边缘区域指的是经济发展比较落后的地区。根据"中心—外围"理论,核心区域与边缘区域并非是同步发展经济的步伐,核心区域在国家经济发展过程中占据着主导和统治地位,掌握着国家优势资源,在附近地区经济发展中起着龙头作用;边缘区域被核心地区所主导，依附追随着核心区域的经济发展，其中的各种资源受到核心区的控制和支配。这一理论主张，城市和农村之间的关系归根结底是界限分明的核心地区和边缘地区的关系，城市（核心地区）聚集着最先进的生产技术和文化思潮，这些优势都是农村（边缘地区）所无法与之相比的。因此，城市具备支配和控制农村经济发展的优势，具备雄厚实力吸引农村资源和劳动力。这一理论较为偏重于城市（核心地区）在经济发展中所起的作用，而在一定程度上轻视了农村在整个经济体系中的作用。

综观两极对立视角下各个学派的理论，其核心观点都认同区域经济发展过程中存在不均衡阶段，并强调了政府干预对区域经济均衡发展的促进作用。从城乡关系角度看，这些理论都主张采用以城带乡的发展模式，即经济发展要从中心城市开始，并通过市场及政府的引导，逐步扩散到乡村，最终消除城乡差异。

三、公正平等视角下的城乡发展理论

（一）霍华德的田园城市理论

田园城市理论是较早的关于论述城乡一体化发展思想的西方经济学说理论。霍华德在1902年再版其著作《明日的田园城市》时，倡导"用城乡一体的新社会结构形态来取代城乡对立的旧社会形态"。他认为，城市规模的不断扩大给环境造成了巨大的压力，噪声、交通等各种污染不断降低着城市的生活质量，人们应该从城乡协调的新角度来看待城市的经济发展，将城市及其周边视为整体来进行分析，并最终解决城乡之间存在的根本问题。

按照霍华德的定义："田园城市"是指为了健康生活和产业而设计的城市，其规模不超过实际社会生活的需要，周边为农村地带所环绕。土地所有权是共有的而非私有。在这种模式的生活中，人们快乐地生活和工作，其中既有快节奏的城市生活模式，又夹杂着自得其乐的农村生活模式，市民在这两种其乐融融的环境中愉快地生活。在霍华德的理想中，农业与工业结合、农村与城市结合，是最好的解决城乡发展问题的办法。

（二）沙里宁的有机疏散理论

沙里宁从整体上阐述和研究了城市膨胀之后所出现的一系列冲突和问题，

并基于此展开了对城市发展及布局结构的深入研究。沙里宁在《城市：它的发展、衰败和未来》中较为全面而仔细地表达了其对城市发展思想、社会经济状况、土地问题、立法要求、城市居民的参与和教育、城市设计等的态度，在这一系列阐述的基础上沙里宁提出了"有机疏散"理论。沙里宁主张疏散过分集中的大型城市，将其中的各个分部用绿化带进行隔离，使城市分离成为较小的集镇。在这样的系统中，各分部之间是统一而又有所距离的关系。这就构成了一个城乡差距较小的城乡区域均质体。1918年，有机疏散理论在芬兰得以应用到实际之中，即后来著名的"大赫尔辛基方案"。

（三）芒福德的城乡发展观

美国城市理论家芒福德以城市发展的视角强调："城与乡，不能截然分开；城与乡，同等重要；城与乡，应当有机结合在一起。如果问城市与乡村哪一个更重要的话，应当说自然环境比人工环境更重要。"芒福德认为，应该逐渐实现权力由集中向分散过渡，从而助推城市形成多个"城市中心"，使城市成为更广范围之内的有机统一体。以现有城市为主体，将更多的"城市中心"辐射到更广的区域之内，形成更多平衡的社区，最终带动整片区域内的经济发展。这样一来，一方面重现实现了城市与乡村之间的平衡，另一方面还能促使整个区域内的居民都可以享受城市生活的便利和快捷，而不必担心大型城市中存在的交通拥挤等问题。

（四）麦基的"Desakota"理论

20世纪50年代以来，全球经济均加快了发展节奏，尤其是一些发展中国家，其工业化和城市化的步伐较之前加快了许多，这就导致城市规模快速膨胀，同时大范围的城乡交接地带依附于城市周边。随着科学技术的发展，交通基础设施实现了跨越式的发展，这一发展使得城市与城市之间的交通变得快捷，联系变得更加紧密，同时也使得城市周边地区逐渐形成了新的发展走廊。这一部分地区既不属于城市也不属于农村，但是却兼具城市与农村两者的特征。经济学界的学者将这部分地区命名为"灰色区域"或者"被扩展的都市区"。

20世纪80年代中期，加拿大学者麦基针对这种新型空间结构提出了Desakota（在印度尼西亚语中，desa是村庄，kota是城市）的定义，Desakota是城市和乡村结合的意思，即在某个地区之内出现兼具城市与农村特点的集聚模式，无法将之准确地归入农村或城市的范畴。这种人口集聚模式通常位于亚热带或热带地区，当地集聚了大量的人口，连接着城市和农村，处于两者的中间地带。这种模式在城市和农村之间的相互作用和影响之下，出现了劳动密集业、服务业和其他非农产业的迅猛发展，在一定程度改变了人们原来的生产和生活方式。麦基的Desakota模式跳出了西方世界一贯研究大城市发展模式的思维惯性，对城乡之间的相互作用和双向交流的论述，其理论对多数亚洲国家来说具有很强的指导意义。

(五) 城乡边缘区理论

城市与农村之间的连接地带通常具有明显的特征，例如地域空间结构上的动态性和过渡性、人口在社会学特征上的多元化、经济发展的复合型、激烈竞争的多样化土地利用等。目前的情况表明，随着经济的迅速发展城市与农村之间的差距越来越小，深入研究城市与乡村之间边缘地带的发展情况能够看出，城市和乡村之间的关系变化必然会在一定程度上作用于城乡边缘区，从而使得城乡边缘地带在实现最早较为独立的初创期之后，必然会加深与城市和农村之间在经济发展方面的联系，最终实现城市、农村、城乡融合地带经济一体化发展。

(六) 岸根卓郎的"城乡融合设计"理论

这一理论是由日本学者岸根卓郎所提出的，这一概念的含义是建立一个"与自然交融的社会"，这一形式超越了城市和农村的界限。在总结前人经验的基础上，他强调不应该将城乡之间的规划与发展割裂开来，而应该把工农部门有机地结合起来，通过协调重组形成"农工一体复合社会系统""自然—空间—人类系统"，实现城市、农村与自然三者之间的立体规划模式。

他主张，不应该让城市占领农村，不能使用建设城市的战略来建设农村、改造农村，并以此来达到城乡一体化的目标。在经济发展的过程中，人类一直以来都选择性地忽视农村对经济建设所能起到的作用，岸根卓郎希望人们可以意识到，"农村最主要的作用就是保全生态系统"，以及由此产生的一系列衍生作用，例如土地的可持续使用、土地的保护、水资源的保护以及诸多的经济功能等。

第四章　城乡关系的演进规律及国外城乡一体化发展经验借鉴

城乡关系的发展与人类的生产力发展水平紧密相连，生产力的发展能够进一步推动人类生产方式与生活方式的变革，并由此带动城乡关系不断演进。从这一点看，国外的城乡关系演进给我国城市一体化的发展提供了经验。

第一节　城乡关系的演进规律

城市是从乡村产生，并独立于乡村的一个事物，是伴随人类在生产方式上的分工而衍生的社会生活方式分化。城乡之间的关系在状态上表现为分离或融合，取决于不同的历史条件下社会、经济发展状态、社会组织方式以及与此相关的政治谋动，服从于社会发展规律。从不同的视角上看，城乡关系表现为政治、经济、文化等各个领域的相互联系、相互制约和相互依存关系，由此对城乡关系的剖析和研究从不同的学科也有不同研究方法，其结论也带有不同学科的观点。

一、世界范围内的城乡关系演变

（一）早期的城乡"共生"关系

现代人对远古人类生存状态的认识大多来自古代典籍的只言片语、传说和考古论证，缺乏详尽而科学的一手资料，所得出的结论大都以偏概全。城市的产生是研究城乡关系的起点,城市从最初的部落聚居点发展为真正意义上的城市经历了漫长的历史过程。"城"与"乡"是两种不同的人类生活方式和生存状态,城与乡的关系,说到底就是人与人之间的关系。

原始的城乡关系应符合三个基本条件:其一,在经济领域人与人之间已存在职业差异,这基于最原始的社会分工;其二,人与人之间在居住地上已经存在地域差异,在相对固定的居住场所已经出现城市和乡村的区别;其三,个人在享有社会权益上已经出现差异,这主要体现在对生产资料的占有关系上。从人类最原始的组织形态衍变上看,原始公社从血缘家庭公社向氏族公社进化中,婚姻关系的变迁对社会组织形态衍变产生巨大的推动作用,并促进人类从蒙昧状态向文明过渡。这一演进中,部族战争加速了"城"的兴起,这一时期,在部族内部实行生产资料公有和产品分配上的公平,此时并无城与乡的界限划分。土地、森林、生产工具归部族所有,个人物品唯随身的武器而已,生产的劳动产品归公,然后平均分配给氏族成员。在这样的条件下,所有氏族成员都一样享有同等的权利,即使氏族首领也一样,此时即使"城"已经产生,仅为防卫工具而已,城乡的关系在"城"的时期是"共生"的。

随着社会发展和分工深入,在一定区域内出现不同性质的从业者,一些人狩猎,一些人从事种植和养殖业,一些人是手工业者,城市与乡村在地理上相对分离,初期的城乡关系仍是融合的,即城乡关系并非从产生开始即为对立关系。最古老的城乡之间,人口是自由流动的,许多城市贵族在乡村拥有土地。

欧洲的古典文明即古希腊和古罗马时期,城市是政治活动、社会活动和宗教活动的中心,城市居民与乡村居民在政治、社会观念和权益上并没有因居住地域的差异而有所不同。无论古希腊的城邦时期或古罗马时期,城市居民和乡村居民皆享有同等的公民权和各项政治、社会权利。城市和乡村不是隔离的,而因为公民权联结在一起。古希腊和古罗马时期的许多贵族居住在乡村,只有在发生战争的情况下,人口才向城市聚集,城市既是战时的庇护所,又是来自于乡村的兵士集结地。

在古希腊人建立的众多城邦中,雅典最为典型。雅典的民主政治趋于成熟经历了多个重要的历史事件。公元前594年的"梭伦改革"以及公元前508年的"克里斯提尼改革"之后,特别是经过希波战争,雅典的民主政治迎来

第四章 城乡关系的演进规律及国外城乡一体化发展经验借鉴

了全盛时期。公元前443年至公元前429年,伯里克利连续当选为雅典十将军委员会的首席将军,开创了"伯里克利时代"。雅典城邦包括雅典城与阿提卡乡村两部分,城市与乡村之间和谐贯通,许多重要的宗教仪式既在城里也在乡村举行,戏剧、歌唱、朗诵、舞蹈等艺术形式在城乡之间交流频繁。市政广场、公民大会会场、议事厅、市政厅、柱廊等城邦公共空间,是城市与乡村民主政治生活的共同舞台。雅典城邦的公民都是土地所有者,历次改革的核心都是限制和打击贵族特权,保护"小土地所有者"的公民权益。如克里斯提尼改革则重在建立公民权力机构,设立"500人会议",由50人组成的"主席团"负责处理国家日常事务,由平民组成的"公民大会"逐渐成为国家最高权力机构,至伯里克利时期,公民大会甚至可以行使对外宣战、放逐贵族、罢免执行官的决定权。在另一个以农业为主的城邦斯巴达,全国土地被分成了9000份,分给成年的男性公民,城邦实行"平等人公社制度"。在古罗马社会,民主政治的形成经历了较长时期的各种斗争。公元前454年,在平民与贵族的争权斗争中,罗马元老院被迫承认人民大会制定法典的决议,设置10人组成的法典编纂委员会,于公元前451年制定著名的《十二铜表法》,法典共十二表,用青铜铸成公布于罗马广场。《十二铜表法》涉及诉讼、财产权、婚姻、邻里关系等多方面的条文,规定了贵族与平民不能通婚,但对城乡居住、往来和城里人和乡里人权益并无特殊规定,说明城与乡之间并没有设限,也没有城乡地域分界,城乡在制度层面享有同等的权利。

在古希腊和古罗马时期的城邦中,"城里人"与"乡里人"在职业、居住条件、环境以及生活习俗上的差异,开始产生了价值观上的差异。许多流传下来的古老戏剧中,有"城里人"和"乡里人"相互蔑视和调侃的台词。在阿里斯托芬《阿卡奈人》中,一个主角叹息说:"厌恶这个城市,思念我的乡村,那儿从来也不吆喝,买木炭啊!买醋啊!买油啊!"在其所创作的戏剧《云》中也描述道:"我原享受着一种快乐的乡下生活,虽肮脏简陋,却自由自在,后来娶了墨咖克勒斯的侄女,我是一个乡下人,她却是一个很骄奢的城市姑娘,一个十足的贵族女子。"这表现为"乡下人"对"城里人"的抱怨。在喜剧《阿卡奈人》中,主人公狄开俄波利斯是一个雅典农民,以滑稽的语言表达了对公民大会的颇不在意:"我可总是头一个到场,就像这样子坐了这个位子,一个人坐好了以后,只是叹叹气,放放屁,打打哈欠,伸伸懒腰,转过来,转过去,画画符,拔拔鼻毛,算算数目,向往着田园,想着和平。"以后的许多人都认为,在阿里斯托芬之后,农民变成了"粗野""无知"和"傻瓜"的代名词,从一个侧面也反映了当时对乡里人的一种不好印象。

(二) 传统的城乡"依附"关系

"城"与"市"的融合经历了漫长的过程,商业或城市工业尚未成为城市经济支撑之前,城市手工业是存在于城市中的主要产业形式。此时期的城市功能主要具有政治或军事意义,总体而言,城市既是政治中心和军事要塞,又是消费场所,城市人口的粮食和物资需要乡村生产和供给,城市规模受到乡村物质生产水平的限制,城市与乡村的关系表现为物质需求上城市对乡村的依附关系。与此同时,城市是政治中心,从政治上对乡村进行控制,在制度上表现为乡村对城市的依附关系。在城市工业尚未兴起、物质资料的生产以农业为主的传统社会,城市与乡村之间表现为相互的依附关系,具体的实现形式以政治掠夺和商业贸易为主。西方从城邦时期的对外殖民和中世纪的对外贸易、中国则对内实行严格的政治统治,两者殊途同归紧密维系着城市与乡村之间的依附关系。

中世纪欧洲是在西罗马帝国消亡的废墟中逐渐站立起来的。在对外战争中,西罗马帝国的许多繁荣而华美的城市消失殆尽,经济处于停滞之中。在这样的特定背景下,进入中世纪的封建领主制经济产生和发展,并逐渐占据了主导地位。中世纪早期,政治、军事和宗教因素对城镇的建立产生了重大影响,但其中的经济动因也不容置疑,封建领主通过建立城镇、兴办市场而获得税收,并颁发城市宪章授予城市自治等权力,从而获得"年度税"。至公元11世纪,随着农业的恢复发展,城乡贸易逐步兴旺发达,城市手工业品与农产品在城乡之间交易活跃,拉动了"城市复兴"。当然,城市的快速发展除了工商业和对外贸易的拉动外,也存在宗教因素和乡村大量人口向城市集中等多种原因。中世纪城市复兴,产生于乡村,乡村的农业经济较快发展是城市复兴的原动力,没有农业的繁荣就不会有商业和贸易的扩张,其结果亦不会带来城市的壮大。

中世纪城市复兴伴随着城市手工业者、商人阶层崛起,同时也造成城市与乡村作为两个独立存在的实体逐渐进入分离状态。在古典时期，城市手工业、商业已较为发达，但从业者并不具有相应的政治地位，在"小土地所有者"为主体的城邦公民社会里，不论是实行民主制的雅典还是盛行寡头制的斯巴达，其行政管理都由土地占有者所控制，小土地所有者主宰了城邦的政治生活。在罗马时期的城市中，虽然已存在为数众多的富商和手工业者，但由于其地位低下，经济份额在总体经济规模中所占比例较小，因而被排斥在城镇的市政管理之外。封建领主在中世纪前期是城乡的统治者，随着城市市民阶层的兴起，市民阶层在争取城市自治的斗争中经过了不懈的努力，现象是城市与乡村的对立。随着城市兴起，工匠、手工业和商人分别建立起属于自己的行业组织"基尔特"或商业公会，除对本行业进行自我管理外，也在此基础上建立起了市议会或市政会。中世纪后期，许多行会上层和富裕的商人成了城市的上层，许多商人还通过购买爵位而"贵族化"。

（三）近代的城乡"分离"关系

马克思、恩格斯在《德意志意识形态》一文中指出："某一民族内部的分工，首先引起工商业劳动和农业劳动的分离，从而也引起城乡的分离和城乡利益的对立。"追溯欧洲中世纪的历史，城市的独立基于城市工商业的兴起，以及城市工商业阶层脱离封建庄园主控制，承担起自主管理城市，并开创了高于乡村生活、引领生活潮流的城市生活模式，与此相伴的城市工商业也创造了大大高于传统农业的劳动生产率。11世纪，随着地中海贸易重新开启，近代意义上的城市和市民阶层随之产生，最早产生的城市与地中海贸易有关。此后，欧洲"城市运动"在广大的区域扩散，涌现出大量的城市，包括德国的"汉萨同盟"和法国的巴黎等。这些城市的兴起发端于活跃的贸易，并带动城市手工业繁荣形成市镇，有的则因宗教、政治、军事地位而形成。中世纪新兴的城市一般规模都不太大，居民在1000~2000人，据统计：英国在12~13世纪产生了140个城市。城市兴起产生的市民阶层在与封建领主的斗争中，对社会转型发展做出了重要贡献，1082年，威尼斯获得在拜占庭帝国内免交一切关税特权，此后又有比萨、佛罗伦萨以及北欧和德国境内的一些城市取得类似的权力，许多城市纷纷颁布了自己的法律，即所谓的"城市宪法"。如公元1111年德皇亨利五世颁布的《斯拜尔特权宪章》、1135年马因斯大主教颁布的《马因斯宪章》、1215年英国颁布的《自由大宪章》、1160年颁布的《比萨城市法典》、1216年颁布的《米兰城市法典》、1293年颁布的《正义法规》等。

中世纪自由城市宪章赋予了城市商人为代表的公民群体诸多自由权，主要包括：①人身自由权。即城市商人是自由人，不是农奴，可到任何地方经商而不受限制。②土地自由权。城市土地在法律上属领主财产，但城市居民以自由的条件领有土地而不承担劳役义务，无人身依附关系，不受领主审判。城市居民使用土地可以货币地租方式取得，拥有对土地的处分权。③财政自由权。由城市向领主统一缴纳款项，从而由城市自由收取原由领主征收的各项捐税，包括市场税、任意税、地租和法庭罚金等。④司法权。城市司法独立，市民只能由城市的司法机关审判，城市法官由选举产生。城市公民所获得的这些权利无疑对乡村农奴乃至于自由农民具有很大的吸引力。当时许多获得自治权的城市都有一条不成文的规定：农奴逃进城，住满一年零一天就可取得自由人的身份，原来的领主也不能迫使他重回农奴的地位。

城市和市民阶层的兴起，极大地冲击了延续几个世纪之久的封建领主制度，创造了有别于乡村的城市自由生活，正如当时德国谚语表述的一样："城市里流动着自由的空气。"中世纪城市重新崛起，不仅代表城市生活方式的兴起，更代表了与封建领主制度相悖的制度兴起，从而在制度层面与乡村分离。城市从整套的封建制度中脱离出来，成为它的对立面，并不断挤压乡村领主制的生存空间，从根本上对社会转型产生深层影响，并对近代资本主义制度的萌芽积淀了力量。马克思认为城乡对立是社会生产力发展的阶段性产物，也是社会矛盾运动的必然结果，随着资本主义私有制的形成和发展，这种城乡对立的态势还会不断被强化。

（四）现代"城乡关系"转化

在现代社会，工业化和城市化是世界发展中的主题，除少数欧美国家进入后工业化时期，城乡实现一体化发展外，大多数的发展中国家仍在工业化中期，甚至前期徘徊，城乡二元结构仍是桎梏经济、社会发展的主要问题。中国处于工业化中后期阶段，社会处于转型发展之中，在经济快速增长的同时，城乡二元结构尚未根本破解，城乡关系融合发展还有较远的路程。在这一时期，城乡之间的诸多矛盾仍是经济和社会发展中的重大问题。

第四章 城乡关系的演进规律及国外城乡一体化发展经验借鉴

第一次工业革命发生在欧洲,这与欧洲城市摆脱封建领主制经济束缚,推动以城市手工工场大发展的趋势密不可分。在机器大生产代替手工工场的变革中,城市对劳动力、材料、矿山资源的需求规模空前,这些来自于乡村的要素源源不断地从乡村输向城市,从而使城市不断膨胀,乡村不断萎缩。在欧美工业化前期,特别是工业化滞后的后发国家,随着工业化的持续推进,城乡之间的对立更为严重,城乡二元化越明显。即使在欧美先进发达国家,城乡关系对立的趋势一直持续到20世纪50年代,大多数的其他工业化后发国家至今尚未从城乡对立中走出来,城乡二元化所带来的社会、经济问题仍是这些国家面临的主要矛盾。

城市化与工业化相伴而行,近代以来,随着工业化的迅猛发展,城市化进程也大大加快。截至19世纪末,英国社会成为世界上最城市化的社会,10个英国人中有9个住在城市里,同时期欧美各地的城市人口都在激增。

城市化带来人类生活方式的变化,同时,也带动社会转型发展。城市的生活方式脱离传统,新的生活模式逐渐成为一种时尚,并影响到乡村的传统生活,对社会文化变迁带来了新的机遇。

工业化和城市化对农业和乡村社会的影响是多方面的,涵盖经济、政治、社会、文化各个领域,其中,最具里程碑意义的则是对传统农业的改造。工业化成果使农业从人力畜耕向机械化耕种迈进,从而开启了农业新的时代。19世纪后期,美国在农业生产中大量使用机械,提高了农业劳动生产率,就每一劳动力所生产的谷物数量来看,1850~1860年的10年间,生产能力增长了25%,1860~1900年的40年间增长了50%。截至1910年,美国在农业机械上使用汽油引擎,代替了蒸汽机和畜力,进一步提高了农业的劳动生产率,使美国乡村劳动力从农业中转移出来,1880年,全美农业人口占总人口的49%,至1910年则减少到32.5%。美国农业的发展状况实现了用较少的农业人口养活了日益增长的城市人口,最终消除了城乡在经济上的差距,确保了工业化和城市化的深入推进。其他工业化和城市化走在前列的欧洲国家以及东亚的日本、韩国,大体也经历了对农业和传统乡村进行改造的过程,其中对农业的改造主要通过机械化和现代生物技术,实现了农业的装备化和集约经营。

对乡村农业和乡村社会的改造,是工业化和城市化发展到成熟阶段,社会生产力发展的必然要求,是生产关系适应生产力发展、城乡关系发生重大调整的必然结果。欧美发达国家通过工业化和城市化积累,成功扶持农业和乡村发展,在这一进程中,使城乡二元结构向城乡一体化发展,实现了城乡关系从对立向融合的转化。欧美国家的成功经验正在被大多数处于工业化进程中的后发国家效仿,并在实践中不断得到丰富和发展。

二、我国城乡关系的发展演进

(一) 封建制经济形态下的城乡关系演进 (公元前 221 ~ 1840 年)

1. 城乡关系演进历程

(1) 秦汉时期——城市初步发展与城乡分离加剧。

第一,城市初步发展。在先秦时期,由于疆域的扩展,国家随着郡县制的施行和新建,改建了许多城市,城乡关系在奴隶制下继续分离。秦统一后,将原来六国城市按规模等级改设为新的郡县,在五岭以外的南越地区,改设了桂林、南海、象三个郡县;在阴山以北,靠近匈奴的区域,设置了九原郡,主要作为与匈奴商业来往的地区。秦朝共设48个郡、1000多个县。汉朝时中国疆域扩大,城市数量继续上升,郡级城市增长了一倍多达103座,县级城市达到1587座,增长了近50%。

第二,农业逐步发展。首先,生产工具进步、牛耕的推广使用、铁犁牛耕技术的改进、耕田和整地保墒技术的提高带来了耕作水平提高;其次,栽培技术不断改进;再次,治理黄河、新建水利工程、修复旧有水利工程代表着水利工程的建设与发展;最后,粮食品种及产量不断增加。

(2) 隋唐时期——多种因素促进城乡融合。

第一,农业生产力的大发展。唐代是农业生产工具得到改进及进行广泛使用的一个繁华时代,铁制的铲、锄、镰等农业工具基本已经普及全国各地区,原有的直辕犁使用比较费劲,后期曲辕犁的出现节省了大量人力,这些都在很大程度上促进了农业发展,解放农业劳动力。唐代农田水利事业很发达,据统计全国水利灌溉工程达264处,所兴修的水利工程大约有320万项。农业生产技术的进步带动了城乡关系的发展。

第二,农业生产关系的变化。具体来说,均田制的瓦解、人身依附关系的

第四章 城乡关系的演进规律及国外城乡一体化发展经验借鉴

变化和两税法代替租庸调制促进了城乡关系。商品经济的发展，加快了商业资本的积累速度，大规模土地发展很快，均田制逐步消亡，出现了土地庄园制，农民与土地之间的人身依附关系减弱，庄园制的发展有利于规模经营和商品经济的发展，这些都在不同层面上有力地促进了城市的发展；两税法逐渐推行，让货币成为交换的主体媒介，也就意味着唐代货币经济已经较为成熟，而城市的发展依赖于商品货币关系的改进，因此两税法的实行也促进了城市的发展。

第三，逐渐形成城市贸易与农村早市互为补充的全国性市场。一方面，隋唐时期，随着中国的统一和社会经济的恢复和发展，商业再次繁荣起来：长安与洛阳既是当时的政治中心，又是最为繁盛的国际性商业都会；一些新兴商业都市伴随着运河、漕渠的疏浚以及商业贸易的发展而不断出现，如运河上的汴州，运河、长江交汇处的扬州，淮河与运河交汇处的楚州；随着海外贸易的发展，沿海城市广州、杭州、明州、泉州以及长江流域的荆州和益州等也逐渐发展起来。另一方面，为了能够适应分散于各地的小商品生产者的要求，解决广大农村地区的商品交换问题，降低农村因过于分散所带来的交通不便困难，在远离城市的农村地区相继出现了早市贸易，这就进一步成为城市贸易的很好补充，形成了一个全国性的市场。

（3）宋元时期——以商品交换和流动为纽带的城乡共同发展。宋元时期中国城乡关系出现一些新趋势，主要表现在以下几个方面：

第一，我国南方的城乡融合水平大大提高。宋元时期，中国的经济社会经历了一次重大的转变，经济重心由北方转移至南方。在公元 8 世纪时，中国 3/4 的人口居住在北方，北方的主要农作物为小麦和谷子；到了 13 世纪末，中国 3/4 的人口居住在长江以南地区，主要农作物为水稻。

这种变化的重要诱因之一是随着水利技术的进步和对早熟作物品种的开发种植（尤其是占城稻的引进），中国南方由一片沼泽遍布的不适合人类居住的地区变为一片可以进行大规模水稻种植的理想区域，以粗放为特征的旱地农业转化成了以精耕细作为特征的水稻农业。

由此，南方就依赖精耕细作的水稻农业养活了大量人口，众多人口的聚集又带来了手工业的发展，桑蚕种植和缫丝业发展，棉纺织加工业发展，而手工业的发展进一步推动了商业的发展，由此南方开始了大规模的旧城扩张和新城建设。于是，中国南方出现了程度相当高的城乡融合态势。

第二，城市化水平达到封建社会的峰值。自战国到宋朝的1000年间，中国城市化水平逐渐提高。南宋时达到了22%，而这也是中国封建社会历史上城市化水平的峰值，甚至高于新中国成立后1957年的城市化水平。

宋朝不但拥有汴京和杭州两个世界性的大城市，而且由于产业集聚的效应以及地域特点，很多大规模生产的商品集中在其他城市，并且区域性分工的发展也带来了全国工商业城市数量的增加，当时已经形成了长江下游的浙江、福建沿海的许多繁华城市，苏州、南京、杭州、宁波、泉州等都是闻名中外的贸易城市和活跃的国际港口。

第三，农业商业化由部分区域向全国扩展。在宋朝之前，中国自给自足农业经济的解体与商业化农业的发展都仅限于城市及某些农作物的产区。而到了宋朝，农业商业化的发展则是全国性的，自给自足的农业相当程度上变成了商业化农业。

一是大量农作物和农业加工品商业化程度大大提高。宋代时新作物逐渐推广，稻米的变种被培植出来，江苏的大米闻名全国，输出到北方城市和南方及东南沿海省份；干姜、蘑菇、西瓜和荔枝都逐渐变为大规模生产，福建是荔枝的生产航母基地，不仅在国内市场独占鳌头，还出口到国外市场，由于其茶叶质量较好，成为中国社会各阶层人士的日常消费品，因此产量也大幅度提升；蓝靛和茜草这两种染料占据了国内很大的市场份额，该产业已经形成规模化生产，并日益专业化；木料、油脂等的专业化生产支持了不断增长的造船业、建筑业和水利工程的需要；桑竹作为印刷业、出版业的主要原料，随着印刷业的快速发展，纸张的需求大幅度增加，桑竹的种植规模也日益扩大。

二是农业商业化市场不断扩展。许多省及县的治所成为商业中心，农村则发展出很多农贸市场，它们相继成为农村市场的商业中心；虽然市场规模较小，但网络非常发达，这些如蛛网般的网络将各个乡镇和地区连接起来，形成了全国性的交易市场，这些网络的发展也带来了长途运输的空前高涨，远途贸易的发展扩张了许多商品的全国市场，更是带动了各类批发、零售业的发展，带来运输与旅游业的快速扩张。

(4) 明清时期——发达的小城镇和市场经济促进城乡融合发展。明清时

第四章　城乡关系的演进规律及国外城乡一体化发展经验借鉴

期，中国城乡融合达到了新高度：农村商品经济获得了新发展，新兴商业市镇快速发展，发达的手工业带动了城乡进一步融合。

第一，农村商品经济有了新发展。明清时期，人口激增，人均占有的土地锐减，生产力低下，人地矛盾迫使农户改变原有的农业模式，将传统农作物的种植逐渐转向经济作物栽培方面，并将劳动力投向各类家庭手工业生产，同时伴随着日益提高的生产力水平，中国尤其是江南地区农村商品经济获得了较大发展。

其一，明朝时农业已经形成了一种较为合适的制度框架：土地制度发生了变化，大多数农民转变为拥有生产与经营自主权的自耕农和佃农，自耕农可以自由买卖土地，在地方市场出售他们的农产品。

其二，明清时家庭副业成为小农经济的有益补充，副业所需专业化程度较高，所以分工更为明确，投入成本较农业高，因此也会改变原有的家庭生产结构和家庭组织结构，这样在一定程度上促进了家庭手工业品的商品化发展，并进一步形成区域分工格局，江南地区也因此快速地成长为全国性纺织品生产基地，形成新的产业结构。

其三，明清时大部分手工纺织品不再是家庭内部的自给自足，大部分都以交换为目的，因此各农户家庭手工业生产的专业化程度也在不断提升。

第二，一批新兴商业市镇有了新发展。由于农村家庭内部组织分工的调整，带来了整个社会生产结构改变，农村手工业日益兴起，也在一定程度上推动了明清时期城市功能的变化，促进其发展。具体表现在：城镇的数量有了明显增加；市镇规模有了很大扩展；部分城镇手工业有了明显发展；很多市镇在商业功能上与周边农村相辅相成。它们将商品销售给周边农村，向农村购买原料，为交换提供便捷的场所，市场向工业提供农民所需商品的信息；等等。

第三，发达的手工业促进城乡进一步融合。到了明清时的中国，尤其是江南地区农村家庭手工业的兴起，在一定程度上拉动了纺织品的商品化，手工业者在市镇出售纺织品，获取货币，再用货币购入生活所需的农产品，这也使得家庭手工业再生产得以延续，并不断发展。

江南的纺织品销往全国各地，这些交易活动通过牙行进行。农户先将纺织品售予牙行，获取货币。牙行收购的纺织品，并集中存货，再销售给外地客商，进而销往全国。而一些外地客商也会将其他商品贩运至牙行销售，本地农户用自己的货币买取外地的产品，由此便形成了完整的商业链条。因此，小市镇不但解决了江南农村居民的生计问题，而且还有力地支持了农村手工业的生产与进一步发展。

因此，农村手工业的发展带动了江南小城镇的繁荣，而小城镇的发展也为农村手工业的进一步发展提供了平台和机会，二者相互依赖，互为媒介。

2. 城乡关系演进的原因

（1）技术进步所带来的产业进步和生产组织方式的变革。这里我们以宋代为例，主要体现在手工业、工业、生产组织等方面。

在手工业方面，南方较高的土地生产率支撑了稠密的人口，降低了运输成本，增加了农产品中可参加市场交换的比重。这进一步释放了劳动力，使得更多的劳动力参与到手工业中，尤其是棉纺织业当中，促进了轻工业的发展，中国人的生活质量也有了显著提高。

在工业方面，工业部门首次大规模出现便是在宋代，技术进步大力推动了这一时期工业的发展。宋朝的金银铜铁的产量不但远远超过唐朝，而且后来的明清两代也无法望其项背。铁、铜等金属被铸造成犁铧、锄头、镰刀等农业生产工具，钉子、桥梁构件、大车等工业生产工具，茶具、器皿、镜子、雕像及随身饰物等生活用品，以及最为重要的货币。

在生产组织方面，工厂提供更多的就业岗位，投入更多资金，进一步细化劳动分工，全国情况基本一致。

（2）粮食因素和自然灾害是城乡关系演变的重要纽带。

第一，粮食生产决定封建制经济形态下城市发展的边界。土地的稀缺意味着农业劳动生产率水平会左右农产品的剩余，而剩余农产品又约束决定着城市发展的规模，如果城市规模过大，其发展必然会因缺乏农产品供应而受到限制。

同时，粮食运输成本也会对城市发展规模设定可能性限制，便捷的交通运输设备及道路会使粮食的运输成本降低，可以增加农产品的供给途径和范围，会让城市规模扩大成为可能，反之则会制约城市的规模发展。

第二，自然灾害严重影响城乡关系的正常发展。据统计，公元前206~1936年，我国历史上有案可查的较大规模的自然灾害就达5150次①，即平均每半年就有一次，而没有记录的和区域性的自然灾害更是不计其数。

根据《汉书·高帝纪》的相关记载，"二年六月，关中大饥，米斛万钱，人相食"。《旧五代史·晋少帝本纪》记载，"天福八年，州郡二十七蝗……饿死者数十万"。

（3）战乱四起和政权更迭严重影响了城乡关系的正常发展。

第一，战争对城市经济和城乡关系的正常发展造成严重影响。战时敌对各方对城市的长期围困和攻击，以及破城后胜利者的大肆屠戮与焚掠，曾对许多城市造成过毁灭性的打击。晚明时期，军备支出超过中国全年财政支出总额的70%，经常性支出中军事支出所占的比例从未低过50%，一般会达到60%~80%。万历末年明朝实行定额加派，军费在岁出总数中所占的比例更加突出，16世纪20年代，有的年份军事支出竟然达到太仓银库支出的90%以上。从绝对数额看，明朝后期，每年的军费支出也都超过2000万两白银。

第二，朝代更换和政权中心迁移对城市兴衰产生重要影响。唐末军阀朱温在篡位前，强劫唐昭宗及百官赴洛阳，为充实洛阳，"令长安居人，按籍迁居，撤屋木，自渭浮河而下，连甍哭号，月余不息"。从此，长安这座古代世界著名的大都市便一蹶不振，再也难以恢复往昔之繁盛。

（二）半封建半殖民地经济形态下的城乡关系演进（1840~1949年）

1. 城乡关系演进历程

（1）第一阶段（1840~1911年）——以外力冲击为主的城乡加速分离过程，主要表现在以下三个方面：

第一，部分开埠城市成为商业和工业城市。在西方工业化的发展压力下，面对战争的连年失利，中国被迫开放一批沿海城市用于通商，这些城市在对外贸易的发展中，率先走上近代化的道路。贸易的发展，也相应地推动了近代工业的变革，工业化渐渐在开放性城市中实施，并带动其他城市的工业化以及商业化的发展。我国的城市逐渐走向以工业和商业为主的近代化道路。

---

① 邓拓. 中国救荒史 [M]. 北京：三联书店，1958.

第二，开埠城市周边农村卷入市场经济。随着开埠城市的工商业得到迅速发展，城市周边农村也遇到了挑战和机遇，农民也进入到商品经济的大潮中，自给自足的自然经济慢慢走向衰败，商品经济得到了快速发展，城乡之间成为市场经济运行中的互相链接的一部分。

第三，城市对农村的经济支配地位逐渐形成。城市与农村联系的深度与广度由于城市工商业的发展也有了一定的扩展，大城市逐渐成为区域社会、经济、文化以及政治的各种要素集中区，城市生产中心和流通中心的地位得以确立，并借助于新式工业、交通运输业、贸易业将其影响辐射到腹地农村。

（2）第二阶段（1911~1949年）——内外冲击结合导致城乡关系对立统一发展。

1911年，清朝灭亡，中国进入民国。但即便如此，并没有对中国城乡关系瓦解的趋势起到一个好的扭转作用。这主要是因为以下两个方面：一方面，中国的战乱持续了近40年的时间，对社会生产力造成了很大的破坏，使得中国城乡经济也为此遭受重创；另一方面，中国农民长期以来受到双重的掠夺与剥削：除了受到来自外国资本的掠夺与剥削之外，还在很大程度上受到官僚资本、民办资本，甚至是民族资本的掠夺与剥削。

大量资本都将重点集中放在城市，农村为城市提供原料、劳动力，是城市发展的源泉，农村也是工业产品的最大销售市场，因此在这种投资极度偏激的情况下，城乡关系与矛盾也突出地表现出来。

城乡差距不断扩大，都市的表面繁荣，广大农村的衰败，因此有经济学家这样评论近代的城乡关系：近代式的若干商业都市和停滞着的广大农村同时存在。

但近代城市与农村间的经济联系得到了逐渐加强。因为对外贸易的扩张，加大了对商品的需求，刺激了投资，增加了较多的就业岗位，又加上城市工商业的发展带动了农民的社会分工，因此城乡之间的交流不断深化，人口流动更加频繁。

2. 城乡关系演进的原因

（1）经济社会发展的客观规律使农村自然经济逐渐瓦解从而推动城乡融合发展。封建社会追求高度中央集权和大一统的政治体制，以自然经济为主的经济制度，杂糅着儒、佛、道的中国文化，封建宗法制度维系的家庭和社会关系都使得中国市场经济发展极其缓慢，自然经济难以瓦解。

但到了封建社会晚期，即明中期之后，随着生产力的发展和分工的持续深化，全国性的商业贸易网络逐渐形成，金融业等生产性服务业快速发展，在棉纺织、缫丝、金属冶炼等产业中出现了规模较大的工场式生产组织方式，中国市场经济得到了空前的发展（一说资本主义萌芽）。

由此，中国自然经济逐渐瓦解，促进城乡融合的因素出现。虽然中国的经济发展受到外部巨大冲击，但这种经济发展客观规律的力量一直作用在中国半封建和半殖民地经济形态下的整个过程之中。如果这种经济规律的自发力量持续作用下去，中国会自然进入到市场经济形态下，走上资本主义道路。

那么，中国的城市与农村的关系也就会像西方国家的城镇化过程那样，出现一个分离、加速分离再逐步融合的过程，但是外部冲击阻挠了这一自然而然的城乡关系演变进程。

（2）资本主义严重破坏了中国城乡关系的正常发展进程。

第一，西方国家工业文明和市场经济的冲击导致中国城乡分离加速。在1840年鸦片战争结束后，西方资本主义国家就正式地对内河航运、口岸设厂、铁路修筑、收购权、开矿权在税收控制和贷款优先等一些权利进行了相关的控制。也正是在这个时候开始，西方列强的商品和资本逐渐冲击到中国古老的农业文明和自然经济，使得中国几千年来城乡差别甚小的状况开始出现大幅度的变化，在一定程度上加速了城乡之间的分离。

第二，部分发展中国家对中国的城乡关系也造成冲击。原本中国的农产品能够凭借人口红利优势去占据世界市场一席之地，而在受到其他发展中国家的冲击之后，这种优势正在逐渐减弱。尤其是后来中日甲午战争之后，这种情况更为严重。

（3）洋务运动和民族资本的崛起加速了中国城乡分离。在鸦片战争、西方资本主义国家市场经济、工业文明和资本的侵入、冲击和示范下，国内一批官僚、绅士和富商阶层中的有识之士，利用相应的资金，相继在城市，特别是在一些通商口岸中，创办了一系列涉及工矿、交通运输、金融和商业等多个领域的近代资本主义企业。

各类的军事工业和民用工业企业都积极进行学习并全力引进西方的新式机器设备、科学技术和先进经营管理方法,生产各类商品,提供各式服务。

同时,洋务运动的开展和民族资本的崛起也冲击了中国的传统文化:在城市中,商品经济文化逐渐渗透,小市民文化受到冲击;而在广大农村,自然经济文化受到的冲击极小,小农文化根深蒂固。由此,进一步扩大城乡差距,使得城乡分离趋势明显。

(三) 计划经济形态下的城乡关系演进(1949~1978年)

1. 城乡关系演进历程

(1) 第一阶段(1949~1952年)——城乡融合的新型城乡关系初步建立。一是恢复和发展农村商品经济。在这一阶段,国营商业和供销合作社基本形成完整体系,几乎掌握流通领域中的大部分重要物资;对于集市贸易予以一定程度的发展,积极开展城乡之间的物资交流;积极恢复损坏交通运输设施;严格控制资本家的一些非法商业活动。二是制定合理的农副产品与工业产品价格,处理好两者的比价关系。关于农副产品的具体价格,分别在 1951 年 11 月,1952 年 2 月、9 月和 12 月进行了四次提高。由此,在一定程度上使工农业产品价格存在的"剪刀差"现象得以缩小。实施以上两项措施,获得了非常可观的效果,有效扭转了长期以来形成的城乡对立、"农村包围城市"的格局。

(2) 第二阶段(1953~1957年)——城乡融合的新型城乡关系不断发展。"一五"时期,国家在整体上进行了规划,有计划地建设了大规模的工业,与此同时,还对部分城市进行了新建、扩建。实际来说,有计划、大规模地扩建城市是有一定的益处的。因为,这样一来,无异于在原有基础上增加了城市的就业岗位,容纳了一定的自由流动人口,使得大量的农村人口进入城市成为可能。

(3) 第三阶段(1958~1978年)——城乡关系在曲折中发展并逐步僵化。1958 年 5 月,党的八大二次会议通过了"鼓足干劲、力争上游、多快好省地建设社会主义"的总路线,在突破常规、打破原有平衡的状态下,也就不可避免地致使错误指导思想迅速反映在城乡关系的相应实践中。为了能够有效地把我国农村贫穷落后的面貌予以实质性的改变,进一步使得农业的生产力有所提高,加快农村社会主义建设的前进步伐是必不可少的,于是党和国家发动了

第四章 城乡关系的演进规律及国外城乡一体化发展经验借鉴

相关的运动。

但由于相关运动,使得国民经济在 1959~1961 年出现严重困难,国民经济比例完全处于失调的状态。由于整整维持了三年的困难时期,使得全国人口非正常减少 3000 万人。

面对长达三年的困难时期所接二连三出现的极端严峻的局面,国家及时调整政策,实行了"调整、巩固、充实、提高"的国民经济八字调整方针,这就进一步使城乡之间的紧张状况得到了一定程度的改善。

但是,截至 1966 年,城乡关系再次遭到严重的破坏,在 1966~1978 年,我国工业和农业、城市和农村之间的发展都不是很协调,由于国家对农村劳动力的流动严加控制,农村剩余劳动力出现大量滞留的现象。

2. 城乡关系演进的原因

(1) 工农业产品不等价交换制度导致长期以来城市对农村的合法剥削。国家在实施第一个五年计划之后,为了积极支持重工业的深度发展,对于扭曲工农业产品相对价格和交换关系的政策进行了采用,之所以这么做是为了在使工业品价格有所提高的同时,进一步对农产品价格进行压低,从而人为制造不利于农业发展的贸易条件。

(2) 粮食等重要物资的统购统销制度加剧城乡分离。长期以来实施的工农业产品的剪刀差,使得农民始终在交换中处于一种弱势地位,不平等的交换环境,为了保护自己的剩余索取权,在博弈过程中,他们开始采取惜售粮食的策略,然而这种消极的方式使日益紧张的粮食供求矛盾开始激化,严重影响了对工业化建设的进程。

于是,政务院为了能够及时解决这种迫切的危机,在 1953 年 11 月,通过《统购统销命令》明确规定,"生产粮食的农民应按国家规定的收购粮种、收购价格和计划收购的分配数量将余粮售给国家"。随后又发布了一系列的相关文件和法规,进一步完善了以粮食为主的统购统销制度。

(3) 户籍制度使得城乡差距和城乡分割局面被锁死。为了能够进一步保证有足够的劳动力从事农业生产,以及城市相对充沛和高水平的生活资料和公共服务的有限供给不被过多的人分享,在实行工农业产品不等价交换、统购统销、农业合作化制度的同时,必须对农村的人口向城市的流动进行合理控制。

国家从20世纪50年代初开始,就陆续地采取了严格禁止企业单位从农村招工、把进城农民遣送原籍、在城市建立收容机构等强制性措施,以对农民向城市的自由迁移进行控制。

20世纪50年代后期,户籍管理制度体系建立,从体制、政策到各项管理制度等方面都极为严格地限制了农村人口随意流入城市,把城乡间人口的迁徙直接纳入国家的控制之下。这一制度的建立,对于计划经济时代城乡政策制定中的城市倾向特征进行了集中反映。

(四) 市场经济形态下的城乡关系演进(1978年至今)

1. 城乡关系演进历程

(1) 第一阶段(1978~2002年)——"前改革时代"城乡关系起伏明显并逐渐出现分离。

第一,农民负担持续加重。农民负担持续加重主要表现为农民收入增长在逐渐变得缓慢的同时,党提出"三提五统"政策,是指村级三项提留和五项乡统筹。这些政策让农民负担更加加重,在某些地区某些年份,一些农民的收入甚至无法负担上述的提留款和统筹金,而城镇居民却无须缴纳。从一定程度上看,工农业剪刀差依然没有得到一个乐观的解决,并且农药、化肥等农业生产资料的价格在不断提高,粮食成本不断增加,但是粮食价格却始终持续一种低迷状态,工农业产品的比价不合理,也是促使农民负担一直加重的原因。

第二,城市化过程中农地问题突出。不规范的征用土地,不对等的土地补偿等社会现象,促使失去土地的农民没有生活保障,于是出现了"种田无地、上班无岗、低保无份"的"三无"失地农民。

第三,失地农民风险增大。农民工由于长期被禁锢在土地上,他们接受教育的水平较低,就导致在失地后的就业机会较少,就业档次较低,劳动待遇较差,社会保障水平较低等问题,其与城市居民还有着本质区别。

就像农村和城市存在差别一样,相对应的农民工和城市的居民相比较而言,不论是在身份地位、教育水平、就业机会方面,还是在劳动待遇、社会保障和参政议政等方面,所具有的差距也不小,这主要是因为资源和权利在分配过程中没有达到一种平衡的状态,因而造成了严重的不公平性,由此使得城乡居民及其后代生活状况与发展空间的巨大差异。

第四章 城乡关系的演进规律及国外城乡一体化发展经验借鉴

(2)第二阶段(2003年至今)——"后改革时代"城乡关系开始进入一个统筹城乡时代。面对"前改革时代"城乡关系中所出现的一些严重性问题,党和国家领导集体重新认识了城乡的关系。中共十七届三中全会在2008年10月通过了《中共中央关于推进农村改革发展若干重大问题的决定》,对农村改革的相关发展做出了新的战略部署。该决定明确提出,逐步实现农民工劳动报酬、子女就学、公共卫生、住房租购等与城镇居民享有同等待遇等,并到2020年基本建立城乡经济社会发展一体化的体制机制。

在"后改革时代"进行具体的实践过程中,国家在科学发展观指导下,采取了一系列明确的政策措施加大对农业农村的投入和补贴,将农民作为根本保障和改善民生的重点,大力地促进农民收入的增长。

2. 城乡关系演进的原因

(1)统筹城乡的政策促进城乡融合发展。

第一,农村土地承包经营权流转逐渐放开。

第二,对农村公共服务的不断投入减小城乡之间的差距。

(2)改革的累积效应和城市利益集团的影响进一步使城乡差距扩大。进入"后改革时代",城乡统筹发展受到来自国家的更多关注。但由于"级差式"发展方式、"分离化"改革措施的累积效应和城市既得利益集团的影响,城市偏向政策想要一时做出改变并不是一件易事,这必然会造成城乡之间出现差距,在短期内难以填平。

在这40余年的改革与不断累积过程中,城市所具有的优势也在逐渐地增加,不仅如此,城市的投资效益与生活舒适度也在整体上得到一定的提高。由此可见,城市偏向的政策转变想要进一步使城市偏向的具体行为有所转变并不是一件容易的事。

关于我国的城乡关系,在采取进行深化的改革措施过程中,一旦在某种程度上把城市居民的相对福利进行一定的降低时,就会触及城市的利益集团,他们会因此对政府施加一定的压力,以迫使政府对相关政策进行调整,或者对利益均等化改革进行一定程度的抵制,或者将农民从改革所获得的利益群体中排除出去。

新型城镇化进程中的城乡一体化建设

第二节 国外城乡一体化发展的经验借鉴

一个国家或地区的现代化，是消除城乡二元结构，逐渐实现城乡一体化发展的过程。西方先行工业化和城市化国家，在发展初期都经历了城乡矛盾突出的二元化阶段，但是，随着工业化和城市化的进一步推进，城乡关系发生重大变化，从 19 世纪中叶起，城乡一体化发展成为社会经济发展的主流。在推进城乡一体化发展进程中，由于各个国家和地区特殊的政治、经济、社会和文化背景不同，以及工业化和城市化水平迥异，所选择的路径和结果则大相径庭。

一、美国城乡一体化进程

（一）美国城乡一体化成功的表现

美国是世界上城乡一体化发展最成功的国家。主要表现在以下几个方面：

1. 城乡居民医疗照顾无差别

在乡村建设中，联邦政府提供特别资助，鼓励基金组织在乡村建设医院，并加强对乡村各种救护设施设备的配备。对乡村 65 岁以上的老人，提供与城市完全一样的医疗照顾，全部医疗费用由政府承担。

2. 城乡基础设施无差别

乡村人口虽然分散，但供水、供电、通信、绿化、道路建设、垃圾与污水处理等公共设施与城市无差别，这些基础设施建设由政府承担，并对设施的维护运行，政府给予补贴。

（二）美国的西部大开发促进了美国快速工业化和城市化

美国的城乡一体化发展与城镇化同步，经历了上百年时间，在城镇化的不同阶段，采取了一系列推进区域协调发展、城乡一体化发展的重大战略措施。发端于 19 世纪初的西部大开发在美国历史上极具战略意义，不但在政治上奠定了美国在西方阵营的霸主地位，而且为美国快速工业化和城市化做出了重大贡献。

第四章 城乡关系的演进规律及国外城乡一体化发展经验借鉴

美国的西部开发有两个集中的时期：一是1860~1890年，主要动力来源于当时的皮货贸易、土地投机以及奴隶主庄园的扩张，此期间内美国人在西部占据了4.3亿英亩土地，并在西部成立了10个新的州。联邦"公共土地"政策，鼓励更多的人向西部迁移，对推动西部开发发挥了重要作用。二是1930~1970年，罗斯福新政以后，美国加大对西部的财政投入和政策支持，大力发展军工企业、新技术产业，调整西部经济结构，使美国经济重心西移，至20世纪80年代初，东西部之间经济趋于平衡发展。

从20世纪30年代初，美国政府根据"新政"法规，成立了"田纳西流域管理委员会"（TVA），负责组织管理田纳西河流域和密西西比河中下游地区的水利综合开发。该组织董事会由三人组成，由总统直接任命，每一成员任期9年，至今已发展成直属于联邦政府的最大电力生产企业，发电能力可满足730万居民的需要，供电区域涵盖了美国东南部20万平方千米的广大区域。这一区域曾经是美国最贫穷的农业区，历经水患困扰，通过联邦政府实施区域援助政策，区域开发取得了良好的经济效益和社会效益，使其在第二次世界大战以后迅速崛起。

20世纪50~60年代初，美国遭受了严重的经济危机袭击，很多地区失业率高居不下，为此，1961年5月政府颁布《地区再开发法》，这是美国第一次将地区失业和经济落后问题作为全法案，并确定了政府援助地区再开发的标准，即某一地区过去3~4年失业率超过全国平均水平50%，或者过去2年内失业率超过全国平均水平75%，或者过去2年内有1年失业率超过全国平均水平1倍的，即为政府援助的再开发地区。按此标准，全美国确定了上千个地区为受援地区，覆盖全国人口1/5，失业人数的27%。1965年政府又颁布了《公共工程和经济开发法》（EDA），把援助重点放到公共工程投资上；颁布《阿巴拉契亚区域开发法》，对纵跨美国13个州的集中贫困区域予以支持，成立联邦政府和州政府合作的阿巴拉契亚区域委员会（ARC），把公路建设作为重点，集中10年时间完成公路交通网络建设，此后又集中支持该区域教育和卫生基础设施建设。1965~1976年，该区域人均国民收入翻了一番，从相当于全国平均水平的78.2%提高到84.8%，人口外流趋势出现逆转。

20世纪初期，美国已基本实现了城市化，随之而来的是郊区化的萌芽和发展，郊区化进程在第二次世界大战结束之后进入爆发式发展阶段。美国城市郊区化是一个中产阶级形成与崛起以及见证"美国梦"的过程，这一过程既是社会的技术经济发展的结果，又是联邦城市政策的产物，同时也与美国的社会特征有密切的关系。20世纪70年代以来，随着美国郊区化水平的进一步提高，白人中产阶级核心家庭构成郊区人口的主体。郊区化推进了城乡一体化，使美国进入了城乡经济社会融合发展的阶段。

美国以交通为主的基础设施建设，也极大地促进了城乡一体化进程，特别是交通建设在每一个时期都是区域开发的重点，在1880~1920年的加速城镇化阶段，城郊有轨电车和高架铁路加速发展，连接全国各个城镇的铁路网也在这个时期普遍建立起来。在推进区域一体化和城乡一体化发展中，以人口为中心的要素自由流动发挥了重要作用。美国没有户籍制度，每个合法居民有一个社会安全号码，跟随本人终身。任何一个人都可以根据自己的愿望，自由选择在城市或者乡村生活。只要有合法身份，居住在哪里，就享受哪里的福利，当然同时也要在哪里尽到自己的义务。

二、欧洲城乡一体化的主要经验

（一）英国模式

英国是全世界最早走工业化道路的国家，也是区域发展极不平衡的国家。英格兰经济发展比较集中的地区在其东南部，而英格兰北部及西部、苏格兰、威尔士以及北爱尔兰等地的经济发展速度相对比较缓慢，为使区域之间发展不平衡的问题得到有效解决，英国政府采取了措施进行了干预。同时，在城市化的早期阶段，城市扩张速度较快给乡村发展带来了冲击，造成乡村逐渐衰落，乡村经济也出现了不断萎缩的现象，城乡居民之间的收入差距逐渐拉大，这就在很大程度上造成了城市与乡村的对立。在长达3个世纪的"圈地运动"以后，工业化发展到后期，为了减缓农村人口向城市无限扩张的步伐，并缓解城市化发展过程中造成的人口和环境压力，英国政府又颁布了《济贫法》《定居法》等一系列法律，限制农民自由迁徙，使英国出现了城乡失衡的发展局面。1928年为解决区域发展不平衡问题，英国政府成立"工业迁移委员会"，帮助困难地区劳动力就业。1934年，英国颁布了《特别区域法》，将苏格兰中部、东北沿海、西卡伯兰和威尔士南部划为特别区,政府支持这些地区的基础设施建设,并以投资补贴形式鼓励企业迁往这些地区。1940年,英国工业人口地理分布皇家委员会发表《巴劳报告》,提出英国区域政策实施"胡萝卜+大棒"政策,即采取刺激与控制相结合策略,许多建议被采纳后影响至今。

第二次世界大战以后,英国政府开始加强对贫困区域的支持力度。1945年颁布的《工业布局法》,将特别区改为发展区,并扩大发展区范围。政府采取企业贷款、提供投资补贴,以及对企业提供服务等多种政策工具,吸引企业迁移到发展区。1960年,政府颁布《地方就业法》取代《工业布局法》,将发展区改为165个小发展区,按失业率4.5%为线进行动态管理,对失业率降到4%以下的则不再享受受援待遇。进入20世纪70年代,英国成立全国性的工业发展执行委员会和6个地区性工业发展局,负责对受援助区域项目进行评估、协商和监督。把原来进入受援支持的企业,从制造业扩展到服务业,对于迁入受援区的企业按就业人数给予补贴。70年代中期以后,由于英政府财政困难,逐渐取消区域援助政策,以致受援区就业人口比例从1979年的47%下降到28%。截至20世纪80年代,英国进一步调整区域援助政策,鼓励老工业区新办企业,实行选择性援助政策。至90年代初,区域政策调整为鼓励落后地区自力更生,重点刺激当地企业快速发展,使区域增长的动力由外部投资转向内生发展。

作为第一个工业国家,英国也是世界上城乡统筹理论与实践探索最深的国家,"田园城市""卫星城"等概念来自于英国城乡统筹的理论或实践探索。英国也是世界上第一个制定城乡规划法和建立城乡社会保障体系的国家。第二次世界大战以后,英国在促进区域协调发展和城乡一体化发展上,主要做法有以下几方面:①实施逆城市化,将政府部门或下属机构向小城镇转移,公共事业单位、企业也紧随其后。由此,小城镇基础设施条件得到改善,与大城市的差距缩小,城乡一体化进程得到较快发展。②推行农业规模化经营,鼓励兴办乡村企业,农业规模经营也得到较快发展。③支持乡村基础设施建设。重视农村的道路、排灌、水电等基础设施及教育、文化、卫生等社会公共事业建设,充分挖掘农村生态环境的经济价值,逐步实现了乡村生活方式的城市化。④建立城乡一体化社会保障体系。从1927年开始,逐步建立起城乡居民的失业保险制度。⑤城乡统筹规划和立法。1947年英国颁布了《1947年英国城镇和乡村规划法》，1990年，颁布新的《城市规划法》，新法以城乡统筹为核心，强调城市和乡村的协调发展，完善了国家、区域、结构和地方规划体系。20世纪以来，通过产业转移、旧城改造等措施建设新城，以解决城市化快速发展带来的生态环境、社会管理以及经济结构转变等问题，促进了城市和乡村在生产方式和生活方式上的完美结合。

(二) 法国模式

法国作为西欧面积最大的国家，是欧盟最大的农业生产国，也是世界主要农副产品出口国，其农业产值占国内生产总值的3%~5%，用工人数约占总劳动力人数的2.2%，农业和林业用地占国土面积的87%，农业用地的96%为家庭所有。法国是农业生产水平很高的国家，甜菜产量居世界首位，葡萄酒产量居世界第二位，牛奶产量居世界第三位，肉类产量居世界第四位，小麦、玉米产量居世界第五位，蔬菜、水果和马铃薯产量居欧盟前列。法国城市化自1830年起，从10%提升到50%用了101年的时间。1993年，法国人均国民生产总值达到22490美元，其中第一产业占3%，第二产业占29%，第三产业占68%，第三产业份额占据主导地位。第二次世界大战前，法国基本上已经完成了工业化和城市化进程，为了缩小城乡差距，法国政府限制大城市扩张，大力发展中小城市，利用工业反哺，加大农业补贴力度，从而大大加快了农业发展。1945~1980年，仅30多年时间，法国就在实现工业化、城市化的同时也实现了农业现代化和城乡一体化。

(三) 德国模式

德国是世界上城镇化率较高，城乡发展较快的国家。德国在发展中十分注重大中城市与小城镇协调发展，形成了城乡统筹、分布合理、均衡发展的模式。德国城市分布均匀，11个大都市圈遍布全国，与中小城市相互联通形成有机整体。2004年，德国有82个10万人口以上的城市居住了2530万人口，占德国总人口30%，其余人口则生活在2000~10000人口规模的中小城镇。德国中小城市的交通、通信、电力、供水等基础设施十分完善，发达的交通网络四通八达，医院、学校、购物等所有服务设施一应俱全，与大城市相比毫不逊色，且乡村和小城镇环境优美，更适宜人居。德国法制比较健全，宪法赋予每个公民在选举、迁徙、就业、社会保障等方面的权益相同,无区域差别和城乡差别。城乡社会保障制度十分完善,并无城乡和个人身份差别。

三、亚洲、拉美国家城乡一体化发展状况

与欧美国家相比,亚洲、非洲及拉美国家的城市化和城乡一体化发展则更为曲折。除少数国家外,很多国家皆难以跨越"中等收入陷阱"。许多学者认为:发展中国家在城市化中受到工业化的约束,难以实现城市化和现代化的蝶恋。在工业化进程中,国际化分工使发展中国家处于产业分工下游,大多承担了工业化劳动密集型、效率低下的加工制造业等环节的生产,由此带来的低收入、高投入,以及发展中对环境造成的负外部性,使大多数发展中国家难以支付城市化的高成本。当然,这一过程也与国家的历史、政治、经济、社会等多方面的背景有关,城乡发展中的政策失误也是其重要原因之一。

(一) 日本城乡一体化发展经验

1868年明治维新时起,日本即开始近现代化征程,工业化与城市化同步,经济迅速发展。在战争时期,日本的城市化有所放缓,第二次世界大战结束后,重新加快工业化和城市化进程,出口导向型经济取得了空前成功,使日本迅速摆脱战争阴影,经济、社会快速发展。1950~1975年是日本城市化的高速增长期,其间城市人口由2915万增加到6337万,城市化水平由34.9%增加到56.8%,基本进入城市社会。1920年,日本仅有83个城市,至1950年增加到254个,1975年增加到644个。1950~1975年平均每年增加15个城市,至2005年日本的城市化水平为65.7%,城市人口为8400万人。

在日本工业化过程中,大量农村人口进入太平洋沿岸城市带,加快了城市化进程,在工业化和城市化取得成效的基础上,加强反哺农业和农村的措施,使城乡发展保持了同步。至1972年,日本城乡居民收入水平基本持平,1998年,农村就业人口的比重下降到占总人口的5.2%。

在推进城乡统筹发展上,日本采取了一系列比较务实的措施,主要表现在以下几个方面:

1. 保护进城农民利益

战后经济高速发展时期,日本大量农民离开土地进城工作,日本政府一方

面为新进城务工的农民提供与城市居民相同的社会保障和市民身份；另一方面严格要求企业保障劳动者就业，采用"终身雇用制"等方式确保农民在进城后不会因失业而陷入困境。

2. 重视城市布局，避免城市出现"贫民窟"

在城市人口急剧增长时期，依托轨道交通建设配套齐全的居民区，带动周边发展，东京周边的"首都圈"和大阪神户周边的"阪神圈"等发达经济圈应运而生。

3. 建立全国统一的社会保障体系

在日本，居民的养老、失业和医疗保险全国统一，不以地区或身份不同有所区别，居民迁移不受户籍限制。

4. 落实系列支持农村和保护农业的措施

支持农村道路、水利、通信、电力等基础设施建设，整治农村环境。推行职业训练制度，建立职业训练机构，鼓励社团和企业开展对农村的职业培训。提高农产品价格，给予农业补贴。大力发展中小城市，对落后地区进行综合开发。

(二) 韩国城乡一体化发展经验

20世纪60年代，韩国工业化发展快，曾创造了"汉城奇迹"。但在工业化过程中，由于忽视农村问题，使城乡差距扩大，曾一度使城乡居民的收入差距达到3∶1的畸形状态。

进入20世纪70年代，为处理好城乡发展中的矛盾，缩小城乡差距，韩国开展"新村运动"，经过几十年努力基本实现了城乡协调发展，截至2004年，城乡收入差距缩小到1∶0.84。

韩国新村运动大致经历了三个阶段：

第一阶段：新村运动初始阶段，主要为20世纪70年代，政府主导加快农村基础设施建设，改善农民居住条件。

第二阶段：新村运动转型发展期，主要时段为1981~1988年，建立完善的全国性新村运动民间组织，把新村运动转变为民间主导并达到高潮。

第三阶段：第二次新村运动阶段，1988年后开展以"生活改革运动"和"构建新的地区共同体"为核心的第二次新村运动。在新村建设过程中，韩国的工农结构发生了质的变化,从 1970 年至 1997 年,农业人口减少 990 万人,但农业总产值却增加了 2767 万美元。1998 年,农户平均收入实现 19897.1 美元,截至 2001 年,农业人口比重下降到 7.7%。

从韩国新村运动我们可以借鉴以下几方面经验:

1. 政府引导激励,村民主体意识强

村民是乡村建设的主体,建好乡村是为了村民更好地生活,怎样建设乡村应由村民说了算。韩国的乡村运动在村的具体项目建设上,由村庄决定,政府不强制推进。政府以实物形式对村庄建设进行补贴支持,大多以水泥、钢材等建筑材料兑现。

2. 注重乡村文化建设

韩国新村运动着力于提高村民文化素养,启发村民勤奋、互助、协同以及奉献精神,加强对村民的培训教育,建设各类文化设施,举办各类文化活动。

3. 建立严格的管理制度

划分中央、道(省)、郡(县)、面(乡镇)各级的政府职责,确保政策落实到位。由政府公务员在村里调查研究,收集整理有关数据;郡级负责监督有关政策落实情况,及时发现建设中的有关问题;涉及中央的职责在于掌握基层情况,及时调整和制定有关政策,加以推进和矫正。

(三) 拉美国家城乡一体化发展经验

当一个国家发展到中等收入阶段(人均国内生产总值 3000 美元),国内矛盾将进入集中发生期,收入差距、环境问题甚而社会动荡将阻碍国家经济继续增长,从而使国家长期处于增长徘徊和社会不稳定状态,这一道坎就是所谓的"中等收入陷阱"。从第二次世界大战结束以后,许多国家都陷入了"中等收入陷阱"的魔怔,难以实现向富裕国家俱乐部的跨越。100 多个国家和地区中,真正实现了跨越"中等收入陷阱"的除了部分石油输出国外,仅日本和被称为"亚洲四小龙"的几个国家和地区。在研究收入问题的大多数学者中,都把拉美国家作为典型案例。

第二次世界大战以后,拉美国家经济曾经一度以较快速度增长,阿根廷、智利、墨西哥、巴西、哥伦比亚等国均达到中等收入水平,有的国家甚至高于当时欧洲国家水平。1950~1980 年是拉美经济发展的"黄金期",整个地区经济年均增长5.3%，其中巴西在1968~1973年，经济更是取得了10%以上的增长。但是，随着20世纪70年代的能源危机引发的全球萧条，拉美国家长期坚持的"出口替代战略"出现严重问题，政府债台高筑，投资萎缩，经济下滑。1980~1990年，拉美地区经济增长率仅为1.2%。1979~1995年，法国、英国、日本、新加坡等经济体，先后跨越中等收入，进入高收入国家行业，但拉美国家仍停步于"中等收入陷阱"难以跨越，许多拉美国家停滞发展持续40年以上，其中阿根廷已达50年以上。

许多经济、社会学者分析拉美陷入中等收入陷阱的原因，大都仁者见仁、智者见智。大多数人认为，拉美问题既是经济问题，更是社会问题，其结果既与参与国际分工、国际政治背景，特别是国际萧条影响下的大环境有关，更与国内政治、社会和经济背景有关，在应对工业化、城市化诸多问题，面临重大战略选择时，政府宏观失策和微观管理失效也是其重要的因素。本书从三个方面对拉美难以跨越"陷阱"进行剖析。

1. 过度城市化带来城市贫穷化

20世纪中叶以后，拉美地区城市化发展很快，1950~1980年，巴西的城市化水平从36.2%上升到67.6%，墨西哥的城市化水平从42.6%上升到66.3%，此时的城市化水平，主要的拉美国家已与欧洲发达国家水平相当。至2000年，拉美地区城市人口占总人口的比重上升到78%，其中乌拉圭达到93.7%，阿根廷达到89.6%，巴西为80%。但与此同时，拉美国家工业化并未跟上城市化进程，亦即城市工业乃至整个经济增长速度远没有城市化进程这么快，以致大批乡村人口进入城市找不到工作，从而形成城市化的过程仅仅将乡村剩余劳动力转移到城市成为城市剩余劳动力，造成大批进城人口无工可做、无钱可赚、无处可居，城市出现大量贫民窟。墨西哥贫民窟人口约1470万人，约占城市总人口的20%。

2. 社会不公，矛盾凸显

截至20世纪90年代末，由于收入分配不公。巴西的基尼系数达到0.64，乌拉圭和哥斯达黎加低于0.48，但仍高于国际公认的警戒线。2003年，占拉美人口30%的穷人仅获得国民收入的7.5%，占人口10%的富人却拥有国民收入的60%，基尼系数达到0.6。由于社会不公，贫民游离于社会管理之外，严重影响社会安定。在里约,数百个盘踞山头的贫民窟成为滋生犯罪的温床,造成严重的社会问题。

3. 民粹主义盛行,政局不稳

极端的分配不公状况在民主制度框架内演绎为民粹主义与权贵主义激烈博弈,造成政治动荡不安。利益集团之间始终存在"变革与反革命"的斗争,各派政治势力轮流登场,政局不稳又对经济、社会秩序带来剧烈影响,加剧了不稳定状态。

第五章 城乡一体化模式探索与研究

党的十七大在部署社会主义新农村建设任务时明确提出,要建立以工促农、以城带乡的长效机制,以形成城乡经济社会发展一体化新格局。党的十八大进一步对推动城乡发展一体化做出新的制度性安排,十八届三中全会对如何健全城乡发展一体化体制机制做了全面部署。党的十九大再次强调要建立健全城乡融合发展体制机制和政策体系。10多年来,全国各省市立足于本地的实际情况,大胆实践,勇于创新,探索出了各具特色的城乡发展一体化模式。其中,成渝模式、苏州模式、浙江模式、上海模式等最为典型。这些典型模式既呈现出地方特色,又具有一般性,为进一步推动我国城乡发展一体化提供了可资借鉴的宝贵经验。

第一节 上海:大都市城乡一体化模式

上海是我国较早实施城乡发展一体化发展战略的地区之一,已形成具有国际大都市特色的城乡统筹规划模式。上海的城乡发展一体化,即是在全球城市的战略愿景下,突出构建以功能区布局和都市圈建设为带动的一体化框架,形成具有上海特点的"工业反哺农业、城市支持农村"体制机制,实现更高层次的城乡共同繁荣。

新型城镇化进程中的城乡一体化建设

一、上海城乡发展一体化的历程和成效

20世纪80年代中期,上海就开始了城乡一体化建设的进程,到目前已经经历了初步探索、正式起步和加速发展三个阶段,已经取得了预期的成果。

(一) 发展历程

上海市的城乡发展一体化进程可大体分为如下四个阶段:

第一阶段:20世纪80年代,上海市迈出了探索城市与乡村一体化发展的第一步。1984年,上海市相关部门制定了全国范围内最早的城市经济发展战略,其中明确强调了要采取相应措施大力推进"城乡通开""城乡一体"的发展目标。1986年,上海市制定了"一二三四"指导方针,来统筹协调城市与农村一体化发展的整体布局。这一指导方针的主要内容包括:尽快推进城市与乡村一体化发展的步伐,立足两个基本点——一是农民粮食由农村满足,二是城市粮食由城市边缘郊区满足,不断推进工业、农业、服务业三个产业之间的协调发展;建设四个基地——大工业集散基地、副食品生产基地、外贸出口基地、科研中试基地,以此来逐渐打通城市与乡村之间的贸易、文化联通及交流。在此方针的指导下,城市与乡村农民在收入方面的差距逐步缩小,城乡居民人均可支配收入比大约为1.3:1,与全国其他城市相比收入差距相对较小。

第二阶段:20世纪90年代,上海市以更加积极的态度不断推进城市与乡村一体化的进程。乡镇企业取得了一定的发展,城市和乡村在经济发展上的联系在逐步加深,城市和乡村之间的各种要素开始了较为顺畅的流通。这一时期上海出台了关于更加清晰的定位城市功能的发展指导方针,例如市区要展现繁华都市面貌、郊区要发展自身实力、农业要定位于城市农业、农村要定位成城市的郊区、农民要向着现代化农民不断发展等。这些方针的制定与实施,明显快速推动了上海市城市中心市区的发展建设步伐,而郊区农村在这一时期则未取得明显的发展,城市与农村之间的距离逐渐被拉大。

第三阶段:进入21世纪,城乡一体化发展全面加速。2002年,第一次召开上海市郊区工作会议。2005年,上海市提出了"规划布局合理、经济实力增强、人居环境良好、人文素质提高、民主法治加强"的社会主义新郊区建设目标。2009年,市委九届七次全会根据党的十七届三中全会精神,进一步提出农村改

革发展的实施意见。城市与农村一体化发展的相关政策——落地实施,政府机构不断加大对城市郊区农村建设的支持力度与财政投入,郊区的发展取得了较为显著的成果。然而,城市与农村之间仍然存在很大的收入差距。除此之外,农村在基础设施建设、社会事业建设等方面仍然处于相对落后的局面。

第四阶段:"十二五"规划以来,城乡发展一体化进入建立体制机制的决胜阶段。2011年出台的《上海市推进城乡一体化发展"十二五"规划》,明确提出了要以深化城乡体制机制改革创新为突破口,以"增收""投入""放权"为主要抓手,坚持新型城市化和新农村建设双轮驱动,突破城乡资源要素自由流动的制度性障碍,推进建立城乡一体的资源配置、优势互补的发展机制。2013年和2014年分别出台的《上海市推进城乡一体化发展三年行动计划(2013~2015年)》和《关于推动新型城镇化建设促进本市城乡一体化的若干意见》,都进一步围绕基本形成城乡一体的公共资源统筹共享机制方面给出了新的政策举措。2015年被喻为"上海城乡发展一体化路线图"的《中共上海市委、上海市人民政府关于推进新型城镇化建设促进本市城乡发展一体化的若干意见》正式出台。

(二) 主要成效

1. 经济实力不断增强,农民收入大幅增加

初步核算,2018全年实现上海市生产总值(GDP)32679.87亿元,比上年增长6.6%(见图5-1),继续处于合理区间。按常住人口计算的上海市人均生产总值为13.50万元。上海GDP总量和人均GDP增速,反映上海经济增速稳步换挡,综合实力继续增强。

2018年,全年实现商品销售总额11.95万亿元,比2017年增长5.6%。据抽样调查,2018年全市居民人均可支配收入64183元,比2017年增长8.8%,扣除价格因素,实际增长7.1%。其中,城镇常住居民人均可支配收入68034元,增长8.7%,扣除价格因素,实际增长7.0%;农村常住居民人均可支配收入30375元,增长9.2%,扣除价格因素,实际增长7.5%。全市居民人均消费支出43351元,比2017年增长8.9%。①

---

① 2018年上海市国民经济和社会发展统计公报[EB/OL]. http://www.stats-sh.gov.cn/html/sjfb/201903/1003219.html.

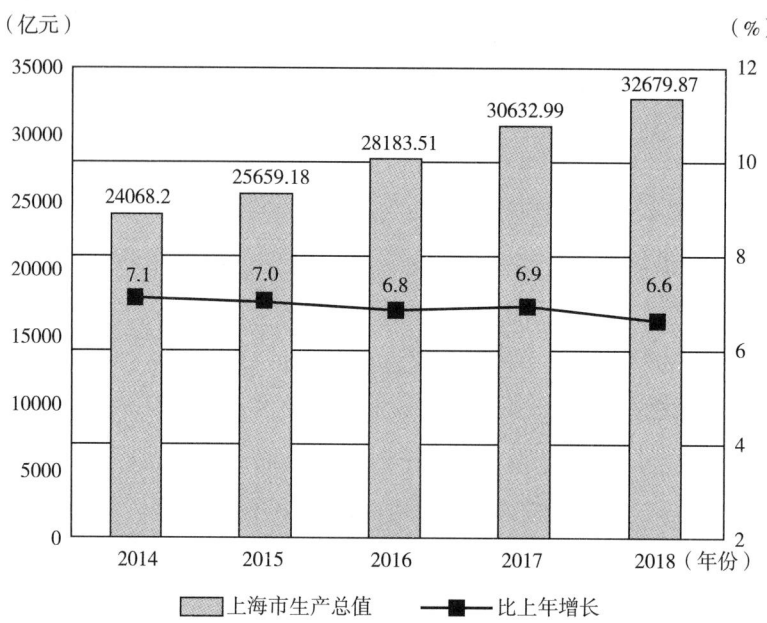

图 5-1　2014~2018 年上海市生产总值及其增长速度

2. 产业布局不断优化，现代农业蓬勃发展

上海中心城区和郊区的产业分工格局已经十分清晰。全年战略性新兴产业增加值 5461.91 亿元，比上年增长 8.2%。其中，工业增加值 2377.60 亿元，增长 4.2%；服务业增加值 3084.31 亿元，增长 11.3%（见表 5-1）。战略性新兴产业增加值占上海市生产总值的比重为 16.7%，比上年提高 0.3 个百分点。

表 5-1　2018 年战略性新兴产业增加值及其增长速度

指标	绝对值（亿元）	比上年增长（%）
战略性新兴产业增加值	5461.91	8.2
工业	2377.60	4.2
服务业	3084.31	11.3

2018 年全市实现农业总产值 282.48 亿元，比上年下降 4.4%。至年末，全市累计建成设施粮田面积 8.65 万公顷，市级蔬菜标准园 177 家，农业产业

化龙头企业378家,具有一定经营能力的农民专业合作社2865家,经农业主管部门认定的家庭农场4434户。至年末,全市有1701家企业、6396个产品获得"三品一标"农产品认证。其中,无公害农产品证书使用企业1342家,产品5824个;绿色食品证书使用企业350家,产品536个;有机农产品生产企业9家,产品22个;农产品地理标志14个。2018年上海市主要农副产品产量如表5-2所示。①

表5-2　2018年主要农副产品产量

产品名称	全市产量	比上年增长(%)
粮食(万吨)	103.74	4.0
蔬菜(万吨)	284.73	1.0
生猪出栏(万头)	148.86	-21.5
生牛奶(万吨)	33.44	-8.1
家禽出栏(万羽)	983.95	-22.7
水产品(万吨)	30.85	4.4

3. 就业保障制度日益完善,城乡覆盖基本形成

城乡一体的劳动就业服务体系初步形成,农村居民和城镇居民享有一样的就业政策和就业服务。农村社会保障水平不断提高,基本建成覆盖广,分类施保的农村社会保障体系。全年新增就业岗位58.17万个(其中战略性新兴产业19.37万个)(见图5-2)。全年共完成职业培训105.83万人。其中,农民工职业培训46.26万人。②

二、上海城乡一体化的发展愿景

上海是我国繁荣的国际化大都市,并将建成国际经济、金融、航运和贸易中心,拥有中国大陆首个自贸区"中国(上海)自由贸易试验区"。因此,讨论上海的城乡发展一体化,首先需要界定清楚体现上海这一特大型城市特点的

---

①② 2018年上海市国民经济和社会发展统计公报[EB/OL]. http://www.stats-sh.gov.cn/html/sjfb/201903/1003219.html.

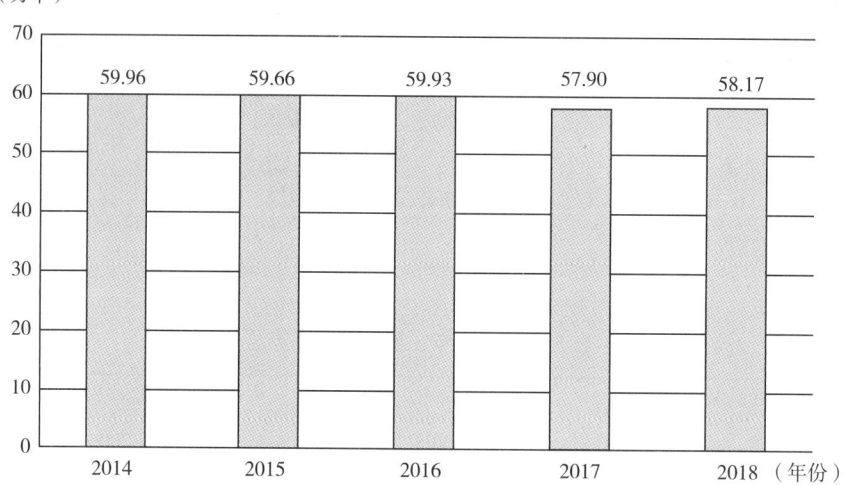

图 5-2 2014~2018 年新增就业岗位情况

理论内涵。上海是典型的特大型城市,承载着向现代化国际大都市发展的重任。按照上海新一轮的城市总体规划(2020~2040)确定的全球城市的战略定位,上海中心城区将逐渐扩展至如今的城乡接合部,同时伴随着新城区的不断涌现,郊区的新城市则逐步扩展至农村地区,且也将进一步向成熟城市社区的方向发展。

这一规划中体现了上海城乡一体化所体现的两个独有特点:第一,全球城市效应。上海市作为全球城市,其在发展过程中要求不断优化城市功能布局及要素配置,不断拓展城市市区范围,不断加深城市化的程度。正是由于这一特点,上海郊区相比于其他城市的郊区具备更加强劲的内生动力。第二,大都市圈对周边农业的带动效应。随着上海的发展,周边有大量的农村人口涌入城市,农村集体产权价值也在不断上升,同时市区中的市民越来越注重农业的绿色性及生态性,越来越渴望体验美丽乡村的魅力,这些都使得上海在城乡一体化过程中具备其他城市无可比拟的优势。

另外,上海所谓的乡村,其中既包括如今的农村地区,也包括已经城镇化的早期农村地区。因为新城镇自身尚保留着鲜明的"三农"特色,尚未发展成为真正意义上的城市。举例来说,闵行、宝山两区已经进入到城市化的一定阶段，但是其中仍然不乏农民的身影，也普遍存在着与农村集体产权、农村集体经济相关的新市民。假如我们放大来看，数量巨大的农民进城务工，生活在城市中的城乡接合部，城市居民与这部分农民工之间形成了新型的二元结构，其中存在着更加复杂的二元结构问题，也可以说是另一种意义上的农村。所以，上海市在发展城乡一体化的过程中要直面两个问题：一是中心城区与整个郊区的发展一体化问题；二是郊区新城新市镇与郊区农村地区的发展一体化发展问题。

三、上海城乡一体化的主要措施

基于上海市多年实践经验及周边地区的成功经验，如果只依赖中心城区的反哺郊区，就无法在城乡发展一体化上有所突破。要加快推进上海城乡发展一体化，需要全面推进郊区综合配套改革，把城乡发展一体化更多地建立在强区强镇基础之上。

（一）下放经济社会管理权限

城市在发展过程中经常出现的矛盾是城镇承担的责任较大，手中的权力较小，以及城镇功能性相对较弱。为此温州市最早在全国范围内提出并践行"镇级市"的概念，下放给城镇更大的权力。随后多省就此开展实验及推广。上海市作为全国的重点城市，一方面要不断赋予城镇更大的权力，另一方面更要大力增强城镇的功能，要积极吸取各省试点的成功经验，充分发挥上海市作为国际大都市所带来的独特优势，着重加强城镇的商贸性及工业性，使其逐渐承担起镇域经济对城市一体化发展所起的支撑责任。

上海市郊区的一些新市镇目前实际规模已经达到中等城市标准，但在行政体制上仍是"小马拉大车"。因此，需要构建差异化的城乡管理体制，以人口规模较大的新市镇为对象，赋予其更多的发展自主权和管理权。即在不破坏原有组织体制的基础上，变革管理方式，将管理重心和操作重心下移，变直接管理为授权管理，给予郊区政府、新市镇政府在经济发展、社会民生、城市管理等方面更大的自主权，充分发挥基层的积极性，增强节点新城的活力。积极推动复制，尽快释放改革红利。

(二) 打造梯度式城镇空间格局

多年来，上海着重发展主城区，对郊区发展的定位则是主要发展制造业，忽视了服务业的发展，郊区缺乏社会事业、公共交通等基础设施配置，最终造成郊区只承担了主城区分散出来的居住功能，而无法形成相对完整的产业发展链条，因此郊区新城始终没有具备作为城市的完备功能，因而也就无法形成以中心城区为龙头、节点城市为支撑，小城镇和新农村为基础的梯度城镇空间布局。因此，需要聚焦节点新城，积极改善郊区发展环境。一是统筹交通规划，加快大交通体系建设；二是统筹大型市政配套，引进国际性的教育医疗和文化体育项目，加快功能性项目建设；三是统筹优质公共服务，加快人才配套倾斜，把宝贵的公共资源向郊区倾斜，为未来发展奠定了更好的基础。

(三) 深化农村产权制度和土地制度改革

目前，全国各地都在积极深化农村产权制度和土地制度改革。作为特大城市的上海，依然不能放松对这两项改革的推行。深化农村产权制度和土地制度改革，一方面有助于建立增加农民收入的长效机制，另一方面有助于建立健全城乡统一的要素市场，尤其是土地市场。所以，上海要大力推进农村集体经济产权制度改革和土地制度改革，积极探索增加农民财产性收入和激活农民创业要素的新路子。通过农村集体经济产权制度改革农村土地制度改革，完善土地公开流转的市场，促进农业的现代化规模经营。

(四) 抓好江南水乡修复工程

曾经的江南水乡风貌在上海郊区已所存无几，在全面推进城乡发挥着一体化的进程中，上海认真借鉴国内外的经验教训，努力打造国际大都市的美丽乡村。一是划定片区，规划先行，精心设计江南水乡修复工程。尤其是在位于主城区和新兴城镇之间的过渡地点，划出专门区域实行江南水乡修复工程，这一举措一方面能够遏制主城区的不断蔓延，另一方面也能够满足市民对新鲜空气和生活质量的需求。在这些划定区域，要率先实施"四规合一"，一张蓝图绘到底。二是加快实施修复工程重点项目，以重点项目（包括村庄整治、河网整治、农田园林化、农业生态化等）建设带动生态环境治理，加大力度开展环境整治工作，争取早日解决这一难题。

第二节 浙江：小康新农村模式

浙江地处我国东南沿海，长江三角洲南翼，土地面积仅10.55万平方千米，是中国面积最小的省份之一。伴随着改革开放的不断深入，浙江省逐渐摆脱资源小省的桎梏，发展成为经济大省、工业大省、总体小康省份，在新世纪获得了新的发展。浙江作为全国率先跨入工业化中后期的省份，一方面取得了工业化、城市化的快速发展，另一方面也逐渐受到工农差距、城乡差距、贫富差距问题的困扰，"三农"已经不容忽视。为此，浙江以建设小康新农村为目标，进行了十余年的不懈探索，形成了以"千万工程"和"义乌模式"为典型的浙江模式。

一、浙江城乡发展一体化的主要措施

与全国其他省份相比，浙江省制定城乡一体化的时间较早，并且取得了较为显著的成效。党的十六大以来，浙江从实际出发，深入推进城乡一体化发展方案，以率先建成小康社会为城乡一体化的发展总目标，逐步推进城乡统筹发展的步伐，将促进城乡一体化发展落到了实处。经过10多年的着力推进，浙江省城乡一体化的发展水平已经超过了全国大部分省份，初步形成了新型工业化、新型城市化、新农村建设和农业现代化互促共进，以城带乡、以工促农的城乡一体化发展新格局。

（一）大力推进"千万工程"

浙江坚持以科学规划为龙头，优化城乡生产力和人口空间布局、统筹城乡基础设施和社区建设，针对农村建设明显落后于城市建设的状况，2003年，浙江省委做出实施"千村示范万村整治"工程的重大决策，揭开了美丽乡村建设的序幕。即在全省4万个村庄中，选择1万个行政村，进行生态环境的全面整治，利用5年时间，把其中1000个中心村建设成"全面小康示范村"。十年多来，浙江的"千万工程"走出了一条由点到面，由浅及深，先局部后整体的整治的道路。"千万工程"推进到哪里，相关配套就跟到哪里，把康庄工程、联网公路、万里清水河道、农民饮用水、绿化示范村、农村土地综合治理、农村危旧房改造、农村电气化、现代商贸服务示范村、小康体育村等都结合在一起。可以说，"千万工程"让浙江农村的面貌发生了历史性的变化，农村落后于城市的状况明显改善。

（二）积极发展高效生态农业

浙江通过推进城乡产业结构战略性调整，大力发展民营经济、县域经济、特色板块经济，大力发展生产性服务业、商贸服务业和生活型服务业，从而夯实城乡经济协调发展的基础，不断提高以工促农、以城带乡能力。

浙江把发展高效生态的现代农业放在十分重要的位置上，从农业资源紧缺和发挥比较优势的实际出发，以市场为导向，促进农业结构的调整。在高度重视粮食生产能力的同时，积极推进蔬菜、茶叶、果品、畜牧、水产养殖等十大主要产业的培育。目前，这些农业主导产业的产值占农业总产值的70%以上，成为农业增效的重要支撑。同时，浙江把农田园区化建设作为现代农业的基础工程，全面启动了粮食功能园区、现代农工示范区、精品农业园区建设，全面提高农田水利、标准渔港、标准鱼塘等基础设施建设水平。把培育现代农业经营主体作为增强现代农业活力的关键环节来抓，大力培育农业专业大户、家庭农场，积极发展以农民专业合作社和农业龙头企业为骨干的农业产业化经营服务。如今浙江省高效生态农业发展生机勃勃，已成为农民增收的新亮点。

（三）推进基本公共服务全覆盖

基本公共服务是城乡居民最重要的民生保障，而农村的公共服务由于长期的二元结构使其严重缺失和落后。为此，浙江省把推进城乡基本公共服务均等化作为城乡一体化的重点，切实加大财政投入，全面实施城乡基本公共服务均等化行动计划。

第一，积极推行城乡教育均衡化发展，成功推进城乡免费义务教育，以及学前三年到高中段的15年基础教育。

第二，积极寻求办法解决农村地区的医疗问题，让农民看病更加方便、更加优惠。大力推行县乡村三级公共卫生服务体系建设，全省普遍建立了公共卫生服务中心和中心村卫生室，许多乡镇还建立了责任医生制度和村卫生室配合全科医生的制度以及基本药物统一配送制度,在很大程度上消除了农民看不起病的难题。

第三,普遍建立了新型农村养老保险制度,在全国率先实施最低生活保障制度,建立了被征地农民基本生活保障制度,386万被征地农民纳入了社会保障,做到应保尽保。

第四,加强农村文化体育建设,启动实施了"新农村文化建设十项工程"和农民小康健身工程。

(四) 鼓励全面创新创业

浙江着力推进全民创业,以创业促进就业,增加城乡居民收入、实现充分就业。鼓励城乡居民,特别是农民群众打破城乡分割和体制障碍,开展多领域、多形式的创业和创富活动,形成了"企业创大业、能人创新业、农户创家业、干部创事业"的良好氛围和"百万能人创业带动千万农民转产转业"的创业就业新格局。各地把农民持续增收的重点放在全面发展农村经济、大力扶持中小企业、鼓励农民进城创业就业上,整体推进城乡经济结构和劳动就业结构调整。依托县城和中心镇形成了一特色主导产业为支撑,大中小企业专业化分工、社会化细作的特色块状经济新格局,成为农民创业就业和增收致富的强大支撑。

二、浙江城乡发展一体化的典型:义乌模式

浙江城乡发展一体化模式中,最具特色的当数义乌模式。义务模式也可以说是我国以商兴农的典型。进入21世纪后,义乌在"兴商建市""贸工联动"战略指引下,不断扩张中心城区,一大批郊区农村转变为城市,越来越多的农民转化为市民,城乡分割建设和差别发展的弊端日益显现,城乡联动和一体化发展的要求日益迫切。为此,义乌于2003年7月制定了《义乌城乡一体化行动纲要》,要求将义乌1105平方千米市域进行整体性、一次性的规划,整合人口和产业布局,优化各种资源配置,缩小城乡差距,促进城乡一体化。这是浙江较早关于实现城乡一体化的政策文件,义乌也因此成为浙江较早为消除城乡差距制定时刻表的城市。经过十几年的统筹城乡发展,义乌的城乡一体化建设取得了显著的成效,"农村像社区、农民像市民、城乡融合,共享现代文明"

的蓝图，正逐步变为现实。

(一) 义乌市城乡发展一体化的成就

义乌位于浙江中部，面积1105平方千米，是浙江金华下辖县级市，也是浙江四大区域中心城市之一。作为世界小商品的"天堂"，义乌的市场大发展不仅为其经济发展带来了雄厚的资金积累，而且对城市化和城乡统筹发展也起到了决定性作用。

义乌依托小商品贸易及相关第三产业的迅速发展，吸引了大量农村和外地人口向义乌城区集聚。在启动城市化进程的同时，又依托市场国际化、产业集群化、城市现代化的基础和趋势，把握城乡一体化发展的要求和规律，坚持工商反哺农业和城市支持农村的方针，积极推进农业产业化，不断加大城乡基础设施建设力度，大力推动农村向社区、农民向市民、农业向企业转变，努力促进城乡融合、共享现代文明，取得了显著成效。有理由相信，义乌将在已有的良好发展的基础上，率先在全国形成城乡发展一体化新格局。

(二) 义乌市城乡发展一体化的主要特点

义乌推进城乡发展一体化起步早，措施有力，效果显著。主要呈现以下几方面特点：

1. 因村制宜分层次推进

不同地区的农村因为地理位置、历史文化、集体经济等条件的不同，其收入与发展观念也存在一定的差别。义乌充分发挥农村的自身基础特点，通过旧村改造、村庄整理、异地奔小康三个手段制定措施，分别给予指导，从不同层次上逐步推进农村的发展与建设。义乌在推动城区与农村经济发达村的改建工程中，根据"成熟一批、改造一批"的标准，分别建设成了高层公寓、水平房、垂直房等整合社区，以轮换建设的形式最终完成了独立型社区的建设。

位于城郊边缘、经济较为薄弱的农村和城区，义乌对其开展村庄整治工作，合理规划、建设地下管网、治理湖塘、拆除危房，通过治理使其生活环境上升一个档次。

2. 加大资金投入

统筹城乡发展，改善农村面貌，必须加大对农村基础设施的投入。市政府按照"政府补助、市场运作、信贷扶持、农户自筹"的思路，通过多种形式、多种渠道来筹集开展城乡一体化建设所需要的资金。2002年以后,市政府每年安排1亿元资金,各镇、街道每年配套1亿元资金,每个季度向下发放,用以对农村当前的环境及设施进行改造与整治。

市政府向农村拨款,体现的是工业反哺农村、城市支持乡村的发展规律。当前义乌的商贸业及工业均实现了较为快速的发展,市政府出台多项政策支持以商强农,引导工商业贡献自己的力量以带动农村的发展。除此之外,市政府将财政总支出的1/3以上用于城乡一体化的建设及集中解决"三农"问题,以推动农村交通、教育、卫生等领域的发展。

3. 加强配套改革

城乡二元结构是我国长期发展的结果,在很大程度上阻碍了城乡一体化的发展与建设。义乌从制度改革入手,逐步开展了征地、养老、就业、医疗等一系列制度改革,从根本上打破城市与农村之间的壁垒,大力推动了城乡协调发展,加快了社会主义新农村建设的步伐。

义乌大力推动城市化的实施,使得当地出现了大量失去土地的农民。为了保障这部分人群的权利,义乌制定了《被征地农民养老保障暂行办法》,将符合条件的被征用土地的农民纳入参保范围,义务市财政按每人2.12万元的标准将钱逐年纳入被征地农民养老保障基金财政专户,并列入年度财政专项预算。就农民个人来说,只要缴纳4000元就能够享受养老保险。

为了推进农村劳动力的顺利转移,义乌还出台了《加快农村劳动力向二三产业转移的若干规定》,设立创造就业岗位奖,对使用本地农村劳动力达到用工总数20%以上的各类工商企业实行奖励。同时,实施村企结对制度,组织企业与农村结对。并通过大力开展"市场带百村、企业联万户"活动培育经纪人,积极扶持发展以"农家乐"为主的农村旅游服务业,开办"农家餐",帮助农民增收。

(三) 义乌城乡发展一体化的主要经验

总结义乌城乡发展一体化的经验,可以归纳为以下几点:以经济建设为核心,以优化发展环境为前提,以农民增收为目标,以城乡平等为宗旨。

1. 坚持经济建设为核心

在义乌推动城乡一体化的进程中,大力发展商业、兴建新型城市、用商业推动工业发展、使贸易与工业联合发展等一系列政策与措施起到了重要的作用。义乌兴建商品市场,一方面带动了城市建设与发展,另一方面也为开展民营活动的中小企业农村提供了行业支持与服务。蓬勃发展的商品市场为民营企业的发展提供了丰富的原材料采购及产品销售渠道,同时使得民营企业能够以较小的成本获取市场利润,最终大力推动了义乌农村民营中小企业的发展。

2. 不断优化发展环境

市政府在策划改良发展环境的基础设施时,遵循小商品市场的发展规律,将城市与农村视作一个整体进行规划,最终出台了《义乌市城乡一体化行动纲要》,统筹规划了市内的农村地区,大力推动了农村基础设施建设;以全市大交通网络的视角,将农村道路纳入城乡一体化现代交通建设的综合体系中来,全面提升城乡交通的运输效率,为小商品市场的发展提供便利的交通条件。此项措施改善与优化了义乌发展环境,实现了城乡基础设施的统筹建设,为小商品市场的发展提供了便利的条件,同时也为广大农村创造了招商引资的机会。

3. 逐步缩小城乡收入差距

2007年,我国城乡居民收入比扩大到3.33∶1,城乡居民收入差距还在不断扩大。同年义乌城乡居民收入之比为2.48∶1,优于国家平均水平指标。在缩小城乡居民收入差距方面,义乌大力开展了城乡一体化建设,最终目标是不断提升农民的收入水平。其中,市政府制定实施的统筹措施主要包括以下几项:

第一,实现工业与农业的发展融合,鼓励以商强农,支持工商业开展农业开发项目,以此来推动农业不断朝着产业化的方向前进,提升农民的劳动生产率。

第二,在推进城乡一体化建设的过程中,统筹规划生产基础设施建设,不断改进农村生产与生活环境,以实现农民收入的不断提升。

第三,统筹规划城乡生产保险事业,并在补贴政策中适当向农民与农业企业倾斜,在一定程度上降低农业生产风险,为农民收入提供强有力的保障。

第四,统筹规划城乡财政补贴,并提升对种粮农民的补贴额度,同时免除与农业种粮相关的税收及收费,使得农民的生产成本能够得到一定程度的降低。

第五,大力开发新的农民增收渠道,义乌利用义乌小商品市场的蓬勃发展,制定措施鼓励农民开展相关的加工业与流通服务业,使得农民有更多的收入来源。

4. 农民平等分享发展成果

义乌在大力促进商贸和工农业发展的同时,积极统筹城乡社会事业发展,努力消除阻碍农民平等获得生存权和发展权利的体制性障碍。不仅制定了《义乌市城乡一体化行动纲要》,明确了城乡发展一体化的总体思路和主要任务;而且相应地建立健全了城乡统筹的组织保障体系,设立了市、乡(镇)和街道两级的一体化行动领导组织机构,负责落实城乡一体化行动工作机制,并把其纳入工作考核,特别是在完善城市带动农村、工业反哺农业的体制机制上下功夫,深化改革,完善配套政策,如建立城乡一体的公共财政体制,深化投融资体制改革,拓宽市场化投资渠道,加大对城乡公共设施建设的投入;完善户籍制度、城乡统筹就业、社会保障、农村房产抵押信贷制度和土地流转机制等有关配套政策。

第三节 成渝:"以城带乡"+"异地转移"模式

成都和重庆这两个城市同处于四川盆地,均是现代化城市与落后的农村并存,是典型的大城市带大农村,城乡二元结构矛盾突出,城乡差距较大。2007年6月,重庆和成都同时被国家确定为统筹城乡综合配套改革实验区。自此,一场统筹城乡发展、平衡城乡利益、重建社会结构的变革开始了破冰之旅。

国家对试验区的定位是:为统筹城乡发展探路,尽快形成统筹城乡发展的体制机制,促进城乡经济社会协调发展,也为推动全国深化改革、实现科学发展与和谐发展发挥示范和带动作用。据此,成渝两地在推进城乡发展一体化的具体实践中,根据各区县的自然条件、历史文化、经济发展水平的差异,解放思想,大胆创新,抓住西部大开发和城市化加速发展的历史机遇,积极推动城乡一体化的发展，努力促进城乡共同繁荣，形成了各具特色的城乡发展一体化模式。

从总体来看，成都城乡发展一体化的典型模式是"以城带乡"为主，而重庆是以"异地转移"为主。这与两个城市的地形地势、农业发展基础和工业现状以及成都"双核共兴、一城多市"和重庆"一圈两翼"的发展战略密切相连。

一、成渝地区城乡发展一体化的多种模式

成渝地区即成都与重庆两座城市周边及之间的区域，社会发展基础良好，自然生态条件相对优越，是中国西部经济最发达的区域，也是西部最重要的经济中心。针对西部地区普遍存在城乡差距问题，成渝地区率先开始探索城乡发展一体化的可行路径，逐渐摸索出一些各具特色的城乡发展一体化模式。

（一）五朵金花模式：转传统农业为休闲经济

"五朵金花"是指成都市锦江区（中心城区）三圣乡的五个小村子。成都市政府按照"城乡发展一体化"的要求，围绕休闲观光农业这一主题，因地制宜地把这五个村子分别打造成"幸福梅林"（幸福村）、"江家菜地"（江家堰村）、"东篱菊园"（驸马村）、"荷塘月色"（万福村）、"花香农居"（红砂村）这"五朵金花"，实现了一区一景一业错位发展的格局。

"花香农居"将发展重点放在建设中国花卉基地这一点上，举办形式多样、内容丰富的花卉艺术节，吸引各地人们前来参观与学习。"荷塘月色"拥有得天独厚的1074亩水面这一天然条件，不断推进水岸经济的创新与发展，抓住了独特的发展优势。"东篱菊园"则依托当地的丘陵地势，大力推进与发展菊文化，形成自身特色。"幸福梅林"以3000亩坡地栽种20万株梅花，给人以浩瀚的视觉享受，同时其中穿插建设梅花博物馆，让人们了解与梅花相关的历史与文化。"江家菜地"将共计500余亩的土地划分为0.1亩的小块菜地，成都市民可以以每年800元的价格选择一块用来种植各色蔬菜等绿色植物，以满足其对绿色产品的需求。成都市锦江区充分利用当地这些资源，大力发展乡村旅游，经过几年的发展，不仅极大地促进了农民的增收，更使这"五朵金花"成为远近闻名的旅游景区和城乡一体化的样板。

"五朵金花"模式在成都市的城乡一体化过程中有着典型的代表意义,对我国大中城市近郊一体化也有较大的借鉴意义。"五朵金花"模式的成功有两方面的原因:一是政府的推动作用在"五朵金花"的城乡一体化过程中起着至关重要的作用,不仅牵头制订了"五朵金花"的景区规划,还投入了8300万元用于乡村基础设施的建设。二是通过市场机制配置资源,通过引进成都维生、台湾大汉园林等花卉龙头企业,引入社会资本,为"五朵金花"的打造提供了资金基础。通过这些龙头产业的带动,扶持大量的相关企业成长,形成了以花卉加餐饮为主的乡村休闲观光旅游特色。"五朵金花"模式使得农民不必离开家乡,就可以在当地实现市民化,一方面使得农民的生活环境更加完善,另一方面也为城市居民开放了休闲去处,推动了传统农业向着休闲农业的转变过程。

(二) 花碑模式:新型社区+村企结对

花碑社区面积6063亩,耕地3398亩,下辖18个村民小组,983户,3097人。花碑是建设较为成功的新型社区模式,是成都新农村建设示范点之一。其采取的有效措施主要包括三点:第一,使得分散农民集中居住,形成主力社区。社区占地60亩,农户145户,472人,社区内公用设施建设完备,广场、图书馆、放心商店、福利院等可以满足农民的生存与休闲需求。第二,在拓宽就业渠道方面,社区实行"村企结对、车间进社区、加工进农户"措施,最终使社区局面实现了92%的就业率。第三,统筹城乡产业支撑体系,采取"龙头企业+专合组织+基地+农户"的发展模式,依托龙头企业和专合组织,规模流转土地2000亩,大力发展大棚蔬菜、食用菌等高效经济作物种植,以此来推动农村产业经济的快速发展。

花碑新型社区所实行的农民集中居住模式,需要在政府的统筹指导下开展。农民迁进集中社区之后,距离自家田地距离较远,耕种较为不便,所以花碑社区实行土地流转,社区耕地统一出租给农业公司,农民只需负责收取租金。花碑社区的农民不再具备家畜生禽的养殖条件,使得农民在收入上有所降低,政府对此统一给予补助。所以,花碑模式的成功实行,需要政府给予大力的经济支持,一方面要给农民建房补贴,另一方面还需对农民的基本生活给予一定的保障,还需支付社区建设费用。总结来说,要想成功实行花碑模式,政府需要具备一定的经济实力、强有力的领导能力，同时培育或者引进优秀实业家带动当地特色产业发展。

(三) 龙泉驿区模式：农民下山+产业上山

成都龙泉驿区位于成都市东部，是国务院正式命名的"中国水蜜桃之乡"。龙泉驿区受制于自身地理条件，坝区和山区并存，两者的发展状况存在极大的不平衡。跨区域整合的生态模式，即统一规划与组织山区农民逐步进城，在山区大力发展生态产业，同时不断延伸产业链条。

龙泉驿区模式的试点村庄是龙泉山深处的大兰村，在政府的主导下，将大兰村的村民逐渐转移到城市近郊的龙华村。中信集团投入资金、项目，与龙华农民办股份合作社并接收万兴乡大兰村农民组成股份公司。根据"两村整合、参股入社、拆院并院、生态移民、权益平等、共享成果、国企带动、政府扶持"这一发展思路，将发展较为落后、收入水平较低的大兰村与发展较为先进的龙华村进行统筹整合发展，最终促进两个村子经济的整体发展，提升农民的收入水平。区域经济发展较不平衡的农村地区可以适当借鉴龙泉驿区的发展模式。

二、成渝地区城乡发展一体化的主要经验

成都和重庆作为国家统筹城乡综合配套改革试验区，结合自身特点，先行先试、创新改革，在统筹城乡发展的重点领域和关键环节做了积极的探索和实践，积累了很多好的做法和经验。这对于我国在全面建成小康社会的决胜阶段进一步推动城乡发展一体化，具有重要的借鉴意义。

(一) 政府引导和市场运作缺一不可

无论是成都的"三个集中""六个一体化"和"四大基础工程"，还是重庆的四大制度创新；无论是"五朵金花"模式、花碑模式，还是龙泉驿区模式、双溪村模式，从启动到推进，从建设到管理，始终体现了政府的引导和市场运作的双轮驱动。比如，近几年来"五朵金花"在开展旧村庄改造工程时，拆迁涉及关乎农民切身利益时，最终仍然是由政府进行调节与指导。各级政府本着"宜拆即拆、宜建则建、宜改则改"的求是精神，改造了3000多户旧农居，把原来的6个行政村合并成5个景区，农民在新景区就地转市民，统一缴

第五章 城乡一体化模式探索与研究

纳"三金",按照城市社区进行管理。区政府和街道办先后投资建设水、电、路、气和污水排放等公共设施建设。在政府的推动引导下,企业和农户投资8000多万元用于整修农居、新建花卉市场和游泳馆等经营性项目。

(二) 在城乡空间融合发展上求突破

重庆和成都在开展城乡发展一体化建设的相关工作、统筹城乡发展规划的过程中,始终坚持对当前运行的城乡规划管理体制机制根据实际情况做出改革与完善,最终这一举措为推进城乡一体化发展起到了重要作用。用成都作为事例来展开分析,成都很久以来都在城乡规划方面存在一些弊端,例如农村因为缺乏规划导致无序开发,城市规划较实际发展更为滞后等。为了改变这种现象,成都着重对城市规划管理关系做出了调整,让城市规划管理局统一负责与城乡建设有关的规划工作,并根据城乡规划工作的需要,从市到乡依次分层次设置规划行政管理机构,以增强对城乡建设的规划与监督力度,从整体上系统地根据区域发展定位、产业发展、基础设施以及村庄建设布局等建设要求做出规划,使得城乡统筹发展能够在科学规划的引领下高效快速地展开。

在对"五朵金花"进行整体规划时,成都市政府制定了"五化"的发展思路,具体来讲即农村房屋改造景观化、基础设施建设城市化、配套设施整改现代化、农村景观打造生态化、土地开发规划集约化,科学合理的规划方案有效地指导了国家级品牌观光休闲农业大平台的打造。在规划方案的推行进程中,政府、企业、农户联合起来朝着目标蓝图努力,最终使得"五朵金花"成为城乡建设一体化的标杆品牌。

(三) 突出地域特色产业的支撑作用

根据自身的资源特征和独特优势对产业结构做出合理的调整,最终使得城乡一体化取得显著的成绩。"五朵金花"借助当地引人入胜的旅游资源走出一条旅游产业领头的经营与盈利模式,利用旅游资源带动土地开发,从而不断增大土地的产出效益,为"公司+农户"的合作模式带来良好收益。龙泉驿区模式中,龙华社区的发展指导思路是让农民走出大山、让产业改造大山,引入企业、专业协会与农民开展合作,不断发展大兰村的生态农业、现代农业、休闲旅游产业,同时不断完善龙华社区的物流、购物、工业等产业,使得合流之后的农村社区生活更加便利,就业更加充分。

(四) 积极推进农民变市民的身份转变

成都市和重庆市政府在推进城乡一体化建设的进程中，一直将农民身份的转变作为重点问题进行解决，不断改革当前户籍制度与相应的配套制度，最终使得农民一部分转变成城市市民，一部分转变成现代农民。试点地区的农民收入出现显著增加，他们一方面收取土地转租租金，另一方面通过进入工厂工作挣取工资，同时获得一定的社会保障。

"五朵金花"城乡一体化发展模式中，农民就地转变为市民身份，同时能够实现收入的增加，其收入除了土地转租租金与工作薪金之外，还有股金和保障两种收入，较改造之前收入大大增加。全区农村劳动力全区农村劳动力已转移就业9790人，登记安置失地农民就业率达89%。

不过，成渝两地是在城市中心区周边打造的城乡一体化发展典范。这个地区因为靠近主城区，因此相较于偏远的农村荒凉地区，拥有无可比拟的区位和交通条件，并且能够较为便利地接受来自成都与重庆的产业、技术、人才等发展资源，再加上自身本来具备较高的发展水平，因此最终能够取得成功。然而对于地处偏僻地区的西部农村来说，如何更有成效地推进城乡一体化建设，仍然是一个值得深入探索的课题。

第四节 苏州：城乡协调发展模式

苏州是我国著名的历史文化名城、重要的风景旅游城市和长三角的中心城市之一。2008年8月江苏省委、省政府批准苏州市作为全省城乡发展一体化综合配套改革试点区，率先进行实践探索。探索通过新一轮制度、政策、管理等方面的创新，为农民收入增长寻求更大的空间，为现代化规模农业发展铺平道路，为新农村建设创造条件，为土地资源节约、城乡环境保护等提供制度性保障。

一、苏州推进城乡发展一体化的整体情况

21世纪以来，如何推动我国城乡二元体制的进一步发展与转变，是多方

共同关注的一个关键问题。苏州南部地区是全国范围内经济增长较快、富裕程度较高的地区,这一地区具备良好的基础来引入新的发展理念,追求城市与农村各方面的协调融合发展,消除城市与乡村之间发展不平衡的根本问题,以争取在新时代实现更加全面的发展。

苏州近年来积极探索破除城乡二元结构现实路径,基本建立了城乡一体规划、富民强村、现代农业发展、生态环境建设、公共服务均等化五方面的长效机制,城乡一体化已成为苏州最大的特色、最大的优势和最大的品牌。《苏州市新兴城镇化与城乡发展一体化规划(2014~2020)》提出了七个方面的发展目标:一是城乡发展一体化质量显著提升。二是产业空间创新能力进一步提升。三是城乡空间布局形态进一步优化。四是城乡基本公共服务均等化水平进一步提高。五是城乡可持续发展能力稳步提升。六是城乡发展一体化的体制机制不断完善。七是土地节约集约水平进一步提升。落实和完善节约集约用地制度,全面推进土地利用和管理法制化、信息化、规范化建设。到2020年末,全市单位GDP占用建设用地降低40%。

二、苏州市城乡一体化建设的特点

苏州市推进城乡发展一体化主要呈现出以下三个方面的突出特点:

(一)节约集约发展呈现新优势

苏州不断加快工业发展的步伐,对当前的经济结构做出了合理的调整,对产业结构也进行了进一步的升级,在这一过程中意识到节约集约利用城乡土地是关系城乡一体化发展的关键因素,同时从发展现代农业及建设新生态农村的视角出发,制定了"把空间让给城市,把利益留给农村"的发展思路。也就是以土地利用总体规划、城镇村规划为依据,以确保耕地面积不减少为前提,统筹安排城乡土地资源,优化各类用地布局,提高土地集约利用水平,促进城乡发展一体化。因此,苏州市按照"空间布局更优、形态面貌更美、产业发展更强、资源利用更高效"的要求,实行城乡建设用地增减挂钩,坚定不移推进"三个集中"。

"三个集中"是旨在对土地、产业、人口等资源进行优化配置的集中。一是农村企业集中。二是农业用地集中。三是农民居住集中。按照建立"15分钟服务圈"的思路,高标准建设集行政办事、商贸超市等功能于一体的农村社区服务中心。

在推进"三个集中"过程中,实现"三个同步":工业企业向规划区集中与新型工业化同步推进,农业用地向规模经营集中与农业现代化同步进行,农民居住向新型社区集中与富民工程同步实施。把村庄建设作为节约土地、整合资源的一个过程,作为发展生产、促进增收的一个过程。

与成都市"三个集中"略有不同的是,苏州市通过"三个集中"挖掘资源潜力,开展"造地"工程,取得了很好的效果。先通过复垦方式获得一些非农建设用地的"额度",对置换形成的增量土地,收益在保证依法缴纳国家的同时,保证"三农"的合理权利,探索建立宅基地置换机制和土地增值收益共享机制,使农民在土地增值中获得长期收益。例如,昆山市花桥社区利用毗邻上海的优势,建立公平合理的动迁补偿和优惠安置机制,引导农民以宅基地、住房使用权置换城镇住房,并实施"村级动迁补偿资金集中投入,村级预留地集中使用"的工程,先由政府出资统一建设创业基地、工业园服务中心等载体项目,统一经营,并将股权量化分配给农户,从而形成了农民增收的长效机制,增加了集体和农民合理分享工业化、城市化带来的土地增值机会。

(二)提升集体经济,强村富民

"苏南模式"的典型代表是苏州,这一模式要求具备特定的历史基础,农村集体经济的发展促进了当时市场中经济主体多元化转变,最终成为推动区域经济发展与繁荣的强大推动力。在苏南地区推进城乡发展一体化,建设社会主义新农村,一定不能忽视集体经济对整体经济发展的影响作用,充分发挥村级组织作为农村集体土地所有者和管理者、社区公共物品提供者,以及国家基层政权管理的延伸和补充作用。

苏州市制定并推行农民收入"倍增"政策,增强对农村产业的支持力度,鼓励农村产业创新发展形态,开创异地、联合、抱团、集约的发展模式,不断提升新型集约经济的业态水平、形态水平、管理水平、富民水平。2015年,农村集体经济总资产1610亿元,村年均稳定性收入776万元,均比上年增长8.1%。

(三)发展生态农业

随着科学技术在农业发展中的应用越来越深入,越来越普遍,超小型农业经营方式已经不适应当前的农业发展状况,无法为农民创造较高的收入,也无法推动当前农业产业的现代化。因此,苏州市以"四个百万亩"工程(百万亩优质粮油工程、百万亩高效园艺工程、百万亩特种水产工程、百万亩生态林地工程)为抓手,加大力度来统筹与建设现代农业示范区建设,将应用先进的科学技术打造出来的现代装备投入到农业现代化、产业化的建设工作中,不断提升农业设施的水平,加快农业现代化的步伐。

按照发展水准高、科技含量高、服务水平高、综合效益高的目标定位,切实把保护和发展"四个百万亩"落到实处,全市"四个百万亩"数据上图工作全面完成。如今,"四个百万亩"已经成为苏州现代化农业的重要支撑,是守护生态安全的基本底线,是保护战略生态资源、持续提升现代农业产出效率、实现可持续发展的关键举措。截至 2014 年初,全市已建成万亩和千亩以上现代农业园区 106 个,其中,2013 年新增园区面积 10.5 万亩,总面积达 81.5 万亩。

三、苏州城乡一体化建设的总结经验

"苏州模式"的成功,源于政策的驱动,源于体制的保障,根本在于解放思想,实事求是,以人为本。为推进城乡发展一体化,苏州市面向"三农",立足"三农",跳出"三农",创新体制机制,先后出台了 20 多项政策意见,相关部门也出台了多个配套文件,拉近了城乡距离,推动农民市民化、农民股民化、农民职业化,形成以工促农、以城带乡、工农互惠、城乡一体的新型工农城乡关系,让广大农民平等参与现代化进程、共同分享现代化成果,使苏州成为我国离城乡一体化目标最近的城市之一。

(一)政府高度重视

2013~2015 年,每年市委、市政府出台的一号文件都紧紧围绕城乡一体化问题,并在随后陆续出台文件中明确各区县、政府各部门的目标任务和责任分工。而苏委办发 7 号文中,明确要求各牵头部门围绕总体要求和责任分工,分解细化任务,设定完成时限,明确工作责任,认真抓好落实。

(二)创新城乡管理体制

改革开放 40 余年来,苏州市不断创新实践,使农村与城市、农民与市民在现代文明的发展中加速融合,通过社会管理体制的改革创新,保障城市与农村协调发展,其中采取的措施主要有:一是行政村(社区)建设;二是统筹

城乡社区建设；三是加大城乡接合部和新城区管理。

（三）创新融资模式

苏州模式是一种不断创新，敢于创新的模式。作为城乡发展一体化综合改革试点，不仅致力于体制机制创新，而且创新了"政府引导、社会资本参与"的融资模式。2015年初，苏州市成立了专注投资开展城乡发展一体化综合配套改革项目和"三农"项目的苏州市城乡一体化基金。在资金运用上，苏州模式有以下三点值得我们借鉴：一是将财政资金引导作用与市场配置资源的作用充分发挥；二是突破了由财政附加承诺、政府信用担保的传统募资模式；三是支持城乡发展方向具体明确、可操作性强。

（四）坚持文化传承

苏州推进城镇化和城乡发展一体化的指导思想，就是坚持以人的城镇化为核心，有序推进农业转移人口市民化，不断缩小城乡发展差距；以改革创新为动力，以改善民生为根本，围绕建立农业转移人口市民化成本分担机制、探索多元化可持续的城镇化投融资模式、改革完善农村宅基地制度、探索建立行政管理创新和行政成本降低的设市模式，促进城乡经济转型升级和社会和谐进步。苏州作为中国历史文化名城之一，是吴文化的发祥地，历史悠久，已有24个项目列入国家级非物质文化遗产代表作名录。在城镇化和新农村建设的进程中，苏州特别注重文化传承，遵循城乡历史发展规律和文化发展规律，注重彰显江南水乡独特风貌。苏州市正在不断努力用科学的方式确定重点村、特色村的规模、数量与边界，制定好村庄建设管理办法，切实保护好古镇古村、古迹古韵和田园风光、鱼米之乡等特有资源。

第五节　山东：特色小镇模式

推进新型城镇化，是释放内需潜力的强大引擎和战略重点，是优化经济发展空间格局和积极发现、培育新增长点的重要内容和有效途径。探索新常态下的新型城镇化道路，对于适应经济新常态，大力实施"三大发展战略"、实现

"两个跨越",具有重大现实意义和深远历史意义。特色小镇作为新型城镇化建设的重点之一,对解决城镇化进程中出现的"产城不融合、空间分布不合理、市民化进程滞后"等问题具有重要作用。

一、特色小镇的内涵

(一) 特色小镇的定义

"特色小镇"概念最早由浙江省政府提出,旨在搭建新型产业发展平台,培育特色小镇,促进新型城镇化建设和产业发展。2015年1月21日浙江"两会"上,时任浙江省省长李强提出:"加快规划建设一批产业、文化和旅游功能叠加的特色小镇,以新理念、新机制、新载体推进产业集聚、产业创新和产业升级。"2015年6月,浙江公布37个首批省级特色小镇,如基金小镇、梦想小镇、云栖小镇、黄酒小镇等。

(二) 特色小镇的特征

依据我们对特色小镇的认识,特色小镇应具备理念求新、产业独特、功能复合、生态宜人、创意引领五大典型特征。

1. 理念求新

理念创新是特色小镇的首要特征。首先,不同于传统以规模生产为导向的发展模式,特色小镇强调特色引领和专业化生产,寻求差异化发展模式。其次,不同于传统重经济增长而轻生态环境保护的发展方式,也不同于单纯强调生产功能而轻居住生活功能的园区开发模式,特色小镇强调生产、生活、生态的协同发展,追求在推动经济增长的同时,也注重提升当地的生活条件,改善当地生态环境。

2. 产业独特

特色产业是特色小镇的核心,既有基于本地资源形成的产业,也有传统产业升级改造或是满足新的市场需求而形成的新型产业。特色产业注重凸显地域特色,或是利用区位条件、市场需求等将产业链的某一环节做专、做精,形成品牌效应。从产业类型看,特色小镇的产业包括特色农业(中草药、茶叶、花卉等)、历史经典产业(丝绸、陶瓷、石器、木雕等)、新兴产业(金融、信息经济、时尚经济、健康养生、高端装备制造等)以及依托当地资源文化等发展起来的文旅产业（生态旅游、休闲旅游等）等。

3. 功能复合

功能复合是特色小镇建设的内在要求，具备经济、社会、生态等的复合功能，不同于其他类型小城镇强调某一方面。首先，特色小镇通过特色产业发展，形成具有竞争力的经济功能；其次，特色小镇通过配置提升基础设施和公共服务水平，形成完善的社会生活功能；最后，特色小镇通过保护山水环境，形成良好的生态功能。此外，特色小镇经济和生活功能要具有一定的空间邻近性，便于当地居民和外来人员对消费、娱乐等的需求。通过综合功能的提升，特色小镇成为宜业宜居宜游之地。

4. 生态宜人

可识别性是特色小镇风貌的内在特征，无论自然风光、历史人文的特色小镇，还是产业主导型的特色小镇，都应具备宜人的生态。具体而言，一是特色小镇格局要顺应山水地形特征，保持原有的自然本底和原有肌理。二是特色小镇尺度要控制小而宜人，不应照搬城市的建设模式，建设尺度、街道格局、开发街区要贴近当地居民生活、延续邻里关系，保持较为统一和鲜明的风貌特征。三是特色小镇要传承当地传统文化，保护传统建筑和艺术作品，不照搬其他地区文化。

5. 创意引领

创意是特色小镇发展的潜力所在，体现在产业培育、风貌设计、文化打造、管理创新等方面。在产业培育方面，体现地域要素特色和资源禀赋；在风貌设计方面，要凸显可识别性；在文化打造方面，既要传承传统文化，也要积极引入企业文化、产品文化等新形态；在管理创新方面，要适应经济社会发展需求，不断提升特色小镇运营和管理效率。

(三) 特色小镇的分类

特色小镇是聚合了产业、居住、环境、文化等多种功能的复合空间，因此对特色小镇进行分类时根据不同的标准可以分为不同的类型，特色小镇的分类标准较为宽泛。本书中我们根据特色小镇发展的要素需求，分为外生型特色小镇和内生型特色小镇两种。外生型特色小镇，即其发展推动力主要来自于外部资金的支持；内生型特色小镇，即其发展推动力主要是当地的自然及人文特色资源。

1. 外生型特色小镇

（1）外生型特色小镇特征。外生型特色小镇主要是根据当前市场的生产或消费需求，通过与外部产业的分工合作，打造集区位、市场、创新、政策等为一体的发展优势，以此来不断推动当地经济发展的特色小镇发展模式。

浙江云栖小镇是外生型的特色小镇。随着杭州市产业结构升级和城市建设的需求，云栖小镇所在的转塘工业园的产业不适合发展所需。为淘汰科技含量低、附加值低的产业，整合工业用地、传统工业厂房"腾笼换鸟"，2013年，杭州西湖区整合杭州云计算产业园、阿里云创业创新基地两大平台，成立了云栖小镇。云栖小镇以云生态为主导，并基于云计算产业的特点，依靠阿里巴巴、富士康、Intel等知名企业带动，云栖小镇在大数据、游戏、电商、金融、App开发和智能硬件等领域形成了产业优势。目前，每年一届的云栖大会成为云栖小镇的标志性事件。

美国以巧克力闻名的好时小镇也是外生型特色小镇。好时小镇位于宾夕法尼亚州首府哈里斯堡市的东部市郊。好时小镇源起于好时企业创始人密尔顿·史内夫里·赫尔希先生创建的巧克力工厂。1903年在这里初创巧克力制造业时，好时镇还是一片少有人烟的牧场。目前，好时镇拥有3家现代化的巧克力工厂，是世界上最大的巧克力产地，拥有花园式酒店、购物中心、游乐园、3D影院、体育场，是巧克力香味的糖果王国，每年吸引大量游客前来休闲体验。

（2）外生型特色小镇的形成。这类小镇的形成以外部市场需求为导向，外部投资为驱动，以大型企业与知名机构为引领，成为在某一领域具有竞争优势的专业化生产和服务地区。在形成过程中，外生型特色小镇在城市建设、管理等方面享受更多的政策优惠，降低了企业的发展成本。外向型特色小镇要依据当地要素禀赋和外部条件确定发展方向，避免脱离地区发展实际和过度追求新兴产业，进而不能体现小城镇发展的优势和竞争力。

对内外部因素需求的差异，外生型特色小镇有不同的发展形式。一是基于某些当地的要素（如某项工艺、某些资源、文化）而不断传承发展形成。如以某些农产品加工、手工品生产、机械加工等为主的小镇最为明显，形成一些产品品牌的特色小镇。二是利用外部机会而发展起来。位于城市圈内的小镇利用城市的产业转移、消费需求外溢的时机，一些小城镇形成具有鲜明特色的产

新型城镇化进程中的城乡一体化建设

业集聚区。有的小镇形成了专业化的工业生产、商贸物流、创客空间等产业集聚区，一些小镇则集商贸物流、文化展示、休闲旅游于一体，吸纳城市人口前来消费。三是本地产业的转型升级。我国很多小镇一般都具有一定的产业、就业和服务功能，但基本存在规模小、技术含量低、创新能力弱等问题，陷入低端制造、低端服务的困境，这类小镇以生产制造业为主，而通过引进一些新的技术、创新经营方式，促使传统产业升级改造，从而形成新的发展优势。

2. 内生型特色小镇

（1）内生型特色小镇特征。内生型特色小镇在本地自然风貌、历史文化、民族聚居等方面具有明显优势，这些本地化的特色资源、历史文化、建筑等是内生型特色小镇形成的基础。基于不同的本地资源，这类特色小镇主要分为自然景观主导型、历史文化主导型、民族聚居主导型等。我国绍兴黄酒小镇、龙泉青瓷小镇、湖州丝绸小镇、湘西边城小镇、平遥古城是典型的历史文化主导型特色小镇。内生型特色小镇往往以本地化资源旅游开发为导向，并围绕旅游产业进行相应的城镇建设、管理和服务，吸纳游客前来消费。小镇强调游客对整个区域的旅游感知，包括对良好的城镇环境、便利的交通、特色产品等的体验。随着经济增长和消费需求的多样性，传统以观光旅游为主的消费形式也逐渐转向体验型消费，如短期居住、慢生活、农耕体验、文化学习等。

（2）内生型特色小镇的形成。内生型特色小镇的形成首先依托于当地历史文化、风俗习惯、生活状态等。地方的独特基因离不开当地居民与小城镇的承载，建筑形态、民俗文化等是当地居民在长期生活中保留下来的，具有人文景观的小城镇也是经过长期发展而慢慢形成的。在经济增长和社会需求的推动下，这些小镇经过市场挖掘和适度开发建设，围绕"游、住、购、食、娱"等环节，成为旅游消费主导的内生型特色小镇。内生型特色小镇因为类型的不同，其开发过程与价值实现方式有很大的不同。通常来说，依靠自然资源发展起来的特色小镇，会在一定程度上受到地理因素的限制，它们大多距离城市中心较远，交通不太发达，自身发展状况较为落后，其中的旅游设施也存在一定的欠缺，城乡建设、管理服务等都有待发展与改进，虽然这类特色小镇拥有较为丰富的自然资源和独特的地理景观，具备较大的发展潜力，不过这类小镇一般会停滞于旅游观光的初级发展阶段。

以人文景观为特色发展起来的小镇，相较于依靠自然景观发展起来的小镇，一般具有更加便利的交通条件和区位优势，其具备深厚的文化底蕴、鲜明的历史特色、独特的建筑形态，同时其能吸引数量较多的旅游消费人群。要推动与促进这类特色小镇的发展，需要做好以下几个方面的工作：一是科学合理地修复小镇内的古建筑，使其更加具备人文情怀与观赏价值；二是组织相关的文化习俗展示活动，向游客展示当地的传统文化习俗；三是开办文物展览活动，让游客更加了解当地的历史意义。

二、山东特色小镇发展概况

（一）发展现状

在国家级特色小镇方面，根据住建部公布的第一、二批特色小镇名单中，山东占据22个席位，仅次于浙江，与江苏并列第二名。在省级特色小镇建设方面，山东已公布两批共109个特色小镇建设名单，居全国第一位。其中烟台和潍坊入围名单最多，均为12个（见图5-3）。除此之外，山东还公布了17

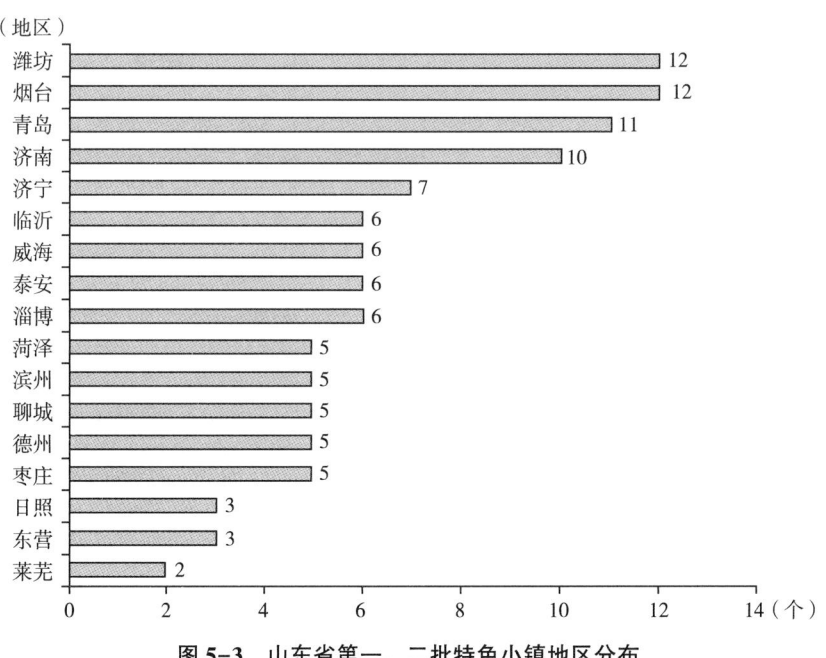

图5-3　山东省第一、二批特色小镇地区分布

个服务业特色小镇名单，而青岛西海岸新区首批规划了17个产业小镇。山东为服务业特色小镇提供资金扶持及各类创意、设计、咨询、人才、营销等服务支持。

2016年，山东财政谋划，年初拨付首批特色小镇创建启动资金1.1亿元，支持各市先行开展特色小镇创建基础性工作。在此基础上，2017年再拨资金1.1亿元，按照每个小镇200万元的标准，对纳入创建名单的平阴县玫瑰小镇、淄川区双杨建筑陶瓷小镇、山亭区徐庄休闲慢游小镇等55个特色小镇给予补助，支持相关地区进行规划编制，基础设施、产业同区、公共服务平台建设，以及特色产业发展等，积极打造区域经济新的增长极。

此外，青岛西海岸新区规划的17个产业小镇，有12个小镇签订了合作协议。签约项目中，海尔西海岸产城创小镇总投资200亿元，由海尔集团投资建设；保利国防军事文化体验小镇总投资约400亿元，由保利科技有限公司、保利房地产（集团）有限公司共同投资建设；华星国际冰上运动小镇总投资100亿元，由北京文投集团和北京华星集团共同投资；华熙文化体育小镇总投资达100亿元；佳诺华国际医养健康小镇总投资90亿元，由美国上市公司-XIN控股集团、青岛佳诺华国际健康产业有限公司共同投资。

（二）建设效益

山东特色小镇的建设，将成为山东经济新增长极。例如，玫瑰小镇建成后将实现5年不低于30亿元的投资，每年吸引200万以上的客流，解决就业岗位1万个，项目年产值20亿元以上；大泽葡萄旅游古镇预计建成后年接待游客500万人次以上，年旅游总收入可达8亿元，年税收收入达到1亿元，若所有小镇全部达到预期效益，将极大地促进山东省经济的发展。

（三）融资模式

在投融资模式上，山东省鼓励探索产业基金、股权众筹、PPP等融资路径，加大引入社会资本的力度，用于特色小镇建设。例如，海尔西海岸产城创小镇、保利国防军事文化体验小镇、华星国际冰上运动小镇、佳诺华国际医养健康小镇等均是引入社会资本进行建设。

三、山东特色小镇建设案例

(一) 山东蓬莱市刘家沟——葡萄酒小镇

1. 基本情况

山东蓬莱市刘家沟是山东省著名的葡萄酒小镇。刘家沟镇位于烟台市西北部、"人间仙境"蓬莱东端,西距蓬莱阁13千米,南邻国家级农业高新技术产业示范区、北傍蓬莱经济开发区、东与潮水镇相邻。全镇总面积101.7平方千米,耕地面积6.6万亩,辖60个行政村、人口3.1万人;海岸线长2.5千米(见表5-3)。2016年10月,入选第一批中国特色小镇。

表5-3 蓬莱市刘家沟镇基本信息

中文名称	刘家沟镇	邮政区码	265600
行政区类别	镇	面积	101.7平方千米
所属地区	蓬莱市	人口	3.1万人
下辖地区	辖60个行政村	机场	烟台蓬莱国际机场
政府驻地	刘家沟村	火车站	烟台站
电话区号	0535	车牌代码	鲁F、鲁Y

全镇依山傍海,风景秀丽,气候宜人,被确定为国家葡萄标准化种植示范区,具有"世界七大葡萄酒海岸之一"的地域优势,拥有中国唯一一条18千米长的葡萄种植观光长廊。引进了中粮长城、法国瑞枫奥塞斯等十多家国内外知名葡萄酒企业。工业门类齐全,已形成以葡萄和葡萄酒、汽车及零部件两大支柱产业以及食品、木制品、彩印包装等特色产业体系,是胶东最具发展潜力的地区之一。

全镇经济框架主要由工业、渔业、农业三大产业构成。农业重点发展了以粮油、瓜果、蔬菜、禽畜饲养为主的农副产品生产基地;渔业盛产对虾、刺参、扇贝、鲍鱼、牙鲆等20多种海产品。该镇地下矿藏有火山灰、石灰石、透灰石、大理石、宝石、铅、锌、滑石、花岗石等10多种,蕴藏丰富,具有很高的开采价值。

现在全镇葡萄种植面积达到3.75万亩，葡萄酒年生产能力6万吨，拥有中粮长城等葡萄酒生产和销售企业50家，其中规模以上酒庄、酒厂、研究所25家。当地积极推广"公司+基地+合作社+农户"的种植管理模式，就地带动4000户农民变产业工人，农户年均增收15%。

2. 小镇特色

蓬莱市刘家沟镇围绕"葡萄与葡萄酒、乡村旅游、现代制造业、现代物流业、养老养生"五大特色产业。按照"标准化种植、规模化生产、产业化经营"的发展思路，大力发展葡萄种植、葡萄酒酿造产业，并在此基础上，结合依山面海、生态优良、交通便捷的禀赋条件，借力蓬莱旅游优势，不断挖掘葡萄种植、葡萄酒酿造、酒堡建筑等项目的旅游附加值，"美丽乡村+葡萄酒庄"的新亮点极大地带动了全镇乡村游和葡萄酒文化游的发展。

葡萄酒品牌引进扩大了小镇知名度。依托葡萄海岸产区优势，着力打造中国葡萄酒特色产业镇，引进建设中粮长城、香格里拉玛桑酒庄、瑞枫奥赛斯等30余家国内外著名葡萄酒生产企业，规划建设了集葡萄种植、葡萄酒生产和生态旅游为一体的18千米葡萄产业带，获得"中国葡萄标准化示范区"称号。小镇还引进了拉斐法国品牌葡萄酒庄，大力提振了小镇的影响，吸引了国内外葡萄酒业的关注，也带来了葡萄酒业先进发展模式。为保证葡萄酒的质量，拉斐酒庄考察了近20年，选择了该镇，可见这里的葡萄种植经得起考验。与日常食用的套袋葡萄不同，为保证阳光品质，配制葡萄酒的葡萄都不套袋。

葡萄酒小镇还开发了相关产业，如文成城堡成功借鉴欧洲城堡的建筑风格融合中国元素，并利用当地火山石资源，构建了独具特色的城堡风貌建筑和内部设计，依此发展了观光旅游、婚庆拍摄和音乐表演等第三产业形式。文成城堡的沉稳廊柱和半圆式拱顶，携手共拥着直指蓝天的塔尖，带转折横亘的屋脊跌宕起伏，梯形和三角形的屋顶造型相互叠加，各种精巧的装饰点缀其间，前凹后凸的折转立面……这些极具创意的建筑设计，明晰、深化了这座城堡的构思，使得整个建筑显得错落有致、相得益彰。

葡萄酒小镇与乡村旅游相结合，更好地带动了当地农民增收。所辖的马家沟村乡村旅游最具代表性，以旅游公司运营的方式，吸引周边的居民采摘、休闲度假、乡村周末短途旅游等，让村民都能从旅游中获得收入，即使每天种草

第五章　城乡一体化模式探索与研究

也有稳定收入。马家沟生态旅游度假区位于刘家沟镇马家沟村,地处胶东半岛蓝色经济隆起带和胶东半岛黄金旅游板块的核心位置,距国家5A级旅游景区蓬莱阁、三仙山、海洋极地世界只有15千米,休闲区毗邻烟蓬观光大道,北距蓬莱新港8千米,南距潮水国际机场8千米,海、陆、空融合交汇,交通畅达便利。此处知名酒庄珠环玉绕,有机果蔬遍布周边。

除加快发展葡萄及葡萄酒加工业,刘家沟镇还发展了养殖加工业、汽车零部件两大龙头产业。依托12千米黄金海岸线,发展对虾、刺参、扇贝、鲍鱼等20余种海产品,建成海产品养殖场30多个,冷藏加工厂10多个。依托蓬莱汽车产业园,成功引进了北方奔驰、大庆电子、成东产业、集大汽车物流园、九犀机械等10家制造企业。

万亩海岸葡萄园是天然的净化器,加之葡萄酒具备抗衰老和养生功能,发展高端的养老养生健康产业优势显著。到2020年,刘家沟镇将打造成富有活力的"酒、游、居"(葡萄酒、乡村旅游、养老养生)主题特色小镇,建成大型农村社区6~8个,集中居住人口8000人,村级社区、休闲公园覆盖率达到70%。

3. 最新规划

总体来说,一是主动出击,精准招引。把专业、高效化队伍,推向招引一线,结合产业定位,梳理出招引名录,尽快筹划上海、深圳2场针对葡萄酒小镇及工业自动化和新医药产业的主题推介会,2017年内计划以"百日招商"拜访"百家名企和百名人才",引进1~2个投资额过亿元项目及一批硕博领军人才。二是突出项目积聚效应,稳妥筹建"葡萄酒精美小镇"。引爆玛桑、文城核心区,壮大"葡萄酒+旅游",跟进棕榈股份、海洋绿洲、康达葡萄酒等一批在谈项目,加快推进文成、龙亭等酒庄建设进度,包装推介以文成城堡和马家沟村为代表的"酒庄游+乡村游",创推本土品牌,促进融合发展。三是发展并驾齐驱的主导产业,多点布阵"产城融合宜居小镇"。

在制造业方面,将积极对接高校及业内领先企业,搭建研发平台,推动北方兵器、福润牧业、荣祥钻采等一批企业转型升级和扩能提产,督促鼎驰木业早日投产;主动发展现代物流业,初步规划蓬栖高速出口以北的4000亩土地,招引相关企业入驻,构建集基地生产、加工、销售于一体的全套体系;养老养生产业将赴北京、上海等产业发展成熟地区,全面学习其在引进流程、提高入住率等方面的经验,协助颐福养老项目动工,尽快推进福禧养老项目签约。

近年来,刘家沟镇在加快推进农村环境综合整治、公路沿线环境提升和核心区景观建设等工作的基础上,沿海岸线规划建设了滨海葡萄酒产业带、公共绿地、休闲公园和古城商铺,辐射带动一批美丽乡村和新型农村社区,以及文成城堡、马家沟村等景点建设,打造了宜居宜业宜游宜养的小镇环境。

(二) 山东省烟台市龙泉——温泉养生小镇

1. 基本情况

山东烟台市牟平区龙泉镇位于烟台市牟平区东南部,距烟台港 40 千米、烟台机场 58 千米、威海市 30 千米,到北部海滨仅需 7 分钟车程,到城铁牟平站仅需 15 分钟车程,上泽公路纵贯镇域南北,俚李公路横穿镇域东西,交通便利,区位优势突出,是全国重点镇,山东省首批省级特色小镇,省级历史文化小镇,山东省美丽宜居小镇。全镇户籍人口 2.45 万人,镇域面积 160 平方千米,辖 52 个行政村。

龙泉镇自然资源和历史文化资源十分丰富。龙泉温泉,是胶东著名温泉之一,始于明代,兴于清代,水质优良,是沐浴、水疗的绝佳之地,因沐浴后皮肤爽滑、舒适,故留下"千年古泉,龙泉温泉"的美誉。龙泉镇物产丰富,是胶东半岛大樱桃主产区,已成功举办多届大樱桃、甜瓜、桑葚采摘节。龙泉镇毗邻国家森林公园、国家自然保护区昆嵛山。昆嵛山是道教名山,全真教发祥地,神话传说中的海上仙山蓬莱、瀛洲、方丈都源于此。古往今来,难以数计的帝王将相、文人墨客、僧家道众来此寻仙问道,为昆嵛山增添了浓郁的文化色彩。

2. 基本做法和成效

(1) 积极培育特色产业。依托丰富的自然和旅游文化资源,围绕温泉养生这一主题,龙泉镇打造特色鲜明的产业形态。规划方面,以旅游养生产业发展为核心,聘请国内知名规划设计专家,完成了镇总体规划、镇旅游产业总体规划和镇区控制性详细规划,形成了"一个中心、两条轴线、四大片区"的旅游发展新格局,着力以高水平规划为引领,打造"中国北方温泉养生小镇"。项目建设方面,2017 年曾计划投资超过亿元,开展崳龙温泉、双百山旅游度假区、神台缘旅游度假区、北大川国际休闲旅游度假区、乐康金岳龙泉国际颐养园等多个项目建设。

俞龙温泉项目，2017年曾计划投资6500万元，图纸审查意见已出，正在修改图纸，办理土地挂牌前的相关手续。双百山旅游度假区项目，休闲木屋别墅已开工建设，目前已建8栋、在建2栋。相关活动方面，近年来，龙泉镇依托丰富的旅游资源，成功举办了枣园健步行、桑葚甜杏采摘、逛民居摇蜂蜜、高家瞳蜂蜜文化节、丁家庄甜瓜采摘节等30多场次乡村旅游活动。

（2）努力推进镇区建设。目前，安德利·山水名郡、37°温泉花园、三缘温泉花园、温泉嘉苑、福霖居等住宅小区都已建成，采用山泉水、温泉水双泉入户，形成了2000户规模的高档温泉特色养生小区。在镇政府前大街建成一处1400平方米的日用品超市，一处500平方米的农资超市，并配套了餐饮、住宿等服务设施，既方便当地居民生活，又完善了相关服务功能。目前，投资200万元的垃圾压缩中转站已建设完成；投资2000多万元的汉河综合整治项目已进入基础建设阶段；污水处理厂和LNG气化站项目规划设计已完成，土地出让前期手续已办结，土地指标已落实，正在做污水管网和天然气管网的设计；投资1.4亿元的河滨公园建设项目全面启动，景观规划面积10万平方米。预计一到两年后，一个独具温泉特色，设施较为齐全、宜居宜游、景色优美的小镇雏形便会形成。

（3）不断探索生态文明村镇建设的"龙泉模式"。为顺应百姓对美好生活的向往，龙泉镇积极探索以人为本的"四步走+四创新"的生态文明村镇建设"龙泉模式"。四步走的内容主要包括：第一，创新农村发展理念，通过对城乡发展规律的深入研究，对城乡发展做出统筹科学的规划，联合各个农村的具体情况，制订符合农村发展情况的"一村一文本""一村一特色"实施方案；第二，创新实践发展模式，鼓励农村各家各户将垃圾进行分类，各村设置统一收集机构，各镇负责垃圾集中转运，各区建立垃圾处理回收设施，以此来逐步解决农村中垃圾过多的问题；第三，创新农村文化生活，进一步完善各个农村的文化基础设施，让文化表演走进农村，鼓励农村争相创建生态文明家庭等，通过这一系列手段不断丰富农村的休闲娱乐活动；第四，创新发展动力机制，推动农村重点项目建设，促进农业转型升级，使得农民的收入渠道逐渐增多，最终缩小城乡居民之间的收入差距。

目前，全镇实现了垃圾一体化处理全覆盖，成功打造东汤、八甲、曲家屯、河里庄29个区级生态文明村，占全镇所辖村庄的一半以上，其中一些村因其干净整洁，历史文化底蕴深厚，吸引了许多领导和游人前来参观，并受到广泛好评。

第六章 城乡一体化发展的推进路径

实现城乡一体化发展是现阶段我国供给侧结构性改革的重要内容，是新时代中国共产党为决胜全面建成小康社会，夺取新时代中国特色社会主义伟大胜利所做的一项重要部署，是实现中华民族伟大复兴的中国梦的内在要求。本章将从走中国特色农业现代化道路、推进新型城镇化建设和实施乡村振兴战略的角度探讨我国城乡一体化发展的具体路径。

第一节 走中国特色农业现代化道路

党的十九大报告提出实施乡村振兴战略，"加快推进农业农村现代化"。农业的现代化，事关我国全面建成小康社会和建设社会主义现代化强国的大局。习近平总书记指出，没有农业现代化，没有农村繁荣富强，没有农民安居乐业，国家现代化是不完整、不全面、不牢固的。他还强调，解决好"三农"问题，根本在于深化改革，走中国特色现代化农业道路。

一、农业现代化的主要内容

（一）可持续发展化

可持续发展是现代农业的基本特征和重要内容，这是人类社会永续发展的基础要求，是社会发展对现代农业提出了必然要求。农业生产在满足人类发展的基本要求的基础上，还需要维护良好的农业生态环境，要适度开发和利用自然资源以保证一直有足够的农业资源,从而推动农业的不断发展。与传统农业不同,现代农业强调农业的可持续发展,通过协调人口、资源和环境的关系,建立人类社会和自然环境之间的和谐关系,解决农业资源过度使用和自然环境遭到破坏的问题,建立人口、资源和环境的良性互动机制;现代农业强调保护和治理农业生态环境,强调发展节约型农业、高效型农业。也就是说,现代农业强调一方面要发展农业经济,另一方面要保护自然环境,以此实现农业资源和农业生态环境的永续利用。

人口规模大是我国的基本国情,长期以来我国在农业领域的投入水平低,并且大部分为粗放式经营,且小规模经营是最常见的经营模式。相较于发达国家,我国在农业劳动生产率、人均粮食占有量、人均农业产值等各个方面都存在很大差距。民以食为天,粮食安全关系重大,解决好吃饭问题是头等大事;否则,工业化、城镇化乃至整个经济社会发展都将难以持续进行。因此,必须把农业可持续发展放在突出地位,将保障农产品供给、增加农民收入、促进可持续发展作为推进农业现代化的首要目标,使经济增长与环境质量改善实现协调发展,顺利实现农业现代化。

(二) 农业产业化

在市场经济条件下,农业产业化经营是必然发展趋势,是农业现代化发展的重要内容。随着农业越来越多地应用先进技术,使其向专业化和协作方向发展,逐渐开始企业化、一体化经营管理。现代农业会通过利益或产权等联结农业再生产的各个环节,使农业再生产的产前、产中、产后构成一个完整的产业体系,使农业生产各个环节成为具有紧密联系的经济利益共同体。同时,现代农业积极应用现代生产手段和技术,使农业发展突破了原有瓶颈,加强了产销、部门间、产业间的联系。农业现代化发展,通过农业公司、农业合作社带农户(家庭农场)等生产组织形式,加强了农产品的生产、加工、销售等各个环节,实现了农业经营管理一体化,同时,还加强了农业与工业、商业等各个行业的有机融合,加强了产业间合作,促进城乡协调发展,在很大程度上延伸了农业产业链,可以说农业现代化开创了农业发展新格局,即农业专业化生产、企业化经营、社会化服务的发展格局。

截至2017年末，我国的乡村人口为57661万人，占总人口数量的41.48%。①大量农村居民仍然在家庭联产承包责任制下，因此，我国农业生产方式依然是以落后分散的小农经济为主体，与市场进行有效衔接非常困难，加之长期进行小农生产的农民逐渐形成小农意识，对实现农业现代化造成了制约。因此，推进农业产业化首先要使一部分农民成为专业化的生产经营者，建立多元化的产业形态和多功能的产业体系；同时大力发展农业专业合作社，发挥农民合作社的桥梁作用，在产前、产中、产后服务方面逐步实现社会化，使我国农业基本形成贸工农紧密衔接、产供销融为一体的产业化经营格局，使第一产业中的畜牧业、水产养殖业、园艺业、林果业等成为相对独立的大产业，第二、三产业逐步向第一产业渗透和融合，逐步成为农村经济的新产业。就各地农业发展的实际情况而言，东部地区利用资本和管理优势，率先推进农工贸、产加销一体化经营，形成多元化产业；中西部地区大多采取以农户为基础，以龙头企业、合作组织或中介组织为依托，以经济效益为中心的农业发展路线，尤其是粮食主产区，重在引导分散的农户由小生产变为社会化大生产的组织形式，把农业再生产的产前、产中、产后各环节联结为一个完整的产业系统。

（三）科学技术化

农业现代化的一个重要标志就是对科学技术的应用，因此农业科学技术化是农业现代化的一个重要内容。所谓农业生产科学技术化，是指把先进的科学技术广泛应用于农业，即将先进科技不断注入农业，不断提高科技进步对农业总产值增长贡献率的过程。虽然我国农业现代化建设已经取得了一定成果，但仍处于传统农业向现代农业加快转变的时期。2016年底我国耕地总面积为134920.9千公顷②，2017年新增耕地灌溉面积109万公顷，新增高效节水灌溉面积144万公顷③。2017年，全年粮食种植面积11222万公顷，比上年减少81万公顷。但是，全年粮食产量61791万吨，比上年增加166万吨，增产0.3%。④虽然我国粮食产量伴随科技投入稳定增加，但因为受到国际市场的冲击，需要产出更多的农产品稳定价格，确保国民经济平稳发展。因此，为确保国家的粮食

---

①③④ 中华人民共和国2017年国民经济和社会发展统计公报［EB/OL］. http：//www.stats.gov.cn/tjsj/zxfb/201802/t20180228_1585631.html.

② 2017年中国统计年鉴［EB/OL］. http：//www.stats.gov.cn/tjsj/ndsj/2017/indexch.htm.

安全和人民生活的改善，提高土地产出水平和劳动生产率刻不容缓，重点要解决的问题是提高农业的科技化水平。

（四）劳动者高素质化

农业劳动者为农业发展提供基础力量，是最基础也是最具活力的农业生产力，因此，提高农业劳动者素质是促进农业现代化发展的重要途径。尤其是在知识经济时代，劳动者素质与农业现代化之间存在重要联系。提高农业劳动者的素质，就是通过培训和教育等方式丰富他们的现代文化、科技素质和经营管理知识，只有这样才能使他们充分发挥自身在农业生产经营过程中的作用，才能及时把握市场变化，选择最适合自身特点和优势的生产与经营项目，才能以此为基础提高农业劳动生产率、土地生产率和农业综合生产能力。此外，提高农业劳动者的素质，有利于农业生产工具的创新，高素质劳动者可以更好地在农业生产经营中运用科学技术，吸纳先进管理经验，采纳先进经营体制，促进农业增长方式的转变。农业现代化强调以人为本，提高农业劳动者素质符合这个要求。提高农业劳动者的文化素质和科技素质，可以为农业现代化提供可靠保障。

与发达国家相比，我国农民素质普遍偏低，这不利于我国农业的现代化发展。因此，我们必须开展农民职能教育培训，培养造就一大批新型农民，推进农业现代化建设必须提高农业劳动者的科技文化素质，这是一项基础性工作，同时是一项必须持之以恒推进的艰巨历史任务。这就要求我们从思想意识的高度加强对农民素质提高的重视，加大农村基础教育投入，不仅要对农业劳动者进行培训和教育，还应该为农业发展积极储备后备劳动力资源，从根本上提高农业劳动者教育培训的水平和质量。要采取多种形式加强农业劳动者的培训，提高他们的科学技术水平，增强他们的科学文化意识。同时，正确引导社会各领域的教育资源，使它们可以充分发挥作用，统筹规划、降低成本，开展有效有序的教育培训，并逐步建立起政府、用人单位、农民个人共同分担的农村劳动力培训投入机制。加强高素质农民培育是一项复杂而又艰巨的系统工程，需要采取多方面的有力措施。具体领域包括农村义务教育、农业职业教育、农业技术推广培训、农村实用技术培训等。

（五）农业机械化

在传统农业中，生产工具比较单一，并且很多劳动需要农民手动完成，但是农业现代化可以实现农业机械化，也就是运用先进设备代替人力的手工劳动，这些设备可以运用于农业生产经营过程中的各个环节，通过机械代替人力有效地改善了农业生产经营条件，农业生产技术水平的提高有效促进了农业经济效益和生态效益的提高。现代工业发展为农业发展造成了一定影响，农业生产各个环节开始运用农业机械，大大提高了农业劳动生产率，这也是农业人口向城市转移的一个重要原因。可以说，生产机械化是农业现代化的基础和最重要的标准，国家经济社会发展要求农业必须推进机械化，机械化是现代农业的标志和重要技术支撑。

（六）农业服务社会化

农业服务社会化是指构建以依托农业合作经济组织为基础、龙头企业为骨干、其他社会力量为补充，公益性服务与经营性服务相结合、专项服务和综合服务相协调的、为农业服务的社会体系。

近年来，我国在工业化、城镇化方面获得了一定成果，并处于持续发展过程中，这对我国的要素转移产生了一定影响，也就是说在市场机制的作用下，资金、土地、人才等要素快速向城市集聚。我国的二元经济结构对城乡协调发展造成了一定阻碍，这种经济结构导致大量公共服务集中在城市，农村发展严重滞后于城市，农民承担较重的经济负担，农业生产缺少资金和技术的支持，农村基础设施建设和社会事业发展与城市相比存在较大差距。因此，解决城乡发展不均衡的问题必须深化体制改革，要根据实际需要转变各级政府机构和有关事业单位职能，突破二元经济结构在农村发展方面的体制机制制约，为农村发展积极提供技术、资金、信息等各个方面的支持，同时还应该加强对农业的正确引导和宏观调控。近年来，我国对农业政策逐步进行了调整，为农民走向市场、农业向市场经济转变发挥了重要作用。一是形成一些专门为农业服务的合作组织和中介组织，这些组织大多属于专业化经营机构，具有较强的社会服务功能，由它们对农业生产开展产前、产中、产后服务，对农民进行技术普及与指导、教育培训、法律援助等服务，解决单家独户难以解决的问题。二是积极稳妥地改革财政体制，加快公共财政覆盖农村的进程。进一步调整国民收入

新型城镇化进程中的城乡一体化建设

分配和财政支出结构,增加卫生、文化、教育等领域的财政投入,将资金主要用于农村建设和发展,着力解决农村居民面临的实际问题,为他们创设更好的生活条件,提高生活水平。三是强化金融机构支持,加强新型农村金融组织的培育和发展。四是均等化基本公共服务,巩固农村免费义务教育成果,扩大新型农村合作医疗制度覆盖面,完善农村养老保险制度,提高扶贫标准和扶贫开发水平,逐步建立覆盖城乡的公共文化服务体系。

(七)城乡一体化

随着经济社会发展,城乡一体化是一种必然发展趋势,这意味着社会和国家发展进入了一个全新阶段。城乡一体化是社会主义现代化建设的必由之路,推进城乡一体化实际上是推进城乡居民的生产方式、生活方式和居住方式随着生产力水平提高而转变,城乡一体化体现为城乡人口、技术、资本、资源等各要素的相互融合,是逐步实现城乡均衡发展,实现城乡经济、社会、文化等各个领域的协调发展的过程。农业现代化、工业化、城镇化相辅相成、互为条件,是相互促进、共同发展的过程。推进农业现代化发展,突破了传统农业以初级农产品原料生产为主的生产模式,丰富了农业的内涵,延长了农业产业链,推动农业产业链一体化,加强了农村第一、二、三产业融合,缩小了城乡发展差距,这是促进城乡融合发展,逐步实现城乡经济社会一体化的必要途径。我国的二元经济结构决定了我国农业发展相对滞后于其他产业发展,农村发展相对滞后于城市发展,我国农业和农村发展长期滞后,这种经济结构严重影响了经济社会管理体制的发展和创新,并且导致了农村生产要素持续流失。因此,为了缩小城乡差距,推动城乡一体化战略实施,实现农业现代化发展,必须制定并实施工业反哺农业、城市支持农村的战略,只有这样才能有效改善和解决农业农村发展面临的严峻问题。

改革开放以来,我国为了在短期内实现经济增长采取了"让一部分人先富起来"的发展战略。随着工业化、城镇化水平的不断提高,为了改善社会经济发展不平衡的情况,逐渐形成了具有中国特色的以工促农、以城带乡的长效机制,这意味着我国在城乡统筹领域实现了重要发展。尤其是在党的十六大召开后,党和政府将城乡统筹作为重要任务,大力推进农村农业发展,建立了中央财政对粮食主产县乡和产粮大县的奖励补偿机制,为农民提供各种直接生产性补贴，并要求各级政府要转变建设重点，将农村作为建设和发展各项基础设施建设和社会事业的重点，加强对农民工合法权益的保护，通过制定各种政策和制度保证他们得到公正公平的对待。在这样的发展背景下，有条件的地区已经将统筹城乡作为其发展的一项基本性原则，大力推进农村基础设施和公共服务建设，加强农村三次产业融合发展，建设小城镇，并且放开农村劳动力进城就业的政策制度，加强农村社会保障制度的建设和完善。党的十九大上提出了"实施乡村振兴战略"，指出要"促进农村一二三产业融合发展，支持和鼓励农民就业创业，拓宽增收渠道。"① 这些都体现了各地在城乡统筹、和谐发展要求的前提下，正在努力实现农业现代化的道路上前进。

(八) 农业生产专业化和市场化

农业生产专业化和市场化是农业现代化发展的必然结果，是满足市场需要的正确发展方向。农业生产专业化是指农业生产会根据农产品种类、生产过程的区别，开展不同地区或企业之间的协调分工，推进农业生产更科学、更高效，使传统农业生产向专门化、集中化的方向转变。农业生产经营市场化是指在农产品市场和农业生产要素市场发展到一定程度后，市场会成为农业运行的载体，也就是说农业生产经营的各个环节都是面向市场的，市场是农业发展的基础，是农业资源优化配置的基础。随着农业生产向专业化和市场化方向发展，先进的生产要素开始向农业领域聚集，这就在很大程度上降低了生产和交换中的管理费用和交易成本，提高了农民的销售利润，促使农产品更好地转化为市场商品。传统农业向现代农业转变的一个重要标志就是农业生产经营的专业化和市场化，可以说这是农业现代化的重要标志。

二、推进中国特色农业现代化的着力点

(一) 要推进农业的市场化

现代农业是以市场为导向的高度商业化的产业。与传统农业相比，现代农业主要为市场而生产，具有很高的商品率、非常完善的市场体系和农产品现代

---

① 习近平在中国共产党第十九次全国代表大会上的报告 [EB/OL]. http: //cpc.people.com.cn/n1/2017/1028/c64094-29613660.html.

流通体系。推动农业市场化，就要把农民组织起来，进入国内外市场，提高农产品的市场竞争力、市场占有率。当前，要针对我国农业由总量不足转变为结构性矛盾的问题，把推进农业供给侧结构性改革作为农业农村工作的主线，着力优化农业产品，培育农业农村发展新动能，把推进农业绿色发展作为农业供给侧结构性改革的主攻方向。

(二) 要适度规模经营

由于现代农业技术含量高、生产效率高、生产能力强的特点，发展现代农业就必须走适度规模经营之路，以适应农业市场激烈竞争的要求。《中共中央国务院关于实施乡村振兴战略的意见》提出，实施新型农业经营主体培育工程，培育发展家庭农场、合作社、龙头企业、社会化服务组织和农业产业化联合体，发展多种形式适度规模经营。

(三) 要发展生态农业

现代农业也是生态农业，它是运用现代科学技术和管理手段，集约化经营，获得较高的经济效益、生态效益和社会效益的现代化农业发展模式。面对我国农业资源约束趋紧、农村农业生态环境污染等突出问题，发展"高效生态农业"的思想和"绿水青山就是金山银山"的发展理念至关重要。党的十八大以来，随着社会主义生态文明、美丽中国和美丽乡村建设的推进，生态农业的发展迎来了战略机遇期。

(四) 要实施科技兴农

农业现代化和现代农业的发展，需要现代农业科技的支撑。科学技术是生产力，现代农业是以水、电、农膜、肥料、农药、良种、农业机械等先进农业技术为支撑的，现代农业发展离不开农业科技。2014年12月，习近平总书记在江苏调查现代农业发展情况时说，现代高效农业是农民致富的好路子。要沿着这个路子走下去，让农业经营有效益，让农业成为有奔头的产业。

(五) 要构建现代农业经营管理体制

现代农业要有现代的经营管理体制来保证。推进农业现代化，要突出抓好加快建设现代农业产业体系、现代农业生产体系、现代农业经营体系三个重点，建立与现代农业相适应的政府宏观调控机制，建立完善的农业支持保护体系，包括法律体系和政策体系。

第六章 城乡一体化发展的推进路径

（六）要培养造就新型职业农民队伍

现代农业要有高素质的农民队伍、高素质的农业种养人才和经营管理人才，这是现代农业的前提和基础，也是发展现代农业的关键和要求。习近平总书记指出，农业出路在现代化，关键是加强农业科技人才队伍建设，培养新型职业农民。2013年11月，习近平总书记在湖南考察时强调，要切实办好农村义务教育，让农村下一代掌握更多知识和技能。在党的十九大报告中，习近平总书记再次明确提出，培养造就一支懂农业、爱农村、爱农民的"三农"工作队伍。只有切实抓好农业人才队伍工作，才能发展壮大新型农业经营主体，不断增强农业农村发展活力。

第二节 推进新型城镇化建设

当前，我国正走在实现工业化、城镇化、信息化、农业现代化的新"四化"征途上，其中城镇化是重要载体，是现代文明的重要标志，也是我国全面建成小康社会面临的重大课题。完成城镇化的任务，不能走过去城乡分割发展的老路，必须城乡结合、城乡一体，走出一条新型城镇化道路。

一、新型城镇化建设的理论基础

（一）城市化与城镇化

1. 城市化的内涵

"城市化"一词源于英文 urbanization，其词头 urban 意为都市的、市镇的；其词尾 ization 由 iz（e）+ation 组成，表示行为的过程，意为"……化"。1867年，西班牙城市规划设计师赛达在《城市化原理》中从工程技术角度较早使用"城市化"一词，迄今已有100多年的历史了。由于城市化是一种动态的、复杂的、长期的影响深远的经济社会转变过程，因此自"城市化"一词诞生以来，就受到不同学科背景的学者的密切关注，并深入研究。

人口学家倾向于城市化是农村人口不断向城市迁移，城市人口比重不断提升的过程。如赫茨勒指出：城市化，就是人口从乡村地区流向大城市以及人口在城市的集中；威尔逊在《人口辞典》中认为：人口城市化即指居住在城市地区的人口比重上升的现象。经济学家侧重于从经济与城市的关系出发，强调城市化是从乡村经济向城市经济形态的转变过程。沃纳·赫希认为：城市化是从人口稀疏、孤立分布等特征的农村经济，转变为具有基本对立特征的城市经济的变化过程。社会学家以社群网（即人与人之间的关系网）的密度、深度和广度作为研究城市的对象，强调社会生活方式的产生、发展和扩散的过程。如美国学者沃思指出：城市化意味着乡村生活方式向城市生活方式质变的全过程；日本社会学家矶村英一认为城市化的概念应该包括社会结构和社会关系的特点，城市化应该分为形态的城市化、社会结构的城市化和思想感情的城市化三个方面。地理学的城市化定义强调人口、产业等由乡村地域景观向城市地域景观的转化和集中过程。日本地理学家山鹿城次指出，城市化概念应当包括城市地域的扩大、大城市地域的形成、城市关系的形成与变化，等等。

城市化的概念与城市概念一样，迄今为止没有统一的定论。笔者通过对诸多城市化定义的汇总整合，总结出城市化的内涵：随着非农经济向城市集中，农村人口向城市集中，城市基础设施不断完善、其综合承载力不断增强，逐步实现经济城市化、空间城市化、人口城市化，完成人们生活方式从乡村社会向现代都市的转变。

2. 城镇化的内涵

"城镇化"是我国学者创造的一个具有中国特色的新概念，显然，该词汇的出现要晚于"城市化"。1991年，辜胜阻在《非农化与城镇化研究》中使用了"城镇化"的概念，提出了中国的城镇化发展的"二元城镇化理论"，即在推行以发展城市圈、城市带为特点的网络型城市的同时，推进农村范围内的村庄和居民点向城镇聚集。农村城镇化作为整个城市化过程的重要组成部分，指农村人口由第一产业向第二、三产业转移，居住地由农村区域向城镇区域迁移的空间聚集过程。具体表现为：农民身份的转变，生活方式的改变，基础设施和公共服务的提升和共享等。城镇化是我国发展阶段的产物，是一个发展中的概念，是一个历史范畴，符合中国当前由农业人口占很大比重的传统社会向非农业人口占多数的现代化社会转变的历史过程，是我国在实现工业化、现代化过程中所经历社会变迁的一种反映。因此，党的十五届三中全会通过的《中共中央关于农业和农村工作若干重大问题的决定》正式使用了"城镇化"一词，这是近50年来中国首次在最高官方文件中使用"城镇化"。

3. 城市化与城镇化的关系

从前文对城市化和城镇化含义界定可以看出，二者是既有联系又有区别的概念。两者的相同点是：都是实现了人口从分散到集中，人们从事农业活动到从事非农业活动，实现农民的职业转换和居住地的空间转移过程。也就是说，两种提法的"化"字内涵是完全一致的，指的都是事物朝着某种目标运行的变化向度、发展态势、变迁路径和演进趋向的动态过程。两个概念的差别，在于"城市"和"城镇"的差别。其不仅是中文词汇的不同，更是基本内涵的差异。《现代汉语词典》对"城市"一词的解释是："人口集中、工商业发达、居民以非农业为主，通常是周围地区的政治、经济、文化中心。"《现代汉语词典》对"城镇"一词的解释是："城市和集镇。"《中华人民共和国城市规划法》第三条对"城市"一词的解释是："本法所称城市，是指国家按行政建制设立的直辖市、市、镇。"尽管在2008年颁布《中华人民共和国城乡规划法》取代《中华人民共和国城市规划法》，"城市"定义未做改变。据规划局的解释是，这里的"镇"指的是非农业人口为10万左右，是小城市的范畴。在实际操作中，通常指的是位于县城的城关镇及少数的具有一定规模的"重镇"。而"城镇化"中的"镇"指所有的建制镇及乡镇管辖的小集镇。因此来说，城市不等于城镇，城市化不等于城镇化，城市化水平不等于城镇化水平。"城镇化"模型的基本结构是："城镇化" = "城市化" + "乡镇化"。城镇化不仅包含了城市化的主张，也包含了乡镇化的导向。

从国家层面将"城镇化"一词取代"城市化"，是基于小城镇在中国的特殊作用，使得"城镇化"的提法更符合中国国情。采用"城镇化"的概念，有利于避免片面发展大城市而产生一系列的问题，确保制定城镇化政策时既包含大城市，又积极发展小城镇，从而建立布局合理的城镇体系，使得农村人口有序转移，城乡经济社会协调发展。

新型城镇化进程中的城乡一体化建设

(二) 新型城镇化概念的提出

改革开放以来,我国城镇化进程不断加快,这对于扩大内需、推动经济发展具有不可替代的作用。然而这种粗放型工业化推动下的传统城镇化发展模式,也带来很多问题,导致城镇人口规模量的几何级增长,城镇空间"摊大饼"式的无序膨胀,能源资源的大量消耗,城市承载能力不堪重负,城镇生态环境迅速恶化,贫富差距两极分化,严重制约着我国经济升级转型,制约了城乡一体化发展,影响了共同富裕进程,生态文明建设也难以为继。在这样的背景下,走新型城镇化成为学界和政界的普遍共识。党的十六大报告提出"走中国特色城镇化道路",新型城镇化概念已经呼之欲出。2003年谢志强在《社会科学报》发表《新型城镇化:中国城市化道路的新选择》一文,开始探讨新型城镇化道路。党的十六届五中全会提出"新四化"目标,明确倡导新型城镇化的发展方向。党的十七大报告确定"新五化",提出了新型城镇化的指导思想。随后,新型城镇化写入国家和各级地方政府的"十二五"规划之中。党的十八大报告明确提出"坚持走中国特色新型城镇化道路",进一步明确提出新型城镇化的概念。十八届三中全会《决定》对推进新型城镇化的战略思路和具体路径做了明确规定。随后我们党召开了全国城镇化会议,旨在进一步探讨新型城镇化的推进思路、具体对策及保障措施。

国务院总理李克强明确指出,新型城镇化的核心是以人为本的城镇化,这就要求不断提升城镇化建设的质量内涵,推动城镇化由数量规模增加向注重质量内涵转变。具体体现在以下几个方面:一是重在强调产业支撑、人居环境、社会保障、生活方式等方面实现从"乡"到"城"的转变;二是通过观念更新、体制革新、技术创新和文化复兴,推动全社会的新型工业化、区域城镇化、社会信息化、农业现代化、生态良性化的发展过程;三是通过建立以改革农村土地制度为主的补偿机制、以改革户籍制度为主的基础设施和公共服务共享机制、以产业支撑和城镇体系建设为主的协同机制,推动农村人口真正能够"转得出、进得来、留得住";四是要改变以往依靠中心城市带动的城市化发展战略,而是更加强调发展城市群、大中小城市和小城镇协调发展的城乡一体化建设方针。综上所述,不论从新型城镇化的提出的发展历程,还是从其实质内涵、现实意义看,其必将成为今后一个时期中国发展的重要战略任务。

二、新型城镇化建设的重要意义

(一) 新型城镇化是经济全球化背景下我国从整体上加入世界城市网络体系的客观需要

当今世界,经济全球化、信息化是发展的总体趋势。随着经济全球化、信息化程度越来越高,通信和交通的发展使得资源的流动成本日益降低,各国的经济体系将越来越开放,各种资源(信息、技术、资金和人力)的跨国流动规模越来越大,这将要求各国在全球化进程中,经济结构在空间上的重新组合,于是城市和区域体系将再次演化,将形成崭新的多级、多层次的有机联系的世界城市网络。因此,在我国当前正处在加速城镇化的关键时期,必须要改变基于传统"大一统"国家治理的框架,分为首都、省会、中心城市、县城等级别的传统的城市体系构建思路,从经济全球化的生产、流通、交换体系的形成机制出发,从加入到世界城市网络体系高度,构建新的功能节点。这就要求我国充分发挥后发优势,借鉴发达国家城市化的经验教训,高起点、高质量地建设新型城镇化,通过新兴产业的发展融合城镇化进程,构建新的城市网络体系,特别是要建立国际性和区域性的创新中心城市,并使之尽快成为中国与世界经济连接的新节点①。

(二) 新型城镇化是我国扩大内需和转变经济发展方式的强大动力

近些年,党中央多次提出经济发展方式要从依赖出口和投资转变到消费、投资、出口协调发展上来,增强消费对经济的拉动作用,特别强调在扩大内需上下功夫。而新型城镇化就是一个扩内需、转方式的过程,这个过程在宏观上表现为经济结构、社会结构、文化观念、空间结构的变迁,在微观上表现为个人就业方式、消费方式、休闲方式、思想观念等的转变。这些转换都会有一个物质化的外在表现,那就是消费结构的转变②。

随着农民大规模进城定居,新生活环境下,进城农民的生活方式、居住方式、思想观念等发生着翻天覆地的变化,其消费观念和生活需求潜力得到充分

---

① 顾朝林,张勤,蔡建明. 经济全球化与中国城市发展——跨世纪城市发展战略研究 [M]. 北京:商务印书馆,1999.
② 王振中. 中国城市化道路 [M]. 北京:社会科学文献出版社,2012.

释放,对医疗、休闲、通信等城市公共设施和服务产生巨量需求,这就创造了和提升了巨大的刚性内需。据统计,城市人口每增加 1 人,其用于消费的支出要增加 5 倍以上。另外,拉动的城市基础设施和公共服务的潜在投资需求是 10 万元左右。那么,如果每年进城人口有 2000 万,那么仅城市基础设施这一项投资需求就达到 20 万亿元。①

(三) 新型城镇化是解决和预防传统城镇化造成的诸多经济社会问题的有效途径

改革开放后,我国的城镇化水平得到了极大提升,然而这种粗放的规模扩张式的传统城镇化发展模式,无论对于经济转型还是自身的可持续发展,都产生了诸多不利影响。这就呼唤以新型城镇化战略化解传统城镇化面临的诸多问题。一是新型工业化呼唤新型城镇化。要走科技含量高、经济效益好、资源消耗低、环境污染少的集约式、内涵式的新型工业化道路,必然要求较高素质的人力资源、与区域经济发展和产业布局紧密衔接的城市布局,以及农业转移人口有序市民化和公共服务协调发展,注重城镇化的社会管理和服务创新。新型城镇化完全符合新型工业化的要求,为新型工业化的发展提供了坚实的保障。二是以新型城镇化解决中国城镇化自身发展中出现的问题。尽管我国的城镇化还滞后于工业化,但已经出现了各种不良倾向。诸如:半城镇化、被城镇化、"大跃进"城镇化等现象,从而造成大城市过度集聚、小城镇无序开发、耕地乱占滥用、地区发展失衡、城市之间关系不协调、两栖人口不断增加等诸多问题,如果不采取新型的科学的城镇化道路,尽早预防和治理这些经济社会问题,以后将更难根治,严重制约我国走可持续发展道路。

(四) 新型城镇化是统筹城乡发展、推动产业升级的引擎

新型城镇化的一个重要内容就是逐步实现基础设施和公共服务的城乡共享,可以使进入城市的农业人口享受城市的发展成果,同时使得城市文明向农村扩散,特别是就地城镇化的农民生活方式城市化、接受的公共服务城市化,逐步改变城乡二元经济社会结构,实现城乡一体化均等融合式发展。

---

① 郑新立. 转变经济发展方式是刻不容缓的战略任务 [J]. 北方经济, 2010 (17): 13.

三、新型城镇化建设中的文明城镇建设

"文明城镇"称号对于提升城市品位、优化发展环境、扩大对外开放、增强城市软实力,特别是提升新型城镇化建设质量,促进城镇化进程健康、可持续发展,具有十分重要的意义。因此,在新型城镇化建设进程中,应特别注重城镇的精神文明建设,着力提升城镇的文化内涵,建设富裕文明的新型城镇。

(一) 新型文明城镇建设的目标和重点任务

1. 新型文明城镇的建设目标

文明城镇建设目标,就是要突出重点、精准发力、注重细节、深度推进,不断改善人居环境,提高市民的文明素质和城镇文明程度,营造廉洁高效的政务环境、公正公平的法制环境、规范守信的市场环境、健康向上的人文环境、安居乐业的生活环境和可持续发展的生态环境,努力把城镇建设得更加优美、更加有序、更加和谐,促进城镇经济更加发展、政治更加安定、文化更加繁荣、社会更加和谐、民生更加殷实、风尚更加良好,努力打造文明传承创新区,努力把城镇建设成区域文化中心和精神文明高地。

2. 新型文明城镇建设的重点任务

(1) 解决新型文明城镇建设氛围不浓的问题。当前新型文明城镇建设氛围不够浓厚。宣传力度需进一步加强。存在的主要问题是:个别新闻媒体的文明城镇建设专题专栏时断时续,基本没有在主要版面、黄金时段刊播大篇幅、有深度的重量级报道,宣传密度、力度不够;主要公共场所、市区主干道、出入市口以建设新型文明城镇为主题的大型公益广告档次不高,广告数量较少;广场、车站、机场等公共场所建设新型文明城镇的主题公益广告少,商业广告多、乱、杂,有些地方用字不规范,制作品位低,影响了城镇形象;街道办事处和社区精神文明创建专栏内容更新慢、频率低、形式不够多样化、影响不够广泛;城镇网通、移动、联通利用手机短信形式宣传建设新型文明城镇工作力度还不够、形式不活、氛围不浓;市民对建设新型文明城镇的知晓率不够高,宣传发动还需要加大力度,城镇所有单位、全体市民参与文明城镇的积极性还需要进一步调动。这些都需要党和政府在新型文明城镇建设过程中高度重视,并着力加以解决。

（2）加强突出问题治理。当前新型文明城镇建设中还存在一些突出问题，影响城镇的文明形象。比如：个别地方垃圾乱堆乱放、"五小"反弹，卫生状况滑坡严重；少数都市村庄、背街小巷、集贸市场以及无主管企业杂居院社区人居住环境投入和整治力度不够，市民投诉较多；交通秩序不够规范，行人、非机动车乱闯红灯、乱穿马路、违法停车、乱停乱放等不文明交通行为仍然十分突出。因此，在解决交通拥堵、道路破损、道路占用、市容市貌等问题方面亟待突破，在食品行业、窗口行业、公共场所等重点领域需加大常态化检查惩处力度。

（3）要着力提高公民思想道德素质。城镇的文明程度，归根到底取决于市民的文明素质。就一些文明城镇目前的建设情况来看，随地吐痰，乱扔果皮纸屑，乱倒垃圾，乱摆乱放，私自摆摊设点，光膀子喝酒、打架斗殴、小偷小摸、坑蒙拐骗等现象时有发生，不同程度地影响了城镇的形象，而市民文明素质的提高是一个长期的过程。另外，根据问卷调查显示，"市民对政府诚信的满意度""行业风气满意度""群众对反腐倡廉工作的满意度"等指标达标情况不够稳定，体现出各级党政机关、执法部门及窗口行业的办事效率、服务水平有待进一步提高。

（4）扩大文明城镇建设投入。新型文明城镇建设中面临的一些突出问题，不论是解决交通拥堵、城市绿地建设、市容市貌整治等，还是改善居民的住房、教育、就业、养老等民生问题，都需要足够的公共建设投入，需要坚实的财力做保障，特别是地铁、城市快速路、地下管网、市容绿化等基础设施，投入大、见效慢、周期长，更需要决策者和市民达成共识，宁可在其他方面日子过紧一些，也要在这方面加大投入，补基础设施的欠账，补民生事业投入的不足。这些都需要付出高昂的成本，需要大量的财政投入，而当前投入仍然不足严重制约了一些地方的文明城镇建设。另外文明城镇建设中各项经费开支缺乏长效机制，往往突击建设时经费比较能保证，而大量的日常文明城镇建设经费缺乏统筹规划和总体设计，经费投入随意性较大，科学性、严谨性、可持续性欠缺。

（5）坚持责权利统一提高公共服务水平。在文明城镇建设工作中，人、财、物的调配权主要集中在上级部门，而责任主要集中在下级特别是基层一线部门，这就导致了一定程度上的责权利不均衡。同时文明城镇建设的目的是利民惠民，本身要求政府从管理型政府转变为服务型政府。但囿于种种原因，在文明城镇建设中往往是进一步强化了政府的城市管理角色，加大了对市民的治理力度，在给市民生活带来很多不便的同时也引发很多新的矛盾和冲突，造成许多新的不和谐因素，比如城管在文明城镇管理中和商贩的冲突等，就是其中的典型代表。如何转变管理理念，促进城市管理者换位思考，变"堵"式管理为"疏"式管理，变严打高压式管理为温情脉脉的服务型管理，达到管理者和被管理者和谐共生、互相体谅、互相支持的理想状态，依然是文明城镇建设中任重道远需要解决的问题。

（6）建立长效机制，健全领导体制、奖惩机制、网格化管理机制等，巩固提升文明城镇建设成果。当前一些地方在文明城镇建设工作中，还存在"大呼隆""一阵风"现象，突击性、突发性工作比较多，工作依然存在紧一阵、松一阵现象，应付上级检查评比现象，还没有形成健全的长效机制。监督检查偶发性、临时性较多，常态化、规范化监督不足。巩固提升文明城镇建设成果的工作机制尚未形成体系，需要在常态化、长效化上下大力气。如何经常抓、长期抓，把文明城镇建设各项指标体系分解部署，深度融入各项建设和管理事业中，融入城镇广泛开展的网格化管理中去，做到经济发展和精神文明两手抓、两不误，依然是我们需要下大力气加强和完善的重要环节。

（二）新型文明城镇建设的对策建议

1. 立足一个出发点："教民惠民、持续求进"

（1）加强公民道德建设，提升市民的文明素质。加强公民道德建设，要以全面加强教育为先，同时促进学校教育、家庭教育、社会教育以及其他方面教育之间的协调，从而形成一个完备的教育体系，发挥它们各自的职能作用，才能真正地实现公民道德的提高。要突出加强社会教育，着力培养文明市民，提升文明城镇水平。加大"讲文明、树新风"公益广告宣传力度；持续在社区、机关、学校、企业等基层单位开展爱国歌曲大家唱活动；深入开展学雷锋志愿服务，在学校开展学雷锋主题班日、主题队日、主题团日等实践活动，在社区开展"学雷锋，献爱心"活动，企业开展"岗位学雷锋，争做好员工"活动等方式进行宣传。着力培养提高青少年文明水平，把道德教育融入幼儿园、中小学教育全过程：一是中小学广泛开展"道德讲堂"活动；二是弘扬雷锋精神，开展志愿服务活动；三是大力推进"我们的节日"主题教育活动；四是大力推进资源节约活动，积极倡导勤俭节约之风；五是统筹相关部门综合整治对青少年成长不利的社会环境，加强网吧、歌厅等娱乐场所管理，严禁青少年进入这些场所。

(2) 加大民生事业投入，提升市民的幸福指数。"仓廪实而知礼节"。市民民生保障程度越高，幸福指数也就相应地提高，公民就有条件更加注重礼仪道德修养，更加重视营造文明美好的人居环境和社会秩序。要在经济不断发展，政府财力不断增强的基础上，不断加大民生事业投入，巩固提升教育公平、养老保障、全民医保等工作，加大城中村、棚户区改造和公租房建设力度等，提高公共文化体育设施建设水平等。另外，城市绿化、环境整治、社区居民环境的整洁、城市交通的畅通都是衡量城镇文明程度的重要指标。政府相关部门对此必须采取有力措施，秉行"尽力而为，量力而行"的准则，将保障和改善民生作为城镇文明建设的主线，并且通过创办和实施一系列项目来改善老百姓的生活质量，将城镇建设成为富强、文明、和谐、美丽的新型现代化城镇。

2. 把握两个重点：提高全民参与度与加强社会管理

(1) 大力提高市民文明城镇建设参与度。要整合宣传资源，建立宣传教育中心，充分发挥媒介的作用，利用手机短信、移动电视等新兴传播手段，调动公益广告、宣传橱窗等多种载体，积极争取记者、作家等社会力量参与到文明城镇建设的宣传报道工作中来。

第一，加大公益广告建设力度。制定文明城镇公益广告覆盖标准，结合拆迁和旧城改造等工程，因地制宜加大公益广告牌的建设力度。可以在城镇的出入口、主干道节点等人多影响大的位置多设置一些大型、巨型而又美观的永久性公益广告牌，建设、市政园林等部门可以对这类广告牌的开设简化审批程序，城管执法部门可以对公益广告牌加大保护力度。

第二，开展全民环境保护活动，凝心聚力建设美丽城镇。目前一些城镇的主要街道两旁随手丢的垃圾较多，对市容市貌影响很坏。要消除这种现象就必须充分调动公众的参与度，让更多的人参与环保。建议为了更好地促进文明城镇建设，政府需要设立文明城镇建设热线电话，这样当市民看到一些不利于文明城镇建设的情况时，例如环境卫生不干净、城市里的公共设施被人破坏、一些不文明行为或者窗口行业服务不规范等问题，随时都可以拨打热线电话进行举报。鼓励全民参与并自发成立民间环境保护组织和志愿者组织，在法律许可范围内，通过有组织的环保公益活动，引导全民参与进行环保活动。

第三，大力开展文明城镇建设进家庭活动，有效扩大群众的知晓率和参与度。组织动员广大市民"人人参与、家家行动"，努力"从我做起、从现在做起"，积极提升文明素质，为文明城镇建设做出积极贡献。

第四，市民文明培训进社区，充分发挥区、街道、社居委的作用，通过社区居委会，一抓市民文明规范养成培育；二抓载体活动，如抓文明小区、文明道路创建，积极引导市民自觉投身到文明城镇建设活动中去；三抓文明城镇建设典型，发挥先进典型的带动力量，带动整体文明水平的提升。

第五，建立完整的全民参与、鼓励机制，使人们不仅从自身做起、从一点一滴的小事做起，而且要带动周围的群众，为社会道德的提高献出自己的一份绵薄力量。同时调动广大人民的积极性，使他们自愿投身到学雷锋，树新风，做好事等志愿服务中来，此外，大力开展一些志愿服务活动，比如，扶持老人、帮助残疾人、照顾小孩等，替国家出一份力。

（2）健全市民文明素质提升的硬性制度保障。市民文明素质的提升离不开制度的刚性约束作用。目前在社会上经常会有一些失德现象的发生，例如，现在信用风险变得越来越大，主要是由于其相关的诚信体系建设不完善，让失信者有机可乘。除此之外，失德现象的频繁出现，其根本原因是我国相关法律法规的缺失，造成了无法对这些失德行为进行警戒和惩治的严重后果，以致在一定程度上纵容了这些失德现象的发生。因此，提升市民的文明素质必须要有制度的刚性约束。

第一，健全法律法规构筑道德保障体系。为了弘扬社会正气，并为激浊扬清创造良好的法治环境，需要特别完善相关的法律法规。除此之外，为了增强大家向上向善的动力，还应制定相关的奖励和保护见义勇为行为的法规条例，甚至还可以采用经济、行政等手段来引导大家，逐步形成引导与约束、自律与他律相结合的道德保障机制。

第二，增强全民诚信体制建设。经全国人大批准，我国将建立以组织机构代码和公民身份证号为基础的社会信用代码制度。因此治理失信行为的最有效的措施是在全社会建立一套比较完整的诚信体制。2013年3月15日，我国的《征信业管理条例》开始实施，标准我国征信市场进入规范发展阶段。因此应加快完善我国的征信系统使其覆盖全社会，形成一个较为完善的惩戒防范机制。此外，应健全个人和单位的信用档案，完善"黑名单"制度，以此搭建一个统一的信用记录平台。

第三，建立惩戒机制。古人云："严刑重典者成，弛法宽刑者败"。要想把国家道德失去规范性治理好，绝不可以只靠道德的教育和舆论界给予的谴责，最主要的还是国家要制定相关的法律法规，实施相关的措施，对于那些失去道德和败坏道德的人给予相应的惩罚，对于那些违反法律的人实施必要的打击。

3. 着力两个难点：保障弱势群体和转变政府职能

（1）解决好城镇弱势群体的民生保障。

第一，党委政府要更多关注城镇弱势群体，努力使他们享有学有所教、劳有所得、病有所医、老有所养、住有所居的基本需求。公共财政要向弱势群体民生倾斜，通过提供公共产品和服务满足弱势群体的公共需求。加速弱势群体民生保障体系的构建，把公共服务体系做到公平公正、惠及全民、水平适度、可持续发展的程度，真正使全民共享改革和经济发展的成果，推动城镇向更高文明程度迈进。

第二，尽快将农民工纳入城镇救助范围。对在城镇里已经有了相对稳定的工作和居住地的农民工可以直接加入到该地的城镇救助范围，对那些没有稳定下来的农民工则国家应指定统一的救助标准并建立救助基金。尽快建立城乡一体的社会救助体系，以扫除社会救助的盲区。

第三，实施就业援助，建立"流动机制"。对弱势群体的救助应考虑如何帮助弱势群体就业。一是提高其劳动技能。可让有工作能力的弱势群体在开办的免费培训班中学会一技之长。二是对那些没有正常工作能力的弱势群体中的弱势群体，可根据条件因人设岗。如开办福利工厂帮助就业。三是鼓励那些有创业欲望的弱势群体，通过减免税收简化手续等一系列措施帮助这些人创业，或者在有条件的地方设立小额创业基金提供免费贷款服务。

（2）加快转变政府行政管理职能。加快城镇的现代化步伐，建设更高程度的城镇文明，要求我们必须采取切实有力的措施，加快实现政府职能转变。要提升群众的满意度，关键在于提升政府形象。要以打造为民务实清廉为目标，强化政府在城市发展过程中的宏观调控、社会保障和公共服务职能。加强政府的民主化建设，提高广大市民参与城镇建设的积极性，拓宽市民参与文明城镇建设的途径。转变政府职能，放宽市场准入，凡是那些适合社会组织和企业提供的产品和服务应有计划地转为社会和市场运作，通过项目管理、公开采购等方式提高效能。

4. 选准文明城镇建设的突破点

（1）建立健全文明城镇建设指标体系。完善的指标体系是评价和考核文明城镇建设的重要标准，确保文明城镇建设工作的整体推进，就应构建完善的指标体系，为建设文明城镇提供科学的衡量标准。建立健全指标体系，可为具体的工作提供相应的指标、标准，能够更好地衡量建设文明城镇工作过程中各项工作完成的程度，同时可以有力监督各项工作顺利有效地完成，为巩固提升文明城镇的建设能够得到有力的保障。据《全国城市文明程度指数测评体系》，可将文明城镇建设指标体系的构建工作具体化，例如，重点工作材料审核、实地考察现场、问卷调查、未成年人思想道德建设工作等部分，并对其进行细化，将每部分都具体到点，使整个指标体系能够覆盖到构建文明城镇建设的方方面面。只有拥有完善的指标体系才能使文明城镇建设工作顺利并有序地进展下去。

（2）突出"三个注重"。当前，一些地方开展文明城镇建设成效显著，但对照《公民道德建设实施纲要》《全国城市文明程度指数测评体系》《全国未成年人思想道德建设测评体系》等各测评体系标准，有很多不合标准的项目。文明城镇建设应对整体工作注重查摆，不达标项目坚决整改；对达标但标准不高项目要注重提升；对易反弹问题要注重治理。要抓好学习培训、责任分解、宣传发动、督促检查；开展好"讲文明树新风"文明道德公益广告的宣传、学习雷锋精神和参与志愿服务、道德模范的评选以及有助于形成学习道德模范、崇尚道德模范、争当道德模范的社会风范的活动；要注重抓好落实各个测评体系与文明城镇建设指数测评体系的有机结合。

(3) 改善社区人居环境。市容市貌是城镇的形象，直接影响文明城镇建设的基本标准。环境卫生是文明城镇建设和城镇整治过程中最为顽固和最易反弹的问题，因此坚持做好城镇环境卫生显得任重而道远，这就更要求我们循序渐进，层层推进，在原有的基础上更近一步，开展大规模城镇无缝隙绿化、市容卫生环境整治，改善市容市貌环境。加强城市绿化工作，完成城区主要景观绿化工程，依托城镇道路建设生态廊道，提高建成区绿化覆盖率、绿地率及城市人均公园绿地面积。要加大人行道、绿化带公共服务设施的管理，确保完好整洁美观。改善社区人居环境，提升公共绿地及小区庭院绿化的管理和养护水平，确保公共绿地内的花草树木生长良好，卫生干净整洁。

第三节　实施乡村振兴战略

实现城乡融合发展，最艰巨、最繁重的任务在农村。农村人口众多是我国的国情，只有发展好农村经济，贯彻好习近平总书记在党的十九大报告中提出的乡村振兴战略，建设好农民的家园，让农民过上宽裕的生活，才能实现城乡经济社会的融合发展，才能保障全体人民能够共享经济社会发展成果。

一、乡村振兴战略的含义和历史意义

乡村振兴战略是指在社会主义制度下，在习近平新时代中国特色社会主义思想的指导下，按照"产业兴旺、生态宜居、乡风文明、治理有效、生活富裕"的总要求，协调推进农村经济建设、政治建设、文化建设、社会建设和党的建设的顶层设计。乡村振兴战略的提出是习近平"三农"思想的具体体现，是党在新时代对"三农"政策的创新与发展。实施乡村振兴战略是新时代我们党解决"三农"问题的抓手，必将对农业、农村、农民的面貌产生重大而又深远的影响。具体表现如下：

(1) 乡村振兴是农业发展的基石。与发展工业所需要的集约化和规模化

第六章 城乡一体化发展的推进路径

不同,农业发展具有典型的地域化特征,乡村的形成往往也与农业发展的要求高度相关,乡村由此也成为农业发展的出发点和落脚点,成为发展农业的平台,成为农业生产要素的集散中心。实践表明,乡村发展好的地方,农民从事农业生产的积极性就会高涨,农业生产的效率就会稳步提高,而农业的发展又会反过来促进农村各项事业的进步,从而呈现出一种良性循环的局面;而那些乡村落后的地方,从事农业生产的农民不仅数量少,而且积极性也不高,农业的发展就会严重滞后,这种滞后又会反过来阻碍乡村发展的步伐。

(2)乡村振兴是满足农民对美好生活追求的重要举措。"以人民为中心,一切为了人民"是我们党发展经济的重要思想。乡村是农民生活的家园,没有农村的发展,农民的生活水平就不能提高、生活状态就不可能美好,农民就不能安居乐业,农业的发展就失去了坚实的社会基础。过去很长时间以来,由于农村的不发展、农业基础设施的落伍、农村教育文化的贫瘠、医疗保障的不充分、社会治安的滞后等问题,富裕之后的农民不愿种地、以迁徙到城镇作为自己的人生目标,而留守在农村的农民的素质呈现出不断下降的趋势,长此以往,必将掏空了农业发展的基础,使得农业发展成为无本之木、无源之水。正是在这一背景下,党在2005年10月召开的十六届五中全会上通过的《中共中央关于制定国民经济和社会发展第十一个五年规划的建议》(以下简称《建议》)中,第一次将"建设社会主义新农村"作为我国现代化进程中的一项重大历史任务。《建议》指出,要按照"生产发展、生活宽裕、乡风文明、村容整洁、管理民主"的要求,坚持从各地实际出发,尊重农民意愿,扎实稳步推进新农村建设。可见,乡村振兴战略是促进农业进步、壮大集体经济、提高农民收入的重要举措,是我们党在国情世情农情发生重大变化的背景下解决"三农"问题的一次重大政策调整,是对"建设社会主义新农村""美丽乡村建设"思想的发展。

(3)乡村振兴战略是实现城乡融合的重要选择。当前,我国人口总规模巨大,即使将来实现了70%以上的城市化率,届时,中国仍然会有3亿~4亿人生活在农村。这就是说,城镇化不可能取代乡村振兴战略,城镇与农村在经济社会生活中的功能性差别不可能也不应该被消除。不能把城镇建设的做法简

· 165 ·

单地套用到农村建设中去,不能把城镇的居民小区照搬到农村去、赶农民上楼。乡村建设还是应该保持乡村的特点,这种"和而不同"不仅有利于农民生产生活,保持田园风光和良好生态环境,还有利于吸引城市生产要素对农村农业的投入,促进城乡的共同繁荣。

二、始终把发展乡村生产力放在首位

(一)持续不断地深化农村体制改革

首先,要稳定农村土地承包关系并保持长久不变,在坚持和完善最严格的耕地保护制度前提下,赋予农民对承包地占有、使用、收益、流转及承包经营权抵押、担保权能。其次,在落实农村土地集体所有权的基础上,稳定农户承包权、放活土地经营权,允许承包土地的经营权向金融机构抵押融资。最后,完善农业支持保护制度。农业支持保护制度是现代化国家农业政策的核心,也是我国发展现代农业的必然要求。这些年来,国家财政对"三农"的投入快速增长,农业补贴涵盖的范围越来越宽,已初步构建了一套适合我国国情的比较完整的农业支持保护体系。但是,近年来我国国内农业生产成本快速攀升,大宗农产品价格普遍高于国际市场,农业比较效益偏低,保证饭碗牢牢端在自己手里,保证农业产业安全,提升我国农业竞争力,必须进一步加强对农业的支持保护。随着财政收入增幅趋缓,以及农业补贴日益逼近我国加入世界贸易组织承诺的"黄箱"补贴上限,农业支持保护政策也需要调整和完善。在未来相当长的时间里,要坚持多予少取放活的基本方针,提高农业支持保护的效能,加快形成覆盖全面、指向明确、重点突出、措施配套、操作简便的农业支持保护制度体系,以保障我国粮食等主要农产品供给、促进农民增收、实现农业可持续发展。

(二)建立健全合理的乡村产业结构

党中央在我国农村经济体制改革的初期就对农村单一的产业结构进行了规划,提出了"无农不稳,无工不富,无商不活"的口号式目标。经过40余年的发展,农村的面貌焕然一新。然而,乡村产业结构不合理的现象依然还很突出,不进行调整的话,必将会成为制约乡村振兴的掣肘。

当前调整农村产业结构,必须牢固树立创新、协调、绿色、开放、共享的发展理念，主动适应经济发展新常态，用工业理念发展农业，以市场需求为导向以完善利益联结机制为核心，以制度、技术和商业模式创新为动力，以新型城镇化为依托，推进农业供给侧结构性改革，着力构建农业与第二、三产业交叉融合的现代产业体系，形成城乡一体化的农村发展新格局。具体来说可以从以下几个方面着手：一是以调整农业结构、延伸农业产业链、拓展农业多种功能、发展农业新型业态等为内容，发展多类型农村产业融合新方式。二是以农民合作社、家庭农场、龙头企业、产业联盟等为形式，培育多元化农村产业融合新主体。三是以订单农业、股份合作等为形式，建立多形式利益联结机制。

（三）支持和鼓励农民就业创业，拓宽增收渠道

1. 充分挖掘农业内部的就业和增收潜力

要努力发挥农业的多种功能，按照国内外市场的多样化需求，提高农业的集约化、精细化水平，加快发展特色农业、生物质产业、旅游农业，推进"一村一品"的发展，不断拓展农业内部的就业空间和增收渠道。

2. 发展乡镇企业，壮大县域经济，促进农民就地就近转移就业

继续支持耗能少、污染低、效益高、就业容量大的乡镇企业发展。以产业政策和区域政策为引导，合理调整城乡和区域间的经济布局。要结合西部大开发、振兴东北地区等老工业基地、促进中部崛起等发展战略，按主体功能区规划的要求，积极推进中西部地区发展县域经济和提高城镇化水平，促使资金、人才和项目合理向内地中小城市转移，为形成合理的经济布局和农村人口就地就近转移创造条件。

3. 维护农民工合法权益，为农民外出就业提供服务

2017年，全年农民工总量28652万人，其中，本地农民工1146万人，外出农民工17185万人。农民工月均收入水平3485元，呈现出持续增长的势头。外出务工已成为农民转移就业、增加收入的重要渠道。大中城市要全面落实国家关于保障农民工合法权益的各项政策，完善对农民工的就业和社会服务。要提高对农民外出务工经商的职业技能培训水平，加强保障农民工在劳动合同、工资保障、职业安全、社会参与等方面的合法权益；为农民工家庭提供子女义务教育、基本医疗卫生、基本社会保障等方面的服务。

新型城镇化进程中的城乡一体化建设

三、加快推进乡村的社会建设步伐

(一) 不断提高农村社会事业发展水平

要把加强农村义务教育放在整个教育的优先位置,紧紧抓住提高农村义务教育质量这个核心,加大经费保障力度,下大力气改善办学条件,扩大免费师范生计划,尽快培养一大批教学水平高、有志于农村教育事业的优秀教师,让农村孩子能够共享优质教育资源。要进一步巩固和发展新型农村合作医疗制度,充实农村医生队伍,推动优质卫生资源向农村覆盖。要加强农村公共文化服务体系建设,开展适合农村特点的文化活动,创新乡贤文化,弘扬善行义举,以乡情乡愁为纽带吸引和凝聚各方人士支持家乡建设,传承乡村文明。

(二) 完善农村公共服务体系

完善农村公共服务体系,是城乡融合发展的关键。农村公共产品供给总量不足,严重制约了农业生产的进一步发展和农民收入的进一步提高。同时,由于农村公共产品供给长期以来主要是由农民负担其供给成本,因而造成了农民负担较为沉重。因此,要实现城乡融合发展,关键是进一步增加对农业和农村的投入力度,不断增加农村公共产品供给。当前,增加农村公共产品供给,应构建以政府为主体、充分发挥市场与农民作用的多元主体协作供给体制。

(三) 建立健全现代乡村治理体系

农村稳定是广大农民切身利益。农村地域辽阔,农民居住分散,乡情千差万别,加强和创新社会管理要以保障和改善民生为优先方向,树立"系统治理、依法治理、综合治理、源头治理"理念。尽管农村治理现在已经取得了很大成就,然而,农村治理落后的局面也是有目共睹的,需要继续探索乡村治理的新思路和新模式,发挥中国共产党的基层组织领导核心作用,把县乡领导下村下户制度化。

同时,要建立自治、法治、德治相结合的乡村治理体系。①采取有效措施继续健全完善村民自治制度,推进村务公开,发挥社会各类人才、大学生村官、新乡贤等群体在乡村治理中的作用。②发挥法治在现存治理中的作用。法治是现代社会治理的核心,也是乡村治理的核心。当前应该结合乡村发展的实际,加强农村法治建设,推进平安乡镇、平安村庄建设,大农村的安防投入,开展突出治安问题专项整治,引导广大农民群众自觉守法用法,用法律手段来维护自身权益。③发挥道德治理这一我国乡村治理的传统优势。当前,要找新农民的要求,在农村大力推行社会主义精神文明建设,弘扬优秀传统文化和文明风尚,依托村规民约、教育惩戒等褒扬善行义举、贬斥失德失范,唱响主旋律,育成新风尚。

在我国这样一个人口大国实现城乡融合发展的使命光荣,任务艰巨,因此必须增强机遇意识、责任意识、忧患意识。我们相信,只要不断解放思想,实事求是,抓住机遇,勇于创新,这一伟大目标就一定能够实现。

第七章 城乡一体化发展的保障和实施重点

产业发展是城乡一体化发展的载体。任何一个二元经济国家或地区要兼顾经济增长、充分就业、缩小城乡差距、一定的城镇化速度这四大目标,就必须要依靠产业发展,搭建产业发展载体与平台,同时需要维护公平正义,缩小贫富差距,这就需要推进城乡公共服务均等化,为全体公民一视同仁地提供基本公共服务。城乡一体化是中国的阶段性目标,城乡一体化不仅仅是城乡经济社会文化等方面的融合与协调,更是城市生态环境与农村生态环境融合发展、人与自然和谐共存的统一。

第一节 推进公共服务均等化

一、城乡公共服务均等化内涵及意义

(一) 公共服务均等化内涵

1. 城乡统筹性质

城乡公共服务均等化是城乡一体化的重要内容。城乡一体化是指在一个相互依存的区域范围内,促使城市与乡村这两个不同特质的经济社会单元融合发展、协调共生的过程。城乡一体化是城乡全面对接、共同发展和整体融合的系统工程,包括城乡空间布局一体化、基础设施一体化、产业发展一体化、劳动

就业一体化、社会保障一体化、社会发展一体化,以及生态环境建设与保护一体化等,其中公共服务均等化是城乡一体化最重要、最核心的内容。主要原因:一是公共服务是政府"使用公共权力和公共资源向公民提供的各项服务",有公共设施建设服务、文化教育服务、医疗卫生服务,以及科技服务、体育服务、娱乐服务等,内容广泛。如果如此多的公共服务都不能实现一体化,那城乡一体化便无从谈起。二是公共服务尤其是基本公共服务是实现人类全面发展的基本条件,主要是为了满足人类生存、人类尊严和健康安全的基本需要,而这恰恰是城乡一体化发展的逻辑归依。没有保护人类生存和发展方面的公共服务均等化,其他方面的一体化就会黯然失色,失去现实意义。

2. 公共服务分类

城乡公共服务均等化的重点是民生服务。公共服务的范围涉及各行各业,可以将其划分为不同种类,如在领域方面,公共服务可分为基础性公共服务、经济性公共服务、社会性公共服务和安全性公共服务;在公共资源的稀缺程度方面,公共服务可分为无偿性公共服务和有偿性公共服务;在表现形态方面,公共服务可分为有形公共服务和无形公共服务;在地位上,公共服务可分为基础性公共服务和非基础性公共服务等。在这里,领域上的基础性公共服务与地位上的基础性公共服务是不同的,前者是指政府为提高和改善居民生产、生活环境而提供的道路建设、供水、供电、供气,以及交通、通信等基础设施建设和维护服务,和有形公共服务或公共产品类似,而后者是指在形成一定的社会共识的基础上,结合国家财政供给能力、社会发展总体水平和公民需求状况,维持社会稳定、保护公民基本权利、促进人类全面发展的公共服务,主要包括公共就业服务、社会保障服务、基础教育服务、基本医疗卫生服务、公共文化体育服务等。城乡公共服务均等化是公共服务的全面一体化,但一体化并非没有重点,不分主次,在公共服务发展的任何阶段中,民生服务都应该成为城乡公共服务均等化的重要领域。

3. 公正理念

城乡公共服务均等化要尊重社会成员的公民权利。城乡公共服务均等化发展既要提高公共服务的普惠性、可及性,保障广大农村居民——不论居住得多么偏远,也不论他们的经济收入和生活水平存在多大差异——都能享有与我国经济社会发展水平相当、结果大致均等的公共服务,而且还要秉持公平正义的发展理念,确保广大农村社会成员都能享有《宪法》赋予的公民基本权利。城乡二元体制形塑下的城乡公共服务不平衡状况,这不符合社会公平正义理念,损害了农村社会成员的公民生存权、发展权和自由选择权,因此,城乡公共服务均等化战略的实施,要增强为农村居民的生存和发展提供公共服务外,同时,要特别注意尊重他们的自由选择权。不能因为公共服务是政府免费为农村居民提供的,就不考虑农村社会成员公共服务的真实需求,擅自替他们做主,也不能借口农村公共服务要与城市对接,就强迫农村居民居住到公共服务水平高的城郊社区或农民集中社区,更不能以农民"不听话"为理由,就肆意减少、削弱甚至剥夺部分农民的公共服务享有权利。

(二) 推进城乡公共服务均等化的作用

1. 可以缩小城乡差距

在20世纪五六十年代,我国城乡二元体制建立,该体制直接将城乡之间彻底隔离,在此基础上形成了牢固的城乡二元经济社会结构。这种状况到党的十六届五中全会后才有了实质性的改变。新农村建设开展后,国家发展农业、建设农村的"多予、少取、放活"等各项惠农政策相继出台,"公共财政对农村发展的支持由原来比较狭窄的农业生产向农村公共服务和公共基础设施建设延伸,逐步把农村教育、医疗卫生、养老、文化和乡村道路建设、人畜饮水、农村能源纳入公共财政支出范围"。但"总体上,我国城乡基本公共服务非均等化的格局还没有根本改变,统筹城乡社会发展仍然处于初级与起步阶段"。

我国从20世纪80年代开始大力发展乡镇企业和建设小城镇,自20世纪90年代开始城市化进程又不断加快,实际上这并不是城乡的孤立行动,而是已经将城镇化作为城乡连接的桥梁。20世纪80年代的小城镇建设是中国国情的城镇化,20世纪90年代的城市化承继了西方发达国家的城市化发展路径,符合城市化共性,但实践证明,小城镇建设和传统城市化的发展策略对缩小城乡差距的作用微乎其微,都不能解决中国城乡差距问题。

城乡公共服务均等化弥补了以前城镇化的两个不足:

第一,城乡一体化仍要搞小城镇建设,仍要扩张城市发展规模,但它是高于小城镇和单纯城市扩张的举措,有助于将农村、城镇和城市形成一个连续体。

第二，赋予城乡一体化以新的载体或新的平台，即通过公共服务发展，尤其是农村公共服务发展，推进城乡一体化，最终使农村居民从享有与城市居民均等的公共服务向全面一体化合拢，进而使农村居民能过上与城市人均等的经济社会生活。

2. 可以解决民生问题

民生问题直接关系到国家和民族的生存和发展，它的解决关系到国民基本权利保障。从保障民生角度看，"公共服务是指与民生密切相关的纯公共服务"；从实践经验看，城乡一体化推进快的城市，如成都市、苏州市等都把城乡一体化的重点放在文化教育、就业培训、医疗卫生，以及最低社会保障、养老保障、医疗保障等民生服务领域上，并以此为"破冰"点来促进农村居民享有与城市居民均等的公共服务。

推进城乡公共服务均等化发展应紧紧围绕民生问题。一方面，可以增强政府建设新农村和发展农村城镇化的自觉，促使公共服务资源包括人力、物力和财力向农村倾斜；另一方面，可以确保政府在经济发展的基础上不断提高城乡居民生活水平和生活质量，使城乡居民"学有所教、劳有所得、病有所医、老有所养、住有所居"。为此，城乡公共服务均等化实施应该将与民生相关的公共服务作为发展重点，主要包括六个方面：

一是城乡社会保障一体化，健全多层次、广覆盖、可转接且与经济发展水平相适应的城乡社会保障体系。

二是城乡基础设施建设一体化，大力推进公交、供水、供电、供气、通信等公用基础设施向农村延伸。

三是城乡公共事业发展一体化，让农村人享受到与城市居民均等的教育权利、文化权利、健康权利、卫生权利、食品安全权利，以及治安和环境保护权利。

四是城乡劳动就业一体化，采取非农就业和产业内就业"两轮驱动"措施，完善城乡统一的就业体系，使城乡就业的机构、登记、培训和城市一体化。

五是城乡生态文明一体化，开展美丽乡村建设，改善农村人居环境，逐步使农村的河道、污水、路灯、绿化、厨房、厕所、垃圾的治理与城市对接。

六是城乡社会管理一体化，健全农村社区村民或居民自治制度，推进乡镇和村两级社区服务中心建设，强化基层政府公共服务能力，以统一城乡社会管理和社会治理。

3. 可以推进我国经济发展

改革开放使得我国经济得到快速发展，这为城乡公共服务均等化奠定了坚实的基础。只有在经济发展的推动下才可以实现城乡公共服务均等化，但是城乡公共服务均等化并不仅仅是受益于经济发展，同时还是拉动内需、促进经济增长的内生动力。城乡公共服务均等化，既可以通过增加公共服务设施建设和公共服务提供的"公共消费""集体消费"，改善农村居民消费状况，提高他们的公共性消费水平，拉动内需；又可以引导农村居民放下消费包袱，大胆进行"私人消费"，追求自己理想的消费生活。因此，随着城乡公共服务均等化的深入，农村公共消费市场和私人消费市场将随之兴旺和繁荣起来，这将成为破解我国经济发展僵局和实现社会公平的持久动力。

4. 可以落实政府公共服务职能

城乡公共服务均等化及相关体制的建立不仅很大程度上取决于政策导向，同时还可以反作用于政府职能，促使其不得不发生职能转变，从而更好地履行公共服务责任。

第一，城乡公共服务均等化目标的确立，有助于建立健全各级政府的公共服务绩效考核体系，完善上级政府对下级政府及其官员的公共服务问责制，促使政府将管理职能转移到公共服务上。

第二，城乡公共服务均等化战略的实施，有助于进一步明确各级政府的权责，使权责对称并协调统一起来，确保省级以上政府在城乡公共服务均等化中承担更多的责任。

第三，城乡公共服务均等化社会政策的颁布，有助于政府在推进城乡公共服务均等化进程中不断修改、完善扶持和支持农村公共事业发展的各项制度和政策，清理已有的城乡发展不合理的政策，并坚决杜绝新的不利于城乡公共服务均等化发展的制度。

第四，城乡公共服务均等化的多中心治理体制建立，有助于市场和社会力量参与公共服务的供给与管理，帮助政府更好地履行公共服务职能，以尽快实现城乡公共服务均等化的治理目标和治理价值。

二、城乡公共服务均等化面临的困境

(一) 新型农村社区服务体系建设中存在的主要问题

1. 服务资金渠道过于单一

对于新型农村社区服务体系建设来说，必须有足够的资金支持，这项服务体系属于基础设施建设范畴，主要取决于资金的投放力度和效用。所以，资金的筹集成为最关键的因素。由于历史原因，城乡二元化体系的长期存在使得城乡发展不平衡现象日益明显。当前，中央和地方各级政府对农村社区服务体系建设的投入仍然存在不足，全国很多农村仍然存在严重的欠债现象。阻碍我国新型农村社区服务体系建设的原因在于资金来源渠道过于单一，无法满足建设需要。因此，建设新型农村社区服务体系，必须通过有效方式拓宽资金来源。

2. 服务设施总量供给缺乏

虽然现在社会信息化发展迅猛，但农村的社区服务信息化程度较低，农村居民想要了解社区服务信息只能通过广播或信息张贴栏，这就导致信息传播的速度及效率都比较低。由于信息传播方式落后，信息传播的范围狭小，村民获取信息的速度迟缓。当前，很多农村的村民活动中心缺少基础设施，或者设施比较陈旧，只是摆样子，并不能从真正意义上丰富村民的业余生活。因此，农村公共服务建设的一项重点就是完善农村社区的基础服务设施，基础设施是组织村民开展丰富多彩活动的基础。

3. 卫生医疗服务急需健全

我国农村建设仍然存在卫生医疗条件较差，医疗服务不完善、医疗资金不足等问题，"看病难，看病贵"，因病致贫的现象依然困扰着大部分农村居民。由于卫生所和卫生服务中心较少，并且因为专业性较强，农民对药物的了解有限，所以有些乡村医生为了利益，会随意抬高药价，甚至小病大看，而对当前农村医疗卫生服务的监管体系并不完善，直接降低了农村医疗卫生服务的水平，为农村居民享受医疗服务造成不良影响，也就形成了"看病难"的问题。因此，在建设新型农村社区服务体系的过程中，应该加强社区卫生服务中心的建设和完善，以此真正为农村居民解决医疗卫生服务问题。

4. 养老机构服务有所缺乏

"养儿防老"是我国的传统思想，直到今天我国还有大部分农村居民秉承这一理念，这就导致我国农村直至今天依然以家庭养老为主体。第一，农村老人具有比较强的居家观念，他们喜欢留在农村老宅养老，而不喜欢移居到别处养老；第二，子女出于好意将年迈的父母送到别处养老会引来非议，子女需要承受来自村民的舆论压力，对他们精神造成一定伤害；第三，农村社区内的养老服务十分欠缺，没有专业的养老服务机构和专业的服务人员；第四，城市的专业养老服务机构费用较高，很多农村居民的收入水平难以支撑这笔开销，导致他们无法选择这些专业机构为老人养老。从当前来看，因为农村老人的居家养老观念的存在，很多农村老人都希望能在本村建立养老机构，并且接受养老机构进行集体养老的理念。

5. 志愿服务需要规范

当前，我们必须构建一套针对农村的志愿服务体系，以配套农村服务体系。因为农村社区与城市社区不同，周边并没有高等院校环绕，因此缺少积极参与志愿活动的大学生等群体，城市社区通常会有志愿者组织各种活动，如到社区打扫卫生、慰问老人等，农村社区则很少有这类活动。也有一些农村社区会组织志愿活动，但这些活动缺乏连续性，很多活动都沦为"一次性"活动，并且志愿活动的质量并不高，也就是表面工程，并没有真正发挥志愿活动在社区建设中的积极作用。很多农村社区组织志愿者服务单纯为了应付上级检查，志愿者活动的内容也仅仅是打扫卫生等基本工作，服务范围狭窄。因此，农村社区不仅要积极组织志愿者活动，还应该拓展服务范围。

6. 就业指导服务效率比较低

农村社区中有很大数量规模的失业待业人员，这些人员有些属于结构性失业，比如原来主要从事农业，而现在家庭占用土地较少，机械化程度提高，大部分时间是在农闲期，还有些农民已经把土地流转出去，所以造成真正从事农业的农民人数大幅度下降。而农民因为缺乏长时期的技能训练，创新意识较差，导致其在其他产业的就业能力比较差，所以在寻求工业、商业、服务业领域的岗位时，往往由于技术含量较差，没有竞争优势。农民的信息掌握不充分，在当前信息化时代，很多就业的需求与供给都是通过短平快的咨询下发的，所以大部分农民不知道如何找工作，也不知道自己适合什么工作，自己需要为工作准备哪些技能。而我们的农民就业指导服务在这方面欠缺很多，有一些地区也组织了一些技能培训，但由于这些技能不能与岗位结合，使培训效果较差。

（二）城乡一体化下的农村公共服务发展情况

由于相关政府机构对农村公共服务建设的不重视，长期以来，农村社会成员没有公共服务理念，对其需求也表现出漠视，和城市公共服务之间的差距较大。公共政策制定的基础是利益表达，但目前农村公共服务建设的一个重要问题是农村居民的利益表达比较淡漠，这就导致了相应政策在制定时会出现偏差。

1. 农村公共服务需求表达面临城乡一体化发展的新处境

通过我国农村建设实践中可以看到，在一些新农村建设取得不错成果的地区，经济发展要快于公共服务表达意愿，二者的发展并不同步。近年来，地方政府积极推进新农村建设和发展并且取得了一定成果，这些地区的建设重点是改变现有农村规划，如并村建区、撤院住楼等，新的农民居住区搭载比较完备的公共服务，农村居民对公共服务的满意程度也随之不断提高。但当前的新村/社区建设大多属于政府行为，即公共服务是以"自上而下"的方式供给，并不是完全以农民的需求表达为基础而开展的建设。在农村建设和调整的过程中，政府也开始清晰地认识到更高水平的发展应该相伴随高质量的政治参与才会更有效，并且也通过一定途径积极采纳了村民的意见。但也有许多村民认为自己的力量太小，意见表达并不会采纳，从而不与政府及官员博弈，还有一部分村民则因为"害怕孤立"而在农村建设上不敢表达自己的意愿，在这种心理驱动下，很大一部分农民在公共服务表达行为上出现了"晕轮效应"。

有些经济发展滞后的农村，农民不能很好地表达自身的公共服务需求，而这种情况的普遍存在并未得到及时纠正，导致了意见表达越来越冷漠的趋势。主要表现如下：

第一，随着城市不断发展，很多农村逐渐陷入"空心化"或"半空心化"状态，村中只有留守的老人、妇女和儿童，村中几乎没有青壮年男性，虽然他

第七章 城乡一体化发展的保障和实施重点

们是农村公共服务的主要受益者,但是这些人群文化知识水平较低,信息量较少,导致话语权较弱,所以他们无法正确地表达对农村公共服务的需求。

第二,村中表达能力和表达意愿比较强的通常是中青年人,但绝大部分中青年村民都为了更好地发展而外出务工,他们每年回到村里的时间十分有限,甚至有的年轻人几年才回一次家,即使回了家他们也大多不会操心村里的公共服务问题。

第三,一些经济条件比较好的村民会对农村公共服务的落后感到不满,但为了满足他们对医疗、购物、教育和社会保障等各个方面的需求,他们选择逃离农村,投奔城镇,以此寻求更全面、更优质的公共服务,而不是选择向政府表达不满,要求政府提高公共服务水平。在农村社会公共服务建设中,农民的公共服务弱表达或不表达十分不利于建设工作的开展,如果意见表达越来越冷漠,那么农村的情况只会每况愈下,不断衰落。

2. 农村公共服务供给面临城乡一体化发展的新路径

农村集体经济和农民是我国农村公共服务的主要供给主体,政府在该方面提供的只是辅助力量。虽然在新世纪我国各级政府开始加大力度支持农村公共服务建设,但是并没有获得预期效果,政府在推进农村公共服务建设的过程中,很多地方出现了"政府干、农民看"和"干部累、群众骂"的现象。在这样的情况下,农村公共服务供给问题成为一个很难解决的问题,政府加大支持力度并不是单纯地由政府取代农民,而是要在之前建设发展的基础上寻求新的供给路径。社会供给和政府供给都可以由于某种原因出现农村公共服务供给失灵的情况,为了应对这种情况应该采取农村公共服务供给的"一主多元"模式,在这种供给模式下,政府发挥主要作用,与此同时,民间组织供给、社会市场供给和农户自主供给作为有效补充,不同的供给途径相互依存、互为补充(见图7-1)。

"一主多元"供给模式对于缓解农村公共服务的供给不足问题起到了重要作用,同时这种供给模式还可以有效解决多个供给主体的角色紧张问题,但是,从当前来看,我国农村公共服务供给存在的根本问题并不在于此,因此"一主多元"的供给模式不能从根本上解决当前我国农村公共服务供给不足的问题。因为我国农村民间组织的数量少并且发展比较落后,虽然近年来农村合

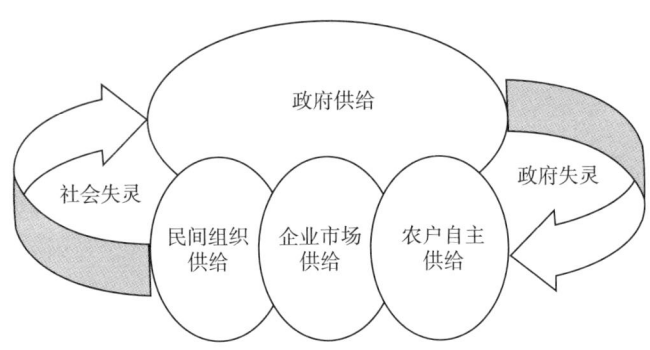

图 7-1 农村公共服务供给主体关系

作组织发展迅速，但这些组织的实际能力并不足以改变农村供给不足的现状，这些供给主体并不能为农村提供长期、充分的农村公共服务；虽然农村市场经济近年来有了一定的发展，但总体上来说，仍然处于比较低级的发展阶段。农村纯公共产品在性质上的非竞争性、非排他性，导致市场提供会失灵，因此作为城乡一体化的企业这个载体很难提供。在承包责任制后，集体经济所发挥的作用不断衰弱，农村的公共服务的提供渠道狭窄，政府成为供给最重要的主体。农村公共服务与城市公共服务相比，服务水平低，并且城乡之间在很多方面都存在显著差距，过于强调农村公共服务供给主体的多元性，这样就为政府在供给方面推脱责任创造了条件，这十分不利于我国城乡公共服务均等化的建设。

3. 城乡公共服务应一体化统筹发展

近些年来，我国加大了农村公共服务建设的力度，但是农村公共服务建设发展依然相对滞后，从实践中可以看出，不同地域的基本条件以及城乡公共服务均等化程度都存在很大差异，并且就目前的实际情况来说，仍没有有效的推进措施。从地域的角度分析，东部沿海发达地区和城郊接合部的农村公共服务建设和发展的速度比较快，在农民比较聚居的地方，比如小城镇、大村庄公共服务水平相对较高，有些农村的公共服务正在积极与城市公共服务对接，甚至有一些发展迅速的农村的公共服务水平已经超越城市社区；中西部地区的农村公共服务发展则滞后一些，存在比较严重的"空心村"情况，这些地区的政府财政支付能力差异，使得城乡之间公共服务发展差距进一步拉大，这些地区

第七章 城乡一体化发展的保障和实施重点

的农村公共服务难以与城市对接,也就更不要说实现城乡公共服务均等化了。从服务领域结构方面来看,政府推动农村公共服务建设的过程中,将主要精力和财力放在道路建设、学校改建等有形公共服务以及最低生活保障、医疗保障和养老保障上,因此这种支持并没有实现所有领域的全面覆盖。但农村公共服务发展涉及的领域十分广泛,如产品市场开拓服务、技术指导服务、就业培训服务、销售信息服务等与农村居民的收入水平挂钩,社会治安服务、卫生知识普及服务、文化体育服务、垃圾处理服务等则直接影响了农村居民的生活质量,但是在这些领域政府的支持并没有完全覆盖。一些农村地区的基础设施建设和社会保障服务类公共服务发展速度很快,但并没有很好地和城市对接。如虽然一些农村在政府的支持下有了硬质路面,但路面比较狭窄,并不能满足农村发展的实际需要,或者是有了路却没有交通工具,农村居民仍然面临出行困难的问题;农村虽然有了新型合作医疗,可以为农村居民提供基础医疗服务,但农民的医疗报销水平较低,很多农民因为看不起病而不去治疗。当前,我国的养老保障覆盖面不断扩张,但仅仅依靠养老补贴并不能真正解决农村居民的养老问题。

三、城乡公共服务均等化的推进措施

(一) 加强建设新型农村社区服务体系

1. 农村医疗卫生体系的建设和完善

当前,群众看病难、看病贵的问题仍是全社会普遍关注的热点,也是新型农村社区医疗卫生体系建设的重点。

第一,科学调整城市医疗卫生资源结构。对于新建的社区卫生机构,医疗部门应该严格审批,要充分考虑人口分布、医疗资源布局等各相关因素,要让社区卫生机构尽可能地满足一定范围内群众的就医需要。为了保证社区卫生机构的正常运行,各级政府要建立并实施相应的投入机制,要按照相关政策为卫生机构划拨资金。对于社区居民认可的社区卫生机构,为了让社区居民更及时地就医,社保部门应该将这些卫生机构纳入医保定点机构范围,推行社区首诊制度,实现患者的科学引流。此外,卫生部门还应该进一步加强对二级以上医院的监督和管理,从而推进我国医疗卫生双向转诊制度的落实。

第二，规范并完善县市区级以上医疗卫生机构的管理机制。政府应该组织卫生局和相关部门认真落实医改政策，改革城市的公立医院、妇幼保健机构、疾控中心的组织运营方式，建立健全管理机制和运行机制，对医疗卫生机构进行科学管理、投入和监督，不断提升医疗卫生机构的技术水平、改善服务态度，以此来保证城市医疗卫生事业可以沿着正确的方向发展。

第三，完善各类参保人员医药费的报销规定。基层调查是各主管部门必须重视的调研手段，相关人员应该到医疗机构和患者中间进行深入调研，在遵循国家政策的前提下，为了让群众更好地享受医疗服务，要进一步调整、细化并调高医药费用的报销比例。相关部门应该积极宣传医疗报销政策，让社会公民接受分级治疗，根据自己病情的轻重选择不同级别的医院，让低级医院发挥其作用，高级别医院缓解病号过于集中，医院资源过于紧张的压力，让病情轻重不同的病人都可以得到有效、及时的治疗。

2. 农村新型社区教育的建设和完善

对于当前的社会发展来说，持续学习、终身学习是每个社会公民的事，建设并完善社区教育、建设学习型社区是全社会的事，因此，为了保证这项工作的顺利展开必须建立健全有效的保障机制。

第一，加强并充分发挥政府的统筹职能。我国农村社区教育的管理机制和运行机制还存在很多问题，这要求相关部门要进一步探索及完善。政府应该加强对社区教育的重视，将其纳入国家经济和社会发展整体规划中，在推进教育改革和发展的过程中将社区教育视为重要内容，将加强农村社区教育假设纳入政府的工作职责范围之内。政府应充分发挥自身的统筹功能，积极为建设工作提供支持，营造良好的舆论环境，制定并落实有利于社区教育发展的政策。各相关部门应该将日常工作与社区教育发展有机结合起来，为我国农村社区教育建设和发展提供有力支持，让农村居民可以有更便利的学习条件和更舒适的学习环境。

第二，建设专业化的师资队伍。发展农村社区教育光有政策和资金支持还不够，还需要一支专业化的师资队伍提供教育力量。当前，我国各地社区都纷纷组建了自身的教育师资队伍，主要由专职人员组织管理，聘请各行业专家作为兼职教师，利用行业知识，满足社区教育的需求。社区教育师资队伍的师资配备除了专职和兼职以外，志愿者也是其重要的组成部分。专职教师是指各级教育行政部门的社区教育的组织者与管理者；兼职教师主要来自学校选聘和社会应聘，属于专业化技术人员；志愿者教师则大部分为各个院校的退休教师，还有一部分是各行政事业部门的培训教师。专职教师可以发挥指导、督导与示范的作用，兼职和志愿者教师则承担具体的培训内容。

第三，加大农村社区教育的资金投入。社区教育具有鲜明的公益性，应忽略其经济效益，衡量其社会效益。因此，作为一种公共产品属性的支出，应由政府投资作为主流，建立专项资金，并配套相应的财政资金使用制度，从而保证社区教育可以在需要时及时获得资金。明确相关部门的职责，并明确落实的情况。但是，由于我国各区域经济发展不均衡，导致社区间的资金投入差异较大，因此在经济发展落后区域，还应通过拓展多种渠道，拓展资金来源，促进社区教育的均衡发展。

3. 新型农村社区市场服务的建设和完善

社区市场不健全就无法吸引大批企业进驻，这就会限制社区市场商品的品种，无法提供完备的售后服务，最终就会从整体上对社区的服务功能产生不良影响。同时，农村社区市场是农村经济的组成部分，在促进农村经济发展方面起到了积极促进作用。只有保证经济的健康发展，才能以此为基础建设和发展社区。农村社区在交通、基础设施、社区服务等各个方面都存在不足，有待进一步建设，只有依靠发展经济才能解决这些问题。而培育和完善社区市场就是促进社区经济发展的一条有效途径。

4. 新型农村社区志愿服务的建设和完善

而加强农村社区志愿者队伍建设，是社区发展的重要组成部分，因此应从以下几个方面逐步完善：

第一，强调志愿服务的全民参与。一是找准定位，引导全民参与志愿者活动，遵循"分类指导，分层推进"的原则，科学划分农村居民的服务要求以及农村居民自身的服务能力。将服务主体划分成不同层级，按照这一分类建立相应的志愿者群体，以此提供更全面的志愿服务。二是拓宽宣传渠道，利用村民培训机构，村民网络平台，召开村民会议，宣传志愿者服务的必要性，吸引村里的能人和权威人士首先加入志愿者队伍，形式示范效用，通过实际行动带领人们积极参与志愿活动。三是加强制度的建立完善。应该尽可能地将志愿者服务内容细化，划分不同类型的小组，让服务有效；同时在条件具备的农村社区，应该针对志愿活动建立相应的奖励政策和补贴政策，以此激励人们更积极主动地参与志愿活动，为农村社区的建设提供重要力量。

第二，强调志愿服务的全程参与。一是建立志愿者队伍服务的登记考勤制度，保证记录的完整性和标准化，反映参与志愿活动主体的实际参与情况。二是建立健全服务质量信息反馈和报告制度，该制度是为服务质量提供保障，确保志愿服务不只是做样子，而是切实为农村居民解决实际问题。三是建立经常性的测评制度，只有科学有效的测评才能及时发现和改正志愿活动中存在的问题。农村社区可以开展以小组为单位的自评和以村为单位小组的互评，以此保证服务的水平和质量。通过建立以上这些机制，有效保证志愿服务的持续性、全面性和高质量。

第三，强调志愿服务的全方位服务。一是扩大服务对象。针对老弱病残群体开展广泛的帮扶性服务，与此同时，加强对村级公共事务管理的重视程度，将其作为服务对象，组织和引导农村居民广泛参与各种活动，志愿服务应该覆盖民政保障、社会平安、农村文明和科技知识教育等各个方面的内容。二是丰富服务形式。通过群体对群体、一对一等方式，将志愿者队伍服务与农村社会组织服务相结合，充分发挥农村志愿者队伍的作用，有机结合社群文化团体和经济合作组织，从而形成相互促进的关系，开展更广泛、有效的志愿活动。三是加强农村普法工作。通过组建专业性宣传队、设立监督岗，做到社情上下畅通。

第四，强调志愿服务的全体系管理。一是民政部门需要加强对志愿者队伍建设的正确指导，同时应该加强对专业协会的严格审批和管理，以此保证农村志愿者工作可以顺利开展，保证志愿服务事业的健康发展。二是建立健全志愿者队伍组织，实行村级民主管理。同时，相关部门应该不定期地联合农业部门、卫生部门、安全部门等各相关部门组织活动，为农村志愿服务提供有力的制度保障。三是引入民主管理机制，志愿者队伍的加入以及考核依赖民主评议标准，志愿者服务内容及效果在全村内公示，接受全民监督。

(二) 促进城乡基本公共服务均等化的财政制度改革

1. 明确中央与地方财权分配关系

我国当前的分税制需要进一步完善，现行的制度导致省级以下政府的事权和财权并不匹配，在县级政府和乡镇政府上表现得尤为明显，而因为县乡财政困难，严重影响了我国城乡基本公共服务均等化进程的推进。由此，需要明确中央和地方财政之间的分配关系。

中央财政首先制定并实施城乡基本公共服务框架，列定具体服务的最低标准，这是在我国有效推进城乡公共服务均等化的基础，也是在我国实行有效财政转移支付的前提条件。在设定这一最低标准时，应该充分考虑各地区的实际财政和经济指标，依次进行片区划分，根据实际情况制定不同的标准，保证标准的指向性。

基层财政在城乡基本公共服务建设工程中，主要职责是提供城乡具体公共服务，这需要大量的资金投入，财政问题就成为地方服务的最大问题，只有解决了基层财政问题，才能有效地减轻农村居民的负担。这就要求省级政府制定并完善相关体制，提高省以下财政转移支付规模，要通过各种方式和途径加强县乡财力。

此外，中央政府需要加强对地方政府的财政运行情况的实时监控，及时了解财政运行中出现的问题，从而及时补救，对于地方政府存在的各种问题和矛盾，中央政府应该采取适当的方式引导它们及时解决。同时，应该加强财政管理的创新发展，尽可能、尽量减少中间环节和管理级次，实施运行省直管县的财政管理体制。省财政应在预算中保证转移支付的规模，保证县级财政可以正常运转。

2. 规范完善转移支付制度

在构建我国的公共财政体制的过程中，必须选择科学有效的财政转移支付机制和方式，只有这样才能保证我国提高城乡基本公共服务水平的目标可以实现。这既是一个关键性问题，也是一个基础性问题。当转移支付的专项化倾向过高时，地方政府就会在一定程度上欠缺财政支配力，在投入建设公共服务时就会受限，公共服务同质化严重，会忽视个性化需求，从而减弱公共服务的效用水平。因此，应当采用一般性转移支付为主，专项转移支付为辅的形式，这样可以提高地方政府的财政支付力,让地方政府可以更好地满足当地公众对公共服务的个性化需求,避免地方公共服务的同质化。

除此之外,中央为了推进财政转移支付制度落实,还应该对我国的实际情况进行充分考虑,建立激励机制,对于在公共服务领域增加财政支出的地区,于下年预算中,中央政府应该适当地增加转移支付规模,以此保证地方政府有足够的资金用于城乡基本公共服务建设,推进城乡基本公共服务均等化;如果地方政府在增加财政收入方面比较消极,那么中央政府则应该适当减少转移支付规模,以此有效防止或减少不积极增加收入现象的发生。另外,需要对各级政府进行公共服务考核,考核不合格的予以惩罚,以增加其不积极的机会成本。从总体上说,单纯地将地方政府的财政缺口作为中央政府用以确定转移支付规模的依据并不全面,健全转移支付制度,必须充分考虑地方政府在增加财政收入方面的实际情况和具体态度,不可一概而论。

3. 配套地方政府财政支出机制

只有保证与财政支出结构调整相关的其他体制也做出相应的调整,才能使财政支出效用最大化,降低成本,弥补市场失灵。一是构建科学合理的人事组织结构,推进政府机构改革,以此为基础有效地减少政府在行政管理方面的支出。二是推进教育、医疗、养老保险等基本公共服务体制的改革,明确并充分发挥预算资金在公共服务中的基础作用,加强基本公共服务配套的建设和完善,形成多层次的供给结构。三是财政资金管理方式的改革创新也必须同步进行,建立健全财政资金的预算编制制度,完善资金拨付制度,改进财政支出绩效评价制度,提高财政资金的使用效率。

4. 加强农村基本公共服务供给制度改革和创新

(1) 加大农村基本公共服务财政投入力度。农村基本公共服务的现状与城市相比较薄弱,随着经济与社会的发展,现阶段农村公共服务的需求不断增加,而供给的增加远远不能满足需求增加的速度,这就造成了社会运转的不协调。因此,各级政府应该在最大限度上加大对农村基本公共服务的资金投入力度,尽快建立和坚决执行稳定的投入增长机制。

(2) 加快农村基本公共服务供给制度改革。一是保障农村基本公共服务的供给。首先,建立健全农村基本公共服务决策机制,通过适当的方式引导和鼓励农村居民参与到农村基本公共服务供给的决策过程中,充分发挥农村居民在决策中的主体性作用,保证农村居民和政府在决策过程中共同发挥作用,从而更为有效地保障农村基本公共服务供给。其次,通过有效方式和途径对农村居民开展民主教育,加强农村基层民主建设,从而让农村居民正确认识并学会使用自己的权利,从而使他们在农村公共服务建设事业中充分发挥主体作用。此外,还应该提高农民的组织化水平。二是促进农村基本公共服务的信息化、科技化。首先,借助信息化手段,建立健全农村基本公共服务信息平台,为农村居民提供良好的教育、医疗卫生网络平台,提高农村公共服务水平。其次,要以信息化为载体,完善监督和管理体制,为农村基本公共服务提供全程的服务,同时有效地提高农村基本公共服务效益。

第二节　加强生态保护

经过40余年,中国改革已取得巨大成就,经济总量达到世界第二,经济始终保持高速增长,国内外经济学界甚至以中国模式来概括中国的发展历程。在发展目标的确定上、发展路径的选择上,中国更加自信。但同时,生态环境付出了巨大代价,有的地方生态环境遭受的损害甚至无法用经济取得的成就补偿。可以说,中国高速发展是以牺牲生态、破坏环境的巨大代价换来的。城乡一体化是中国的阶段性目标,城乡一体化不仅仅是城乡经济社会文化等方面的融合与协调,更是城市生态环境与农村生态环境融合发展、人与自然和谐共存的统一。

一、城乡一体化建设现存的生态环境问题

(一) 城市主要存在的生态环境问题

1. 空气污染

随着城镇人口的迅猛增加,城市工业的快速发展,城市生产、生活排放中的二氧化碳、二氧化硫和烟尘、粉尘等污染物越来越多,导致城市空气污染日

趋严重。2013年初，北京长时间的"雾霾"天气让全国人民印象深刻。从1月1日至4月10日，100天中雾霾天数有46天，为近60年最多，其中，1月份雾霾天气的天数达到25天，全月只有5天空气相对干净。"雾霾"发生时北京城区、郊区空气质量指数AQI均在200以上，为五级重度污染。数据表明，2013年1月1日至4月10日，全国平均雾霾日数为12.1天，较常年同期偏多4.3天，为1961年以来历史同期最多，全国有30个省（区、市）先后出现不同程度的雾霾天气。总之，快速推进但相应的生态环境治理落后是城市空气污染的主要原因，李佐军的研究表明，在诸多影响因素中，城镇化对工业废气排放的影响最大，即城镇化率每上升一个百分点，会导致工业废气排放增加超过一个百分点。

2. 水污染

水污染是城市主要的污染，估计来算，全国每年约1/3的工业废水和90%的生活污水未经处理就排入水体。环保部门监测显示，目前全国城镇每天至少有1亿吨污水未经处理直接排入水体。现在，生活污水排放量已经明显超过工业废水排放量，成为城市水污染的主要源头。

3. 噪声污染

城市噪声污染早已成为城市环境的一大公害。城市噪声污染主要有交通噪声、工业噪声、施工噪声以及社会生活中产生的噪声，其中，交通噪声对城市影响最大，如机动车辆、火车、飞机等，这些交通工具产生的噪声流动范围很广，影响非常大，城市中机动车辆产生的噪声是影响城市生活最主要的噪声。城市噪声对人体健康十分有害，一般会影响人的休息、睡眠，使人感到烦躁、萎靡不振，影响到工作效率；噪声污染过大不仅造成听力下降，还可损伤心血管、神经系统等。对正处于生长发育阶段的婴幼儿来说，噪声危害尤其明显。经常处在嘈杂环境中的婴儿不仅听力受到损伤，智力发展也会受到影响。

4. 固体排放物污染

工业固体排放和生活垃圾排放主要是城市固体排放。高速城镇化使工业与生活固体排放量剧增。中国仅"城市垃圾"的年产量就接近1.5亿吨，而且大部分露天堆放，不仅影响城市景观，而且侵污了大气、水和土壤，对城镇居民的健康构成极大威胁，垃圾已成为城市发展中最棘手的问题。垃圾不仅造成公害，更是资源的巨大浪费。年产 1 亿多吨的城市垃圾中，据估计被丢弃的"可再生资源"价值高达 250 亿元。

（二）农村主要存在的生态环境问题

1. 农村土壤污染

近年来，随着工业化、城镇化的快速发展，耕地面积不断减少，成为影响农业持续发展的重大障碍。土壤污染是影响农业产出、农产品品质的另一重要因素。研究表明，全国污染土壤已占耕地面积的 1/5，约 20% 的集约化种植农区氮磷肥料严重超高量使用。因养分供应极度失衡，作物病虫害严重，农田农药用量大幅度增加，导致耕地土壤盐害、酸化严重，结构破坏、农药残留、土壤污染问题十分突出，土壤生物性状、健康功能严重衰退，生产性能大幅度下降。

2. 农村生态植被严重受损

农村是植被茂盛、空气清新，更适于居住的地方，但是在资源开采、工业转移的情况下，农村生态植被受到很大的破坏。一是森林资源不断减少。受到乱砍滥伐、毁林种粮以及森林水灾等影响，森林资源不断减少。据估计，全国每年减少的天然林达 40 万公顷。二是草场退化严重。草地是一种可持续利用的自然资源，不仅是发展畜牧业的物质基础，还是人类重要的生态屏障。但由于自然因素、人为因素导致草场退化极为严重。农村生态植被遭到破坏，使农业生产失去生态屏障，导致水土流失、荒漠化、洪灾、虫灾等自然灾害频频发生。

3. 农村水污染

农村经济的快速发展，使得农村水污染时有发生，已经成为农村生态环境保护中的严重问题。常见的农村水污染主要有三个原因：一是农业生产中农药、化肥等的过度使用；二是农村非农产业生产中的废物排放；三是农村生活垃圾随意倾倒。

4. 农村大气污染

与城市相同，农村大气污染也成为农村生态环境逐渐恶化的重要原因。与城市不同的是，农村大气污染主要有焚烧秸秆、燃煤造成的大气污染。农村非农产业造成大气污染。农村非农产业的兴起为农村经济发展带来了希望，但高污染、高排放又对农村大气环境带来影响；农药、化肥的大量使用造成大气污染。除此以外，农村不断增多的汽车、拖拉机、三轮摩托、二轮摩托等农用车辆会排出大量尾气，以及农村道路路况太差，经常出现漫天灰尘，这些也造成了农村的大气污染。大气污染不仅对农民身体健康带来危害，也对农作物的正常发育造成影响，而且严重影响着农村经济的发展。

二、城乡一体化建设中加强生态保护的意义

（一）加强生态保护有利于维护城乡居民赖以生存的家园

人是生态系统中最聪明、最活跃的要素，但人不可能脱离生态环境单独生存，生态环境为人类的存活、繁衍提供了必要的条件，良好的生态环境是人类生存与发展的基础。其原因有：一方面，生态环境为人类提供了水、气、生物等基本生存资源；另一方面，生态环境不仅为人类提供基本资源，还满足了人类对舒适生活的需求。但自工业革命以来，人类对大自然的索取越来越多，对生态环境的破坏越来越大，城乡均出现严重的空气污染、水污染、噪声污染，生态环境、生态系统承受了巨大压力。保护生态环境也就是保护与人类休戚相关的水、大气、土壤以及生物资源，使人与生态环境的关系始终处于协调、融洽状态，生态环境始终能为人类的生存与发展提供持续的资源。

（二）加强生态保护有利于促进城乡经济持续发展

经济发展严重依赖于生态环境。经济生产的所有原材料均来自生态环境，农业生产中种植业需要土地、水、空气、阳光和种子，畜牧业需要水、植物；工业生产需要石油、煤炭、天然气、地下金属等资源，工业加工需要水、气。经济生产中所有有用的产物被人类吸收，无用的如废气、废渣、废水重新排进生态环境。所以，经济发展一刻都离不开生态环境。我们应坚持生态环境保护与经济发展协调共进，就是在经济发展的同时注重生态环境的保护和恢复。也可以将生态环境恢复保护纳入经济发展体系中，使经济主体从保护、治理、恢复生态环境中受益，与其经济发展中利润最大化的目标相一致，实现经济与生态环境共同持续发展。

（三）加强生态保护有利于推进城乡生态文明建设

在漫长的人类历史长河中，人类分别经过原始文明、农业文明、工业文明

三个阶段。300多年的工业文明是人类改造自然最成功、最有效的时期，但同时为生态环境带来巨大创伤，工业文明越来越难以承担起继续改造世界的重任，改造世界需要新的文明，这就是生态文明。如果说农业文明是"黄色文明"，工业文明是"黑色文明"，那么生态文明就是"绿色文明"。生态文明与农业文明和工业文明的共同点是：都主张改造自然和利用自然，从中提高人的生存能力和生活水平。与农业文明和工业文明不同的是，生态文明重视生态环境保护，强调在改造和利用自然的同时必须保护环境、爱护环境，以达到保持人类永续发展的目的。

城乡生态文明是城乡居民之间、城乡居民与社会、城乡居民与自然之间的充分融合，城乡生态文明建设是城乡一体化建设的重要内容，保护城乡生态环境是实现城乡生态文明的重要途径。当前，在生态文明建设日趋重要的情况下，要加大生态环境保护力度，要大力打击破坏生态环境行为，遏制生态环境恶化趋势，改进和提升生态恢复能力，改善生态环境质量，维护生态环境，最终实现城乡生态文明。

三、城乡一体化建设中加强生态保护的措施

(一) 保护生态环境的途径和重点领域

1. 大气复合型污染防治

针对城镇大气"复合型"污染防治，既要加强末端减排治理，更应注意源头及全过程的控制等。除了集中控制大的点源、面源，尚需加强低矮面源、采暖期散煤使用及无组织排放的控制等。

2. 固体废弃物污染控制及资源化途径

解决城镇固体废弃物污染问题可以从以下几个方面入手：一是要把城市垃圾看作可以利用的宝贵资源，大力开发城镇矿山，把大宗工业固废、生物质废物、生活垃圾与污泥等城镇固体废弃物资源化和能源化，缓解我国城镇发展的资源环境瓶颈，同时减少对环境的污染，还可带动相关战略新兴产业发展。二是完善城镇生活垃圾收运体系，增强居民环保意识，实行垃圾分类回收处理。三是在我国现阶段必须加快固体废弃物的法制建设，将其纳入法制管理轨道，尽快完善固体废弃物污染防治的法律、法规和标准，建立绿色国民经济核算制

度，推行绿色GDP。

3. 在城镇化发展过程中解决水问题的途径

水资源短缺是我国城镇生态健康的最大瓶颈之一，水污染除了加剧城市水资源短缺外，还危及饮用水安全，直接威胁着整个国民的健康。解决城镇水问题，应坚持节水优先，控制消耗；治污为本，源头削减；注重开发利用非传统水资源，提升污水废水的资源化利用水平。

（二）在城镇化建设的全过程中融入生态环境保护理念

城镇化建设是一项复杂的系统工程，它涵盖了城镇空间规划与布局、城镇交通与产业发展、生态环境保护、人口迁移、城镇文化与人居建设、城市治理等各个领域，涉及经济建设、政治建设、文化建设、社会建设等各个方面；为了实现人与自然、环境与经济、人与社会的和谐共生，建立起具有永续发展能力的空间格局、产业结构、生产方式和生活方式，真正走出一条有中国特色的新型城镇化道路——要以生态文明理念贯穿于城镇化发展全过程，将环境友好和资源节约作为城镇化发展的基本准则，全面落实到各大领域。

1. 消费领域

引导公众绿色健康消费。要提高全社会参与意识，倡导低碳、节俭、适度的消费理念，引导消费方式的变革，探索性建立主要家电产品碳标识等有利于低碳消费的制度，使低碳生活方式成为每个公民的良好习惯和自觉行动，建立理性消费理念，让绿色消费深入人心，推动生态教育，走向健康的发展道路。

2. 生产领域

发展绿色产业。绿色产业是指采用绿色生产技术，采用无害或低害的新工艺、新技术、新方法，大力降低原材料和能源消耗，实现少投入、高产出、低污染，尽可能地把环境污染物的排放消除在生产过程之中的产业，其产品称为绿色产品。绿色产业包括：绿色工业、绿色农业、绿色交通、绿色能源、绿色建筑、绿色旅游、绿色服务业等。发展绿色产业，是生产领域生态文明建设的重要内容，是推进新型工业化的重要途径。

3. 法制领域

建设生态文明并非是一朝一夕就可以完成的工作，而是需要我们长期艰苦的努力。在这一过程中，我们需要借助政治、经济、法律等领域的相关知识，其中法律知识占据着最基本的位置。

第一，强化生态文明相关立法。在我国城镇化建设进程中，政府应该高度关注环境立法相关事项，使其服务于建设资源节约型、环境友好型社会，从法律方面做出约束条文，促使企业和居民在生产和生活过程中节约能源资源、保护生态环境，加快我国经济发展方式的转型升级，实现经济社会发展和环境资源保护之间的均衡，使人类与自然环境能够友好和谐共处。同时，要转变发展战略，摒弃过去以"经济效益为主"的发展战略模式，将发展目光聚焦于"经济、社会、生态效益并重，生态优先"的发展模式。针对我国生态经济法律制度存在的不足，需要在资源税、增值税、消费税等方面采取相应措施，扩大资源税的征收范围，构建一个完整严密的资源税网体系，全面加强对我国资源环境的保护。调整不同行业类别增值税的税基和税率，从产业层面推进增值税的绿色转变，提高增值税的调整能力；同时，加大消费税，特别是奢侈品的课税额度。

第二，规范行政执法行为。在我国城镇化建设中，各有关部门应加强监管，进一步规范行政执法行为。一是加大相关培训力度，保证执法队伍的素养。在生态环境保护行政执法机关内部，及时开展相关法律培训，增强执法人员的法律意识和执法能力，完善执法队伍的整体素质。二是规范执法程序。执法人员在执行过程中应该严格遵守执法要求，规范佩戴执法证件，明确告知行政相对人所触犯的法律法规，出示执法部门所收集的相关证据，按照法律要求严格执法。

4. 城镇天然生态系统保护领域

城镇生态基础设施的建设，需要注意以下几个问题：

第一，优先保护和恢复区域天然生态系统，保证整体生态安全与健康。在城乡区域尺度上要注意加强保护森林、草地、河流、湖泊、湿地等天然生态系统；尤其要保证对生态安全特别关键的绿色空间、河湖湿地，不能被城镇发展、道路建设而随意侵占；在重要生态功能区、陆地和海洋环境敏感区、脆弱区等区域划定生态红线，实行强制性保护，建立人口与产业退出机制，对污染严重超标的区域，建立人口迁出机制，关停一些污染企业，在某些特别严重的区域，可以选择行业的整体性退出；保障城市河湖的水质，特别应保障饮用水源的水质安全;应保护与人类共生的一切动物、植物,营造和谐的生态环境。同时,城镇的发展应以保证生态安全为前提和基础,优先进行不建设区域的控制和恢复,再根据社会经济发展的需要进行建设用地规划和布局。这个禁止建设区域是城镇发展不可逾越的生态底线,是城镇生态基础设施的核心与基础。

第二,加强城镇内各类生态基础设施的建设,为城镇和市民提供全面的生态系统服务。随着城镇化进程的提速,城市规模不断扩大,城市用地不断向外扩张。如一些不合理的开发模式导致一系列环境和生态问题的出现,城市中的绿色空间越来越少,可以提供的生态系统服务也越来越少。构建生态基础设施,就是要将城镇中的自然生态系统作为规划建设的骨架,维护和恢复其提供生态系统服务的能力,大力改善城市的生态环境。

5. 城镇规划设计及其基础设施领域

城镇规划主要包括对城镇的规模、方位、性质、三产分布、区域划分、绿化风景以及各类建筑的分布和特性等进行总体设计与布局。要把生态文明建设的理念落实到城市规划、设计的各个方面和全过程中,可以从以下两个方面入手:

第一,加强城镇水资源循环利用。应着重控制城市的规模、人口及城市群的空间分布;开展工业节水、农业节水、生活节水;推行清洁生产,源头控制污染,加强废水处理;加强废水资源化、能源化,在废水处理的同时回收水资源、能源、化工原料;开发非传统水资源,着重开发利用中水、雨水、海水、空中水等非传统水资源。

第二,做好城镇矿山开发利用。据统计,全球每年将产生数十亿吨废旧机电、报废汽车、废旧家电及电子电器等社会消费废物,其中蕴含大量金属、橡胶、塑料等再生资源,成为永不枯竭的"城镇矿山"。"城镇矿山"开发利用成为21世纪的朝阳产业,对于保障资源安全供给和减轻环境压力意义重大。废旧电子电器中含47.9%的铁,12.7%的有色金属,20.6%的塑料。构建高效的资源回收利用体系,提高城市资源利用率,不仅有利于缓解资源瓶颈,还能促进经济增长。

第七章 城乡一体化发展的保障和实施重点

第三节 促进产业协调

一、当前我国城乡产业的发展存在的问题

（一）城乡产业发展差距显著

我国城乡产业发展战略的实施，主要借助于城市产业倾斜政策和特殊体制来实施。我国在战略上面一直都采取的是"先工业、先城市的偏向"，因此在政策上面所看重的是工业发展；在产业布局上面，都是将工业放在主要的城市里，同时国家还会给予一定的资金支持，国家将农村的剩余积累转移到了城市，在人口的流通和分布上都采取了相应的安排，但人们在就业和福利制度上却受到了歧视，使得城乡间的劳动力仍然存在很大区别。

一是由于农村和城市在产业的发展上并没有直接的关联性，导致了发展脱节，使农村的产业发展滞后，基础设置比较薄弱，农村经济发展与城市的差距过大，形成了严重的对立关系。二是农村在发展的过程中主要是以第一产业为主，进而使农村市场在扩张上比较缓慢，需求弹性较小，在城市内主要是以第二、第三产业为主要发展，具有很广阔的前景，在产品的需求上也有很大的弹性，城乡产业需求弹性的差异导致了城乡产业发展间极大的不平衡状态。

从产业结构角度看，我国农村服务业主要从事的是农业服务业，比如农业生产资料销售和农业技术推广等生产性的服务，对其他产品的市场缺乏，进而不能满足农村居民的更大要求，尤其是在金融保险、信息咨询、公共服务、中介服务、文体卫生等，与城市的差距拉得更大。

（二）城乡产业关联效应欠缺

1. 城乡就业信息渠道需要畅通

在城乡产业分离的影响下，城乡在发展的过程中缺乏连接性，其结果就是使农村的剩余劳动力仍然滞留在农村。发达国家的历史经验向我们展示：仅仅依靠政策的支持是无法缩小城乡间的收入差距，而是需要依靠人口的转移解决

收入差异。但我国在改革开放以后,虽然农村劳动力可以自由流动到城市就业,但严格的户籍制度让其生活在城市,却不能享受城市的福利待遇,在一定程度上来说,这种户籍歧视现象会约束城乡人口流动的速度和规模。2010年农村劳动力流动与城乡收入差距扩大,但是之后,随着农村劳动力的转移,城乡居民收入差距开始呈现缩小的趋势。

2. 城乡产业投资联系失衡

在发展的过程中,国家的资金在配置上是更加偏向于城市,更偏向于工业,进而导致了农村无法拥有和城市工业相对等的发展平台和机遇,虽然近些年来,政府制定了一系列的政策将投资向农村倾斜,但历史欠账太多,无法在近期得到彻底的缓解,主要表现如下:

第一,政府财政支农资金严重不足,无法满足农业发展的需求。1979年财政用于农业的支出比为13.6%,从此以后,比例连年下降,至1985年已经降至7.7%,究其原因是因为当时我国的产业政策向工业倾斜,1986年以后有所回升,但从1993年开始回落,并于2003年达到了历史最低,仅占比为7.1%。除去个别的年份以外,我国在农村的财政支出上一直都比较低,在7%~9%的水平上。

第二,国家财政支农资金结构也不合理,需要对其进行调整。我国政府用于农村的财政资金,主要项目用于农业生产以及农业的水利气象方面,这一部分一直保持在总扶持资金的50%~70%,政府在农村其他方面投资份额都比较少,比如农村的基础建设、农业的科技经费、农民的保障体系,这些能够提升农民质量的支出都较少,甚至还有下降的趋势。长久下去,我国在农村的财政支农资金占据的份额都不足1%,这样严重阻碍了农业的产业化发展。我国的农村金融发展不够完善,农业贷款存在诸多门槛,能从政策性银行贷出款项的概率也很低,城乡金融环境严重失衡。金融机构贷款的非农化倾向,导致农村的闲余资金无法得到有效利用,外流至城市。农村金融主题的萎缩导致农村金融风险,金融机构难以收集农户的信贷信息,各种问题导致了农村金融体系逐渐被瓦解,因此,20世纪90年代中期国有银行从农村和农业中撤出了大部分。农村经济在发展的过程中由于缺乏正规金融的供给,因此导致了农村在发展过程中资金的短缺,没有足够的资金投入,资金的缺乏又会严重阻碍农村新技术的推广，会抑制需求市场，最终又会影响农村收入水平的提高。

第三，城乡产业价格联系扭曲。我国的城乡关系政策过分重视和保护城市工业而忽视农村的发展，这就导致了我国农村和城市的关系发展处于不协调状态，陷入城市二元经济社会结构。1952~1986年，国家通过工业价格剪刀差从农业中拿走了5823.74亿元，年均为200亿~300亿元。由于价格剪刀差存在减少了农村的资本积累，伤害了农民的生产积极性，但是，截至1985年，我国取消了农产品的统购统销，但是，由于历史原因以及农产品的市场定价规律，目前，工业产品和农产品之间不等价交换现象依然存在。

通过市场调查研究看出，即使当前各项农产品的价格都呈现出上涨的趋势，但从农户手中收购农产品的价格并没有提升，商品的活力还集中在了商品的流通方面。以前缩小"剪刀差"的手段就是提高价格，管理农用生产资料价格，控制农产品的生产成本，降低农用的资料价格。当实施了这些措施一段时间后，并没有起到很好的效果，却产生了很大的负面影响，不能从根本上缩小"剪刀差"。当前，缩小农产品价格剪刀差的根本途径就是执行"工业反哺农业""城市支持农村"的相关政策。要加强城市和乡村间的有效合作，推动农业产业化的快速发展，发挥出农产品附加值的作用。

(三) 城乡产业结构同构化严重

产业结构同质化，就是产业结构出现的趋同状况。农村是乡镇企业的发源地，乡镇企业在发展的过程中，首先会发展的行业是农产品加工业，前向关联部门与农业会形成一种紧密的关系，而农业与后关联部门也会进行整合，这种整合结果就会促进农村的整体协调发展。但是无论在行业间，还是在产品上，我国农村工业与城市工业同构性较高，进而导致了产业布局上的不合理。

第一，城乡产业同构性致使城乡间不能进行合理的分工，城市某些产业仍然为劳动力密集型产业，各种粗放型加工型产业仍存在，导致了各种污染环境的状况出现，严重阻碍了产业升级发展。

第二，城乡产业同构性的存在，会使农村与城市在发展的过程对能源、材料发生争夺，不能合理配置城乡要素。

第三，城乡产业同构性会打破城乡工业间互补关系，而产品的同质性也会增加竞争难度，使市场失去短期均衡，导致消费市场的产品过剩，使得城乡产业发展处于恶性循环中。

二、加快城乡产业协调发展的路径

（一）制订城乡一体的产业发展规划

1. 从思想高度将城市和乡村看作一个整体

摒弃那种将城乡隔离的传统认识，又要正视城市和乡村各自的特殊性，根据城市和乡村各自比较优势与资源禀赋，科学规划产业空间布局。在突出城市积聚效应和辐射带动作用的同时，也要关注广大农村腹地的均衡发展，重视乡村的规划修编和产业布局，将乡村发展纳入区域经济总体规划中，充分发挥规划在城乡经济发展中的提振和引领作用，逐步形成城区三产互动，近郊产业园区，远郊现代农业，层次清晰、重点突出、科学合理的城乡产业空间布局。

2. 强化三次产业间联系，促进城乡产业的有序转移

党的十八届三中全会站在顶层设计的高度指出，"推动大中小城市和小城镇协调发展、产业和城镇融合发展，促进城镇化和新农村建设协调推进"。在实际操作中既要避免过去城市发展非农产业，乡村发展农业的单一产业格局，也要防止出现城市工业与乡村工业齐头并进的重复建设。

应在遵循产业发展规律，区域发展规律的前提下，促进城镇化与农业现代化同步推进，既要产生积聚效应，也要避免重复建设，使城乡发挥各自优势，在产业布局和结构层次上形成优势互补。如将不再具有比较优势的非农产业由城市转移到乡村，这样既能为乡村注入新的现代化元素，有效地提升乡村产业结构，也能促进城市集中优势资源发展高端产业，让城乡之间互补，形成新的双赢产业结构。当前的工作重点，因为农村的发展较为滞后，因此应该加强对乡村的非农投入，比如加快农村基础设施建设，创造产业发展环境，让非农产业在农村有序健康发展。

3. 加快全国统一性市场的建设

统一市场既包括产品市场，也包括要素市场，对我国而言更加紧迫的是构建统一的要素市场。要素市场有利于盘活农村的劳动力、土地和资本等主要要素资源，缩小产业差距，使产业关系逐步从政策驱动转化为市场驱动。

大市场的构建必须以妥善处理好政府与市场的关系为前提，政府要改革行

政管理体制中不合理的制度安排，通过深化改革释放制度红利，解除阻碍城乡要素流动的体制障碍，为统一大市场的建立和发展创造健康的环境，要打破城乡间和区域间的地区分割，充分发挥市场配置资源的决定性作用，推进城乡产品和要素的平等交换，促进资本、劳动力、技术等生产要素在城乡间自由流动。

4. 大力促进现代产业集群的发展

按照布局合理、产业协同、资源节约、生态环保的原则，对产业集群进行规划布局和功能定位。产业集群发展规划要纳入区域发展规划，与城乡规划、土地利用总体规划等有机衔接；加快完善产业集群能源供应、给排水、排污综合治理等基础设施，加强节能管理和"三废"有效治理，推动绿色低碳循环发展。

5. 推进城乡产业统筹发展的利益分配机制的建立和完善

随着市场经济在我国的逐步深入，依靠指令性的行政命令方式越来越难以为继，产业协调发展涉及多个市场主体，是一个长期博弈的复杂过程。只有尊重各方利益，承认彼此的利益诉求，通过建立共赢共享机制推动城乡产业协同发展，才能实现城市乡村产业协调发展，最终实现一体化发展。因此，应该构建城乡产业发展的共享机制、上下游产业之间的利益分享机制、承接产业转移的利益传导等机制是实现产业协调发展的关键所在。

(二) 推进产业结构调整，促进城乡产业互动

产业结构演变的基本动因是科学技术和生产力水平的提高。根据产业结构演变规律，三次产业结构总是从第一产业居最高逐步向第二、第三产业的次序位移变化，产业发展的重心也随之转移。在西方发达国家中，第三产业占据国民生产总值的比重超过50%，就业人数所占比重都在70%以上，比如美国、日本等发达国家其第三产业比重更高达70%~80%。当前来看，我国三次产业结构不甚合理，亟须推进我国产业结构的优化调整，对加快产业转移升级意义重大。推进我国产业结构升级，在三次产业之间要分层次、有重点，在各产业内部也要有层次、有差别地推进。

1. 进一步推进农业产业化的发展进程

促进农业产业化的延伸与拓展，用先进技术和科学管理方法，使传统种植

农业功能逐渐向农业旅游休闲、生态维护、文化传承等新功能方向拓展；同时要向第二产业延伸和向第三产业融合，形成三次产业融合的"第六产业"格局。鼓励以家庭农场、股份合作社、公司化运营等多种形式促进农业适度规模经营，实现农民与市场相"对接"，实现农业产业化与村庄组织化的互动发展。积极利用生物技术、物联网、电子商务、电子信息技术等现代科技技术改造农业，推进农业机械化发展，提高农产品产量和农业生产效率。

2. 有差别地进行工业结构优化升级，加强工业的支撑作用

中小城市要抓住特大城市、大城市产业结构升级的有利机会，优先发展劳动密集型产业，为城镇化发展提供大量的就业岗位。通过加强研发和设计，提高文化含量，提升在区域价值链上的分工层次，推进劳动密集型工业向产业价值链高端发展。小城镇应该充分利用城镇本身土地、劳动力等生产要素成本比较低的特点，培育与城市工业相配套的产业集群，引导原有的乡镇企业向小城镇聚集，并逐步实现体制、技术创新，使乡镇企业做大做强，发挥产业聚集效应。构建以高新技术产业为支撑、以先进制造业为主体，城乡产业融合发展的现代产业体系，以增强非农产业对农业剩余劳动力的吸纳力。

3. 促进服务业转型升级，推进服务业多层次发展

服务业是"最大就业吸纳器"，需要强化服务业的支撑作用。通过大、中、小城市差别化地推进传统服务业向养老服务、社区服务、健康服务等新兴服务转化，促进传统服务业转型升级。针对中小城市和小城镇，要强化相关配套设施发展，通过配套完善的教育、医疗等服务业吸引人口向城区集聚，提升城镇的消费能力，激发城镇发展动力。对于特大城市和部分大城市，在关注传统服务转型升级、挖掘就业潜力的同时，更要注重现代服务业的发展。根据工业产业转型升级的需求，大力发展生产性服务业，促进制造业与生产性服务业的深度融合，建设生产性服务业集聚区，优化城市空间结构。

（三）利用重要战略机遇期，推进农村产业发展

1. 建立和完善农民合作经济组织

以农户经营为基础，以某一产业或产品为纽带，通过专业合作社、股份合作社（在合作制基础上实行股份制的一种新型合作经济组织）以及专业协会等方式建立农民合作经济组织，提高农民的专业技术水平和进入市场的组织化

程度,实现农民增收致富和促进农村第二、第三产业发展的目的。

2. 积极推进特色园区经济的发展

围绕地域特色优势,进一步优化产业布局,引导同类企业或产业链上的配套企业向园区集中,向最具比较优势的小城镇集聚,提高土地集约化程度,发挥产业集聚效应。努力做好农业科技示范园区、农业旅游园区、农产品物流园区等现代农业与第二、第三产业协同发展的试点和推广。

3. 加快农村生产和生活性服务业的发展

重点发展现代物流、金融保险和信息服务,促进农业生产、农村生活走向现代化。加快发展农副产品交易市场,创新农商对接、农超对接新模式,促进农产品进城、工业品下乡;完善和延伸现有市场的储藏、加工、运输、信息、检疫、检测绿色农产品认证、名牌农副产品培育等功能的农村商贸流通服务业;开展劳务输出对接,引导农村富余劳动力有序外出务工;培育、发展一批为先进农业技术推广和技术指导、为优质粮食和畜禽品种提供供应和良种繁育以及加工、物流等提供服务的社会化服务企业。

4. 大力推进乡村旅游业和特色文化产业的发展

深入挖掘独具特色的农业景观资源和民俗风情资源,加大乡村旅游市场开发和培育力度,扶持和引导有条件的农户积极发展农家乐和观光休闲农业,努力为农民增收致富提供更加广阔的渠道。

(四) 完善社会管理制度

1. 推进"一元"户籍制度的逐步实现

在有条件的地区逐步取消城乡户籍差别,取消农村户口,并以合法固定住所或稳定职业为依据,实行城乡统一的户籍管理制度,实现由身份管理向职业管理的转变。农民在取得城市户口以后,应与原城市居民同样获得平等的就业机会,在公共服务和公共物品上享有相同的市民待遇。

2. 统筹和完善城乡社会保障制度

从推行社会保障制度改革入手建立一元户籍制度。户籍改革的难点在于社会保障在城乡之间存在较大差异。目前虽然有部分地区已经宣布取消农业户口,实行统一的居民户口,但这并未完全解决城乡之间、地区之间人口自由流动问题,而仅仅是户口在名称和形式上的变化。如果不实行城乡统筹的社会保障制度，仍然会形成新的国民待遇不平等，甚至会造成对农民财产另外一种形式的侵害。

统筹城乡社会保障制度就是要拓宽社会保障覆盖范围，把具有一定工作年限的农民工纳入社会保障范围。同时，探讨建立适合于我国国情的农村社会保障制度途径和模式，逐步在养老、医疗和最低生活保障等方面实现城乡统筹，使农民工在公共服务和公共物品上享有与市民同样的待遇，最终实现城乡社会保障一体化。

3. 建立统一的城乡劳动力市场

建立起城乡统一的劳动力市场和公平竞争的就业制度，首先要取消针对农民工制定的限制性和歧视性就业政策，降低农民进城"门槛"，疏通农民进城渠道。其次，通过立法，在法律上规范劳动关系，充分尊重进城务工农民的合法权益，保证其正当利益不受损害。最后，培养新型农民，提高农民就业能力。通过对农村劳动力的培训，增强农民适应新生活和新工作的能力。

参考文献

[1] 尤琳. 郊区城市化与城乡社会治理一体化研究 [M]. 北京：中国社会科学出版社，2018.

[2] 姜长云等. 乡村振兴战略：理论、政策和规划研究 [M]. 北京：中国财政经济出版社，2018.

[3] 李季. 大国小镇——中国特色小镇规划与运营模式 [M]. 北京：中国建筑工业出版社，2018.

[4] 白雪秋，聂志红，黄俊立. 乡村振兴与中国特色城乡融合发展 [M]. 北京：国家行政学院出版社，2018.

[5] 住房和城乡建设部政策研究中心，平安银行地产金融事业部. 新时期特色小镇：成功要素、典型案例及投融资模式 [M]. 北京：中国建筑工业出版社，2018.

[6] 张爱民，易醇. 城乡一体化进程中的产业协调发展研究 [M]. 北京：中国社会科学出版社，2017.

[7] 陈燕妮. 马克思恩格斯城乡融合思想与我国城乡一体化发展研究 [M]. 北京：中国社会科学出版社，2017.

[8] 潘晓成. 论城乡关系：从分离到融合的历史与现实 [M]. 北京：人民日报出版社，2017.

[9] 蒋大国. 城乡一体化建设及改革创新研究 [M]. 北京：人民日报出版社，2017.

[10] 夏永祥，陈俊梁. 城乡一体化发展 [M]. 北京：社会科学文献出版社，2017.

[11] 云振宇等.城乡一体化标准化实践[M].北京:中国质检出版社,2017.

[12] 薛晴.中国特色城乡发展一体化理论的形成与发展[M].北京:经济科学出版社,2017.

[13] 黄坤明.城乡一体化路径演进研究[M].北京:科学出版社,2017.

[14] 厉以宁,艾丰,石军.中国新型城镇化理论与实践丛书:中国新型城镇化概论[M].北京:中国工人出版社,2016.

[15] 党国英.城乡一体化发展要义[M].杭州:浙江大学出版社,2016.

[16] 汪三贵,张伟宾,杨浩等.城乡一体化中反贫困问题研究[M].北京:中国农业出版社,2016.

[17] 甘霞,张江伟.城乡一体化背景下的生态正义[M].镇江:江苏大学出版社,2016.

[18] 刘燕斌.就业城乡一体化苏州创新发展实践[M].北京:中国言实出版社,2016.

[19] 杨三省.城乡发展一体化现代化建设的重要目标和必由之路[M].西安:陕西师范大学出版总社有限公司,2016.

[20] 石宏伟,金丽馥.新型城镇化背景下城乡社会保障一体化研究[M].南京:南京师范大学出版社,2016.

[21] 胡小武.中国方向新型城镇化战略新论[M].北京:光明日报出版社,2016.

[22] 刘卫红.构建城乡一体化新格局[M].西安:西安交通大学出版社,2016.

[23] 赵强社.城乡基本公共服务均等化制度创新研究[M].北京:中国农业出版社,2015.

[24] 王雅鹏.现代农业经济学[M].北京:中国农业出版社,2015.

[25] 张大维.城乡社区公共服务体系一体化建设研究[M].武昌:华中科技大学出版社,2015.

[26] 张翼.社会治理与城乡一体化[M].北京:社会科学文献出版社,2015.

[27] 陈学明，王喜梅．城乡一体化视角下新型城镇化改革研究［M］．成都：西南交通大学出版社，2015．

[28] 夏永祥等．苏州市城乡一体化发展道路研究［M］．苏州：苏州大学出版社，2015．

[29] 张沛．中国城乡一体化的空间路径与规划模式［M］．北京：科学出版社，2015．

[30] 李玲．构建城乡一体化的教育体制机制研究［M］．北京：经济科学出版社，2015．

[31] 朱翔．城乡建设生态化从分离到一体［M］．长沙：湖南师范大学出版社，2015．

[32] 白永秀，吴丰华．中国城乡发展一体化：历史考察、理论演进与战略推进［M］．北京：人民出版社，2015．

[33] 王伟光，魏后凯，张军．新型城镇化与城市发展一体化［M］．北京：中国工人出版社，2014．

[34] 肖金成，党国英．城镇化战略［M］．北京：学习出版社，海南出版社，2014．

[35] 杨会春．推进新型城镇化建设学习读本［M］．北京：人民出版社，2014．

[36] 田相辉，张秀生，庞玉萍．中国农村经济发展与城乡一体化建设研究［M］．武汉：湖北科学技术出版社，2014．

[37] 李存贵．中国城乡一体化进程中的产业合作问题研究［M］．北京：经济科学出版社，2013．

[38] 新玉言．国外城镇化比较研究与经验启示［M］．北京：国家行政学院出版社，2013．

[39] 余滢．城乡一体化进程中的社会问题及其对策研究［M］．成都：西南财经大学出版社，2013．

[40] 吴业苗．城乡公共服务一体化的理论与实践［M］．北京：社会科学文献出版社，2013．

[41] 李冰．二元经济结构理论与中国城乡一体化发展研究［M］．北京：

中国经济出版社，2013.

［42］徐匡迪．中国特色新型城镇化发展战略研究　综合卷［M］．北京：中国建筑工业出版社，2013.

［43］钱易，吴良镛．中国特色新型城镇化发展战略研究（第三卷）［M］．北京：中国建筑工业出版社，2013.

［44］蒋和平．中国特色农业现代化建设研究［M］．北京：经济科学出版社，2011.

［45］刘春芳，张志英．从城乡一体化到城乡融合：新型城乡关系的思考［J］．地理科学，2018，38（10）：1624-1633.

［46］张占耕．新时代中国特色农业现代化道路［J］．区域经济评论，2018（2）：102-111.

［47］陈晨，赵民，徐素．我国先发地区统筹城乡发展的政策选择与实施路径——对苏州城乡发展一体化实践（2008-2016）的研究［J］．现代城市研究，2018（12）：96-102.

［48］杨喜，王平．城乡一体化视阈下城乡基本公共服务均等化研究［J］．长春理工大学学报（社会科学版），2017，30（1）：17-21+62.

［49］陆道平．基层政府城乡一体化服务的运行模式、动力机制与制度建构［J］．江苏社会科学，2016（5）：69-76.

［50］吴根平．我国城乡一体化发展中基本公共服务均等化的困境与出路［J］．农业现代化研究，2014，35（1）：33-37.

［51］吴根平．统筹城乡发展视角下我国基本公共服务均等化研究［J］．农村经济，2014（02）：12-16.

［52］王丽萍．当代中国推进城乡一体化发展的路径研究［D］．曲阜师范大学博士学位论文，2015.

［53］陆立军．改革开放：义乌"点石成金"之路［N］．浙江日报，2018-12-11.

［54］市政协经济委员会．突破瓶颈补齐短板　促进城乡发展一体化［N］．联合时报，2017-10-31（006）.